国家文化产业资金支持媒体融合重大项目

辽宁省职业教育精品在线开放课程配套教材

高等职业教育教学改革融合创新型教材

演讲与口才

魏秀萍　编著

YANJIANG YU KOUCAI

东北财经大学出版社　大连
Dongbei University of Finance & Economics Press

图书在版编目（CIP）数据

演讲与口才 / 魏秀萍编著．—大连：东北财经大学出版社，2024.6
（高等职业教育教学改革融合创新型教材）
ISBN 978-7-5654-5218-5

Ⅰ.演… Ⅱ.魏… Ⅲ.①演讲-高等职业教育-教材 ②口才学-高等职业教育-教材 Ⅳ.H019

中国国家版本馆CIP数据核字（2024）第071875号

东北财经大学出版社出版
（大连市黑石礁尖山街217号 邮政编码 116025）
网 址：http://www.dufep.cn
读者信箱：dufep@dufe.edu.cn
大连天骄彩色印刷有限公司印刷 东北财经大学出版社发行

幅面尺寸：185mm×260mm 字数：369千字 印张：16.25
2024年6月第1版 2024年6月第1次印刷

责任编辑：王兆勇 张晓鹏 郭海雷 石建华 赵宏洋
责任校对：一 心
封面设计：原 皓
版式设计：原 皓

定价：45.00元

教学支持 售后服务 联系电话：（0411）84710309

如有印装质量问题，请联系营销部：（0411）84710711

前　言

口语表达是个人交际最基本、最重要的方式和手段。孔子说："工欲善其事，必先利其器。"善于言说，就是促使事业成功的一种得力之"器"。准确、清晰、得体的口语表达，是现代社会各类人才都必须具备的基本技能。党的二十大报告进一步强调教育为党育人、为国育才的历史使命。大学生作为社会经济建设的主力军，需要具备全面发展的优良素质和技能，而良好的口语交际能力，则是其中的核心技能之一。因此，加强大学生口语表达能力训练非常重要。

《演讲与口才》一书是编者根据20余年汉语口语教学经验，遵循口语训练规律，适应大学生职业素质教育需求编写的。本书编者是国家级普通话水平测试员、辽宁省语言文字专家、辽宁省"汉语口语"优秀教学团队第一主讲教师；多年来一直从事语言文字工作，致力于汉语口语教学与研究，主持完成国家职业教育文秘专业教学资源库之"演讲与口才"课程建设；主持完成辽宁省精品课程"教师口语"建设；主持完成辽宁省职业教育精品在线开放课程"演讲与口才"建设。主持完成的"提升小教专业学生口语表达基本素质研究"课题荣获辽宁省教育厅颁发的辽宁省高等教育教学研究成果三等奖；主持的汉语口语科研立项荣获辽宁省教育科学规划"十二五"优秀科研成果三等奖；主持的初等教育专业学生口语表达素质提升研究课题荣获铁岭市哲学与社会科学优秀成果三等奖等。编者曾主编《口语训练实用教程》，参编《教师口语》等教材，在《语言文字学》《辽宁师范大学学报》《沈阳师范大学学报》等学术刊物上发表论文30余篇。

《演讲与口才》一书是2019—2022年职业教育现代文秘专业国家教学资源库基础课程"演讲与口才"的配套教材，也是2022年辽宁省精品在线课程"演讲与口才"的指定用书。本书以培养学生良好的语言表达能力为目标，把课程思政贯穿于各环节，注重基础，突出重点，对学生进行语音基础训练和专题式的职业口语训练，全方位提高学生的口语表达水平，进而培养学生的演讲能力、组织能力、人际沟通与协调能力，为培养具有较强实践技能、较高素质的技术技能型人才奠定基础。

本书的特点是：理论与实训相结合，不但包括易于学生掌握的提纲挈领式的理论知识，更有大量精选的训练内容，为学生课内外口语训练提供丰富的训练材料，保证学生口语技能训练有序、有效，具有很强的操作性。

本书采用循序渐进的方法，由字词到句，由句到段，由段到篇，示范与模仿相结合；教师可通过故事会、朗诵比赛、演讲比赛、辩论赛等丰富多彩的形式，创设训练情境，以精彩的活动代替生硬的考核，促使学生快乐学习。部分训练内容配置了录音和教学视频，选用本教材的师生可登录东北财经大学出版社“财济书院”（www.idufep.com）网站下载，也可扫描书中相应位置印刷的二维码收听或者观看。本书既可作为训练大学生口语表达能力的教材和参加全国普通话水平测试的参考用书，也可作为社会各界人士训练口才的用书。

本书由魏秀萍编著，在编写过程中，齐丽丽、武广红、刘欣、孙玉荣、魏来、佟丽娟、郑志平、胡古月、张文英、张瑞等老师做了一些校对修改工作，在此特别表示感谢。同时，编写过程中参考并借鉴了同类教材和同仁的学术著作，以及丰富的网络资源内容，由于作者较多，恕不一一注明，在此谨致谢意。

限于编者水平，书中难免存在疏漏，恳请各方读者批评指正，以便我们及时修订完善。

编　者

2024年3月

目 录

第二篇　演讲训练

第三篇　口才训练

第一篇

口语基础训练

模块一

语音基础训练

学习目标

★明确普通话的语音标准要求，掌握声母、韵母、声调的发音和语流音变规律。

素养目标

★增强学生国家荣誉感和民族自豪感，增强文化自信，引导学生热爱祖国语言，树立中国特色社会主义共同理想和共产主义远大理想。

任务一　声母的发音与训练

一、声母的发音

声母是音节开头的辅音，在声母的发音中，一是要找准声母的发音部位，确保字音的准确度；二是要正确运用声母的发音方法，提高字音的清晰度和力度。下面以发音部位为序，介绍21个辅音声母的发音。

1.双唇音b、p、m的发音

b：双唇、不送气、清、塞音（是双唇音、不送气音、清音、塞音的简称，下同）。

p：双唇、送气、清、塞音。

发这两个音时，双唇紧闭，阻塞气流，然后气流冲破阻碍，爆发成声，声带不振动。不同的是，发b音时，气流较弱，不送气；发p音时，气流较强，送气。

m：双唇、浊、鼻音。发音时，双唇紧闭，软腭下垂，打开鼻腔通道，气流从鼻腔出来，声带振动。

2.唇齿音f的发音

f：唇齿、清、擦音。发音时，下唇和上齿轻轻接触，形成一条窄缝，气流从窄缝中摩擦而出，声带不振动。

3.舌尖中音d、t、n、l的发音

d：舌尖中、不送气、清、塞音。

t：舌尖中、送气、清、塞音。

发这两个音时，都是舌尖抵住上齿龈，使气流受到阻塞，然后突然放开，爆发成声，声带不振动。不同的是，发d音时，气流较弱，不送气；发t音时，气流较强，送气。

n：舌尖中、浊、鼻音。发音时，舌尖抵住上齿龈，软腭下垂，打开鼻腔通道，气流从鼻腔出来，声带振动。

l：舌尖中、浊、边音。发音时，舌尖抵住上齿龈，软腭上升，阻塞鼻腔通道，气流从舌头两边出来，声带振动。

4.舌根音g、k、h的发音

g：舌根、不送气、清、塞音。

k：舌根、送气、清、塞音。

发这两个音时，都是舌根抵住软腭，使气流受到阻塞，然后突然放开，爆发成声，声带不振动。不同的是，发g音时，气流较弱，不送气；发k音时，气流较强，送气。

h：舌根、清、擦音。发音时，舌根接近软腭，形成一条窄缝，气流从窄缝中挤出，摩擦成声，声带不振动。

5.舌面音j、q、x的发音

j：舌面、不送气、清、塞擦音。

q：舌面、送气、清、塞擦音。

发这两个音时，舌面前部抵住硬腭前部，使气流受到阻塞，然后气流冲开一条窄缝，从中摩擦而出，声带不振动。不同的是，发j音时，气流较弱，不送气；发q音时，气流较强，送气。

x：舌面、清、擦音。发音时，舌面前部接近硬腭，形成一条窄缝，气流从窄缝中挤出，摩擦成声，声带不振动。

6.舌尖后音zh、ch、sh、r的发音

zh：舌尖后、不送气、清、塞擦音。

ch：舌尖后、送气、清、塞擦音。

发这两个音时，都是舌尖翘起，抵住硬腭前部，使气流受到阻塞，然后气流冲开一条窄缝，从中摩擦而出，声带不振动。不同的是，发zh音时，气流较弱，不送气；发ch音时，气流较强，送气。

sh：舌尖后、清、擦音。

r：舌尖后、浊、擦音。

发这两个音时，都是舌尖翘起，靠近硬腭前部，形成一条窄缝，气流从中挤出，摩擦成声。不同的是，发sh音时，声带不振动；发r音时，声带振动。

7.舌尖前音z、c、s的发音

z：舌尖前、不送气、清、塞擦音。

c：舌尖前、送气、清、塞擦音。

发这两个音时，都是舌尖抵住上齿背，使气流受到阻塞，然后气流冲开一条窄缝，从中摩擦而出，声带不振动。不同的是，发z音时，气流较弱，不送气；发c音时，气流较强，送气。

s：舌尖前、清、擦音。发音时，舌尖接近上齿背，形成一条窄缝，气流从中挤出，摩擦成声，声带不振动。

二、发音训练

（一）基础训练

b：布 崩 笨 标 备 悲 边 比

北边 包办 报表 不必 辨别 弊病

p：品 铺 爬 破 偏 撇 票 跑

批评 匹配 偏僻 枇杷 瓢泼 平平

m：买 慢 门 梦 忙 面 母 明

妈妈 秘密 美满 默默 埋没 名目

f：非 副 翻 逢 乏 房 幅 帆

仿佛 吩咐 非法 丰富 犯法 防范

d：当 但 多 动 得 带 点 党

达到 等待 地点 电动 奠定 单调

t：它 提 听 透 兔 探 听 跳

团体 探讨 淘汰 贪图 体态 推脱

n：那 能 你 难 牛 怒 鸟 女

能耐 扭捏 牛腩 泥泞 袅袅 奶奶

l：龙 老 另 离 类 冷 路 落

力量 联络 历来 来临 流利 磊落

g：滚 归 工 刮 逛 沟 广 狗

公共 规格 巩固 公告 国歌 改观

k：颗 靠 款 啃 跨 考 孔 酷

可靠 慷慨 苛刻 旷课 亏空 开口

h：喝 花 哈 淮 灰 后 轰 忽

合乎 荷花 呼唤 豪华 回话 红火

j：句 件 价 就 叫 卷 假 咎

经济 解决 见解 紧急 即将 基建

q：权 穷 秋 确 琴 怯 洽 潜

亲切 牵强 确切 前期 窃取 全权

x：寻 修 行 鞋 雪 消 凶 纤

学习 详细 谢谢 现行 形象 信箱

zh：重　周　追　正　中　转　准　真

政治　主张　住宅　专职　注重　斟酌

ch：查　柴　朝　冲趁　船　拆串

出差　橱窗　拆除　超车　惩处　查处

sh：手　水　受　树　声　沙　栓　赡

事实　少数　省事　设施　上税　失实

r：容　入　任　若　惹　韧　染　软

仍然　柔弱　荏苒　攘攘　容忍　柔韧

z：最　字　早　杂　脏　怎　总　尊

自尊　罪责　做作　在座　栽赃　遭罪

c：村　藏　侧　层　凑　蚕　菜　窜

参差　层次　粗糙　仓促　从此　残存

s：扫　桑　色　涩　岁　素　索　森

三思　松散　色素　搜索　琐碎　诉讼

（二）难点训练

1.送气音p、t、k的训练

品牌　品评　爬坡　匹配　皮袍　琵琶　偏旁　排炮　偏颇　铺平　漂泊

噼啪　平平　批评　婆婆　偏僻　澎湃　批判　乒乓　拼盘　评判　拍片

脱胎　坍塌　天堂　天坛　滔天　探听　忐忑　团体　探讨　疼痛　吐痰

淘汰　抬头　拖沓　贪图　谈吐　坦途　逃脱　妥帖　梯田　体态　唐突

苦口　侃侃　开课　夸口　看客　科考　旷课　可口　可靠　苛刻　空阔

开阔　困苦　坎坷　亏空　宽阔　慷慨　克扣　框框　空旷　口渴　开垦

2.不送气音b、d、g的训练

遍布　百倍　薄板　病变　播报　奔波　臂膀　把柄　颁布　宝贝　辨别

报表　卑鄙　薄饼　必败　背包　标本　斑白　本部　板报　包办　标兵

对等　荡涤　道德　奠定　答对　当代　打断　搭档　地点　调度　捣蛋

地段　当地　大胆　等待　弟弟　大地　带动　导弹　抵达　对敌　大豆

功过　孤寡　改革　骨干　更改　感官　雇工　巩固　古怪　观光　广告

尴尬　攻关　规格　骨骼　高贵　改过　故宫　钢管　梗概　公干　灌溉

3.zh、ch、sh、r的训练

镇长　真挚　辗转　招展　政治　指正　专职　着重　折中

抽查　长处　充斥　出差　车窗　赤诚　查处　车床　超产

闪烁　神圣　手术　双手　硕士　述说　声势　生疏　书生

闰日　软弱　仍然　容忍　荣辱　如若　柔韧　柔润　荣任

4.z、c、s的训练

做作　遭罪　造作　最早　罪责　总则　祖宗　宗族　曾祖

参差　残次　粗糙　仓促　从此　璀璨　摧残　措辞　催促

思索　搜索　松散　随俗　琐碎　速算　诉讼　僧俗　色素

5.j、q、x的训练

经济　积极　讲究　间接　结晶　结交　基金　警句　戒酒
弃权　企求　恰巧　秋千　窃取　亲切　气球　牵强　确切
学校　宣泄　血性　虚心　凶险　形象　休息　选项　孝心
机器　极权　价钱　机械　极限　家乡　期限　气象　气息

6.n的训练

男女　能耐　泥泞　农奴　袅娜　南宁　牛奶　呢喃　泥淖　恼怒　扭捏

7.l的训练

劳力　劳累　劳碌　勒令　联络　隆隆　陆路　历来　磊落　老练　历来

8.f的训练

发放　纷繁　纷纷　肺腑　芬芳　非法　奋发　防腐　风范　方法　蜂房

9.h的训练

浩瀚　花卉　黄昏　黄海　花环　荷花　呵护　辉煌　欢呼　火花　呼唤

（三）对比训练

1.送气音p、t、k与不送气音b、d、g的对比训练

b-p　编排　被迫　奔跑　爆破
p-b　陪伴　配备　破败　盘剥
d-t　代替　地毯　带头　灯塔
t-d　偷盗　坦荡　态度　天地
k-g　肯干　客观　考古　开工
g-k　赶快　港口　功课　高亢

b-p 被服——佩服　饱了——跑了　步子——铺子　鼻子——皮子　辫子——骗子
毕竟——僻静　背脊——配给　备件——配件　火爆——火炮　七遍——欺骗
g-k 挂上——跨上　关心——宽心　天公——天空　干完——看完　骨干——苦干
河谷——何苦　歌谱——科普　工匠——空降　个体——客体　感伤——砍伤
d-t 队伍——退伍　调动——跳动　河道——河套　肚子——兔子　导论——讨论
盗取——套取　吊车——跳车　赌注——土著　调开——跳开　对话——退化

2.zh、ch、sh与z、c、s的对比训练

zh-z	ch-c	sh-s
闸—杂	插—擦	杀—撒
哲—则	彻—册	设—色
纸—紫	池—词	是—寺
摘—栽	柴—才	筛—鳃
找—早	超—操	少—扫
周—邹	臭—凑	收—艘
站—暂	产—惨	山—三

微课 1-1

平翘舌正音训练

枕—怎　　臣—岑　　身—森
张—脏　　昌—仓　　伤—桑
睁—增　　成—层　　声—僧
主—组　　出—粗　　书—苏
浊—昨　　绰—错　　说—缩
坠—最　　吹—催　　睡—岁
专—钻　　串—窜　　栓—酸
谆—尊　　纯—存　　吮—损
脂—滋　　斥—次　　舒—酥
猪—租　　崇—从　　诗—私

zh-z　沼泽　职责　指责　准则　追踪　张嘴
zh-c　仲裁　致辞　祝词　榨菜　中餐　铸错
zh-s　装蒜　正色　长孙　珠算　竹笋　住宿
ch-z　插座　茶座　掺杂　趁早　称赞　承载
ch-c　冲刺　车次　成材　春蚕　船舱　初次
ch-s　沉思　陈诉　称颂　重孙　撑死　愁思
sh-z　上座　师资　勺子　始祖　涉足　肾脏
sh-c　身材　神采　失策　水草　鼠窜　顺从
sh-s　疏散　神色　输送　栓塞　熟思　神似
z-zh　作者　组织　遵照　坐镇　在职　自主
z-ch　尊称　尊崇　杂处　早茶　早产　早场
z-sh　杂税　再生　在世　资深　姿势　走兽
c-zh　惨重　辞章　词缀　丛冢　促织　存折
c-ch　彩绸　残喘　餐车　粗茶　磁场　仓储
c-sh　参数　蚕食　残杀　次数　侧身　凑数
s-zh　送终　诉状　素质　苏州　松针　松脂
s-ch　搜查　酸楚　塞车　岁除　缩尺　赛场
s-sh　桑树　唆使　琐事　宿舍　私塾　散失

z-zh

资源——支援　自理——治理　赞助——站住　阻止——竹子　赞歌——战歌
自愿——志愿　杂技——札记　仿造——仿照　纵情——重情　本字——本质
十足——石竹　原子——原址　正宗——正中　杂草——铡草　自学——治学
自问——质问　自立——智力　栽花——摘花　姿势——知识　暂时——战时

c-ch

乱草——乱吵　擦手——插手　鱼刺——鱼翅　粗糙——出操　不曾——不成
淙淙——重重　粗气——出气　冲刺——充斥　粗重——出众　层报——呈报
仓促——长处　就此——臼齿　推辞——推迟　两层——两成　刺字——赤字

s-sh

散光——闪光　桑叶——商业　搜集——收集　三角——山脚　近似——近视

死寂——史迹　散心——善心　俗语——熟语　走私——走失　丧失——伤势

丝线——失陷　思索——失所　司仪——失宜　肆意——示意　素描——树苗

特色——特赦　死者——使者　自诉——自述　司长——师长　三哥——山歌

三头——山头　私人——诗人　死命——使命　素色——宿舍　思忖——是蠢

3.zh、ch、sh、r与j、q、x的对比训练

救治——救济　遮断——阶段　大蛇——大鞋　智慧——忌讳　收养——修养

习字——识字　发泄——发射　捐款——专款　通信——通顺　杜鹃——杜撰

4.r与y［j］的对比练习

人—银　热—夜　柔—油　然—言　饶—摇　肉—又　软—远

如—炉　绕—要　入—路　日—意　冗—咏　弱—要　嚷—痒

生意——生日　雨季——乳剂　刀印——刀刃　渔家——儒家　于是——如是

要点——弱点　议程——日程　银元——人员　眼色——染色　远见——软件

绒线——涌现　软件——元件　浸润——禁运　仁川——银川　燃料——颜料

如此——于此　忍痛——隐痛　如数——余数　污辱——屋宇　入口——路口

5.l与n的对比训练

l-n　辣—那　赖—耐　累—内　老—脑　兰—男　棱—能

狼—囊　里—你　列—聂　料—尿　流—牛　连—年

陇南　老娘　两年　罹难　老年　冷暖　留念　辽宁

来年　老农　落难　流脑　岭南　两难　遛鸟　理念

n-l　您—林　娘—良　宁—零　怒—路　暖—卵　农—龙

女—吕　虐—略　挪—罗　讷—乐　妞—溜　嫩—论

尼龙　那里　耐力　农历　暖流　嫩绿　奶酪　内陆

女郎　哪里　逆流　耐劳　能量　弄乱　脑力　男篮

l-n　荷兰——河南　小刘——小牛　大路——大怒　老子——脑子

连年——年年　涝灾——闹灾　擂台——内胎　无赖——无奈

思恋——思念　蓝天——南天　牵连——千年　老路——恼怒

陨落——允诺　拦住——难住　门类——门内　蓝布——南部

涡流——蜗牛　无赖——无奈

6.f与h的对比训练

f-h　分红　浮华　发话　返回　分化　腐化　符合　发狠　饭盒

风华　符号　妨害　附会　丰厚　发挥　防护　分洪　反悔

繁华　分号　凤凰　复活　奉还　防洪　愤恨　焚毁　复核

h-f　恢复　回访　挥发　划分　化肥　话锋　画舫　豪放　耗费

盒饭　横幅　洪峰　洪福　后方　浩繁　河防　合法　焕发

花粉　华发　荒废　黄蜂　混纺　汇费　海防　花费　和风

微课 1-2

区分声母
f与h

f-h　公费——工会　船夫——传呼　俯视——虎视　放荡——晃荡　反冲——缓冲
翻阅——欢悦　风干——烘干　发生——花生　富丽——互利　西服——西湖
附注——互助　犯病——患病　浮水——湖水　防空——航空　花费——花卉
幅度——弧度　乏力——华丽　犯法——换法　分钱——婚前　风箱——烘箱
发展——花展　凡夫——含糊　分配——婚配　舅父——救护　开方——开荒
复员——互援　防止——黄纸　开发——开花　初犯——出汗　伏案——湖岸
风华正茂　风云变幻　返老还童　翻天覆地　呼风唤雨　狐假虎威
奋发图强　胡作非为　飞黄腾达　逢凶化吉　回光返照　防患未然

（四）强化训练

1.送气音p、t、k与不送气音b、d、g的强化训练

补破皮褥子不如不补破皮褥子。

吃葡萄不吐葡萄皮儿，不吃葡萄倒吐葡萄皮儿。

大兔子，大肚子，大肚子的大兔子，要咬大兔子的大肚子。

哥挎瓜筐过宽沟，赶快过沟看怪狗。光看怪狗瓜筐扣，瓜滚筐空哥怪狗。

2.zh、ch、sh与z、c、s的强化训练

上桑山，砍山桑，背着山桑下桑山。

锄长草，草长长，长草丛中出长草，锄尽长草做草料。

三山撑四水，四水绕三山，三山四水春常在，四水三山四时春。

隔着窗户撕字纸，一次撕下横字纸，一次撕下竖字纸，横竖两次撕了四十四张湿字纸。是字纸你就撕字纸，不是字纸，你就不要胡乱地撕一地纸。

大柴和小柴，帮助爷爷晒白菜，大柴晒的是大白菜，小柴晒的是小白菜，一共晒了四十三斤三两大大小小的白菜。

四是四，十是十，十四是十四，四十是四十，谁能说准四、十、十四、四十四，谁来试一试。

狮子山上狮子寺，山寺门前石狮子。山寺是禅寺，狮子是石狮。狮子保护狮子寺，禅寺保护石狮子。

时事学习看报纸，报纸登的是时事。常看报纸要多思，心里装着天下事。

3.l与n的强化训练

门口有四辆四轮大马车，你爱拉哪两辆来拉哪两辆。

牛郎年年恋刘娘，刘娘连连念牛郎；牛郎恋刘娘，刘娘念牛郎，郎恋娘来娘念郎。

河边有棵柳，柳下一头牛。牛要去顶柳，柳条缠住了老牛头。

新脑筋，老脑筋，新脑筋不学习就会变成老脑筋，老脑筋勤学习就会变成新脑筋。

你能不能把公路柳树下的老奶牛，拉到牛栏山下牛奶站的挤奶房来，挤了牛奶拿到柳林村，送给岭南乡托儿所的刘奶奶。

老农恼怒问老龙，老龙恼怒问老农。农怒龙恼农更怒，龙恼农怒龙怕农。

柳林镇有个六号楼，刘老六住在六号楼。有一天，来了牛老六，牵了六只猴；来了侯老六，拉了六头牛；来了仇老六，提了六篓油；来了尤老六，背了六匹绸。牛老六、

侯老六、仇老六、尤老六，住上刘老六的六号楼，半夜里，牛抵猴，猴斗牛，撞倒了仇老六的油，油坏了尤老六的绸。牛老六帮仇老六收起油，侯老六帮尤老六洗掉绸上油，拴好牛，看好猴，一同上楼去喝酒。

牛良蓝衣布履扛楠木，刘妞绿衣挎篓买蓝布，牛良的楠木上房梁，刘妞的蓝布做衣裳。

大梁拴好牛在柳树下纳凉，碰上从牛栏山牛奶站挤了牛奶要拎到岭南乡牛奶店的刘奶奶，大梁忙拉刘奶奶到柳树下纳凉，接过刘奶奶的牛奶去岭南乡牛奶店送牛奶。

刘庄有个刘小柳，柳庄有个柳小妞。刘小柳放奶牛，柳小妞路边种杨柳。刘小柳的牛踩了柳小妞的柳，柳小妞的柳扎了刘小柳的牛。

姓吕的女同志，是女吕同志还是吕女同志，应该是女吕同志不是吕女同志，以区别于男吕同志。

4.f与h的强化训练

成都商场卖混纺，红混纺，黄混纺，粉混纺，粉红混纺，黄粉混纺，黄红混纺，红粉混纺最畅销。

会糊我的粉红活佛龛，就糊我的粉红活佛龛；不会糊我的粉红活佛龛，就不要胡糊乱糊糊坏了我的粉红活佛龛。

对门儿有堵白粉墙，白粉墙上画凤凰。先画一只粉黄粉黄的黄凤凰，再画一只绯红绯红的红凤凰。黄凤凰看红凤凰，红凤凰看黄凤凰。黄凤凰，红凤凰，两只都像活凤凰。

我们要学理化，他们要学理发。理化不是理发，理发也不是理化，理化理发要分清。学会理化却不会理发，学会理发却不会理化。

黑化肥发灰，灰化肥发黑；黑化肥发灰会挥发，灰化肥挥发会发黑；黑化肥发灰挥发会花飞，灰化肥挥发发黑会飞花。

5.r与y［j］的强化训练

人是人，银是银，人银要分清。银不是人，人不是银，分不清人银弄不清语音。

肉眼不念右眼，仍然不念棱兰，远山不念软山，然后不念言后，日夜不念热夜。假使念错了语言就不准确。

日头热，晒人肉，晒得心里好难受。晒人肉，好难受，晒得头上直冒油。

思政之窗 1-1

为推动国家通用语言文字的规范化、标准化及其健康发展，使国家通用语言文字在社会生活中更好地发挥作用，促进各民族、各地区经济文化交流，2000年10月31日第九届全国人民代表大会常务委员会第十八次会议通过了《中华人民共和国国家通用语言文字法》，并于2001年1月1日起施行。该法确立了普通话和规范汉字的“国家通用语言文字”的法定地位，有利于维护国家主权和民族尊严，有利于国家统一和民族团结，有利于社会主义物质文明建设和精神文明建设。该法对国家通用语言文字的使用、管理和监督等方面做出了规定。

任务二　韵母的发音与训练

一、韵母的发音

韵母，就是汉语音节中声母后面的部分。下面以韵母内部结构成分为依据，从单韵母、复韵母、鼻韵母三个类型来介绍韵母的发音要领。

（一）10个单韵母的发音

单韵母的发音特点是，发音时舌位、唇形及开口度按发音要求维持发音状态，始终不变，没有动程。

发音时要注意口腔、舌位及唇形的配合：舌位的前、央、后，是指发音时舌头隆起部分的前后；舌位的高、半高、半低、低，是指发音时舌头隆起部分的最高点同上腭距离的大小而言；舌位的降低或抬高同口腔的开合有关，舌位越高开口度越小，舌位越低开口度越大。

a：口腔大开，舌头居中，舌位低，唇形不圆。

o：口腔半闭，舌头后缩，舌位半高，嘴唇收圆。

e：口腔半闭，舌头后缩，舌位半高，嘴唇自然展开。

ê：口腔半开，舌位半低，舌头前伸，唇形不圆。在普通话里，ê很少单独使用，除语气词“欸”外，只出现在i、ü的后面。

i：口腔开度很小，舌头前伸，舌位高，唇形扁平。

u：口腔开度很小，舌头后缩，舌位高，嘴唇收圆。

ü：口腔开度很小，舌头前伸，舌位高，嘴唇收圆。发音情况和i基本相同，区别是ü嘴唇是圆的，i嘴唇是扁的。

-i（前）：舌尖前伸，靠近上齿背，气流从舌尖和上齿背的缝隙中通过，唇形扁平。这个韵母只跟z、c、s配合，不和任何其他声母相拼，也不能自成音节。

-i（后）：舌尖上翘，靠近硬腭前部，气流通过从舌尖和硬腭前部的缝隙中通过，唇形扁平。这个韵母只跟zh、ch、sh、r配合，不与其他声母相拼，也不能自成音节。

er：口腔半开，舌位居中，舌尖上升到中间高度，同时向后卷起，唇形不圆。

（二）13个复韵母的发音

复韵母发音有明显的动程，发音时由一个元音自然过渡到另一个元音的舌位。由于韵腹受前后音素的影响，实际音值与单元音不同，发音时不要拘泥于单元音的舌位、唇形。

1.前响复韵母

前响复韵母共有4个：ai、ei、ao、ou。它们的共同特点是前一个元音清晰响亮，后一个元音轻短模糊，音值不太固定，只表示舌位滑动的方向。

ai：先发a音，这里的a舌位前，念得长而响亮，然后舌位向i移动，不到i的高度。

i只表示舌位移动的方向，音短而模糊。

ei：先发e音，比单发e时舌位前一点，这里的e是个中央元音，然后向i的方向滑动。

ao：先发a音，这里的a舌位靠后，是个后元音，发得响亮，接着向o的方向滑动。

ou：先发o音，接着向u滑动，舌位不到u即停止发音。

2.后响复韵母

后响复韵母共有5个：ia、ie、ua、uo、üe。它们的共同特点是前面的元音发得轻短，只表示舌位从那里开始移动，后面的元音发得清晰响亮。

ia：i表示舌位起始的地方，发得轻短，很快滑向前元音a，a音发得长而响亮。

ie：先发i音，随即发ê音，前音轻短，后音响亮。

ua：u音发得轻短，很快滑向a，a音发得清晰响亮。

uo：u音发得轻短，舌位很快降到o，o音发得清晰响亮。

üe：先发高元音ü，ü音发得轻短，舌位很快降到ê，ê音发得清晰响亮。

3.中响复韵母

后响复韵母共有4个：iao、iou、uai、uei。它们共同的发音特点是前一个元音轻短，后面的元音含混，音值不太固定，只表示舌位滑动的方向，中间的元音清晰响亮。

iao：先发i音，紧接着发ao音，使三个元音结合成一个整体。

iou：先发i音，紧接着发ou音，紧密结合成一个复韵母，如“优秀”“求救”“牛油”。

uai：先发u音，紧接着发ai音，使三个元音结合成一个整体。

uei：先发u音，紧接着发ei音，紧密结合成一个整体。

（三）16个鼻韵母的发音

鼻韵母发音时，由元音向鼻辅音滑动；鼻辅音韵尾只有成阻和持阻阶段，没有除阻阶段，鼻音一生即收；鼻韵尾成阻时，归音必须到位（不同于元音韵尾），即成阻部位完全闭塞，以形成鼻辅音。

1.前鼻韵母

前鼻韵尾n与声母n发音部位相同，即舌尖抵满上齿龈，区别在于声母n要除阻，韵尾n不除阻。

微课1-3

韵母的发音与训练——前鼻与后鼻（一）

an：先发a音，然后舌尖向上齿龈移动，最后抵住上齿龈，发前鼻音n。

en：先发e音，然后舌尖向上齿龈移动，抵住上齿龈发鼻音n。

in：先发i音，然后舌尖向上齿龈移动，抵住上齿龈，发鼻音n。

ün：先发ü音，舌尖向上齿龈移动，抵住上齿龈，气流从鼻腔通过。

ian：先发i音，i音轻短，接着发an音，i与an结合得很紧密。

uan：先发u音，紧接着发an音，u与an结合成一个整体。

üan：先发ü音，紧接着发an音，ü与an结合成一个整体。

uen：先发u音，紧接着发en音，u与en结合成一个整体。

微课 1-4

韵母的发音与训练——前鼻与后鼻（二）

2.后鼻韵母

ang：先发a音，舌头逐渐后缩，舌根抵住软腭，气流从鼻腔通过。

eng：先发e音，舌根向软腭移动，抵住软腭，气流从鼻腔通过。

ing：先发i音，舌头后缩，舌根抵住软腭，发后鼻音ng。

ong：舌根抬高抵住软腭，发后鼻音ng。

iang：先发i音，接着发ang音，使二者结合成一个整体。

iong：先发i音，接着发ong音，使二者结合成一个整体。

uang：先发u音，接着发ang音，由u和ang紧密结合而成。

ueng：先发u音，接着发eng音，由u和eng紧密结合而成。ueng自成音节，不拼声母。

二、发音训练

（一）基础训练

a——阿姨　阿斗　阿飞　阿毛　阿哥　把关　跋涉　罢工　霸主　扒开

o——波动　播种　剥削　博士　搏斗　薄弱　驳斥　泼辣　叵测　迫切

e——婀娜　阿谀　讹诈　额头　扼杀　恶劣　遏制　恶毒　恶果　恶霸

i——地理　礼仪　体系　毅力

u——初步　读书　舒服　嘱咐

ü——区域　语序　聚居　絮语

-i（后）——芝麻　支持　枝节　脂肪　知音　直径　植物　职业　指示

-i（前）——私自　孜孜　字词　四次　恣肆　此次　司机　死亡　辞格

er——儿童　儿戏　而且　耳目　耳语　尔后　迩来　二胡　二副　贰臣

ai——白菜　爱戴　拆开　拍卖　采摘　海带　彩排　买卖　灾害

ei——肥美　非得　飞贼　配备　黑煤　贝类　妹妹　蓓蕾　违背

ao——凹陷　澳门　敖包　袄子　遨游　翱翔　傲慢　讨好　奥妙

ou——欧洲　收购　口臭　丑陋　偶尔　筹谋　呕吐　兜售　瘦肉

iao——吊桥　脚镣　教条　疗效　秒表　飘摇　调料　逍遥　小巧

iou——优秀　舅舅　求救　久留　绣球　悠久　牛油　有救　有酒

uai——乖乖　怀揣　拐弯　衰弱　摔跤　拽住　歪曲　外表　揣测

uei——归队　回味　悔罪　水位　推诿　尾随　追随　坠毁　荟萃

ia——家家　假牙　加价　恰恰　压价　家鸭　掐下　下家　仲夏

ie——结业　姐姐　贴切　铁屑　趔趄　斜街　谢谢　爷爷　歇歇

ua——娃娃　花褂　画画　耍滑　挂花　花袜　画花　哗哗　挂画

uo——错过　做作　错落　哆嗦　堕落　火锅　落座　懦弱　硕果

üe——雀跃　约略　确切　绝学　决裂　血液　月夜　虐待　喜悦

an——安然　安装　安插　案头　暗喻　暗淡　暗杀　暗算　岸标　岸然

en——恩惠　车门　根本　认真　恩典　恩怨　恩泽　摁打　摁扣　本分

in——濒临 近亲 贫民 辛勤 薪金 拼音 仅仅 殷勤 紧邻 尽心
ün——军训 均匀 芸芸 俊俏 群众 竣工 讯息 熏陶 训练 裙子
ian——边沿 艰险 偏见 绵延 电线 简便 连绵 鲜艳
uan——传唤 串换 贯穿 酸软 专款 婉转 转弯
uen——困顿 温存 谆谆 论文 馄饨 温顺 沉稳
üan——涓涓 全权 渊源 源源 圈圈 轩辕 源泉
ang——昂扬 肮脏 昂贵 昂然 昂首 盎然 盎司
iang——两厢 亮相 良将 洋枪 响亮 向阳 洋相 想象 将相
uang——双簧 往往 装潢 状况 网状 谎话 狂妄 矿床 窗框
eng——更生 风筝 猛烈 增加 生产 逞能 乘风 丰收 铮铮
ing——秉性 并行 领情 轻盈 命令 倾听 宁静 清明 庆幸
ong——动容 公众 轰动 红肿 恐龙 从容 共同 空洞 隆重
iong——汹涌 炯炯 穷尽 凶狠 凶器 运用 兄弟 贫穷
ueng——嗡嗡 水瓮 老翁 蓊郁

（二）难点训练

1.an、en、in的训练

贪 攀 男 惨 三 赞
坟 跟 恨 镇 忍 审
林 秦 欣 音 您 濒
安然 灿烂 橄榄 肝胆 谈判 汗衫 漫谈 繁难 淡蓝
门诊 人参 身份 粉尘 愤恨 本分 沉闷 认真 深沉
拼音 濒临 辛勤 薪金 音信 信心 近邻 殷勤 金银

2.ang、eng、ing的训练

胖 旁 忙 帐 堂
风 等 腾 能 扔
厅 凝 评 京 情
苍茫 长廊 当场 厂房 盲肠 螳螂 沧浪 昂扬 上当
奉承 风筝 逞能 更正 丰盛 乘胜 升腾 成风 吭声
清醒 评定 情形 平行 聆听 精明 精兵 命令 倾听

3.o的训练

拨 泊 博 剥 驳 薄 饽 卜 膊 播 波
破 朴 泼 颇 魄 珀 坡 婆 叵 佛 玻
摸 末 默 莫 魔 沫 摹 墨 膜 没 磨
伯伯 默默 泼墨 磨破 薄膜 婆婆 脉脉
泼辣 波动 播种 剥削 博士 搏斗 驳斥
叵测 迫切 菠萝 萝卜 破获 薄弱 魂魄
莫名其妙 莫逆之交 默默无闻 模棱两可 博学多才

迫在眉睫　破涕为笑　破釜沉舟　迫不及待　博古通今

4.e的训练

哥　渴　喝　遮　车　奢　热　瑟　德　鹅　乐　策

合格　客车　色泽　苛刻　特色　割舍　褐色　各个　格涩　折射

隔阂　苛责　各色　合辙　瑟瑟　这个　可乐　菏泽　特赦　折合

责无旁贷　克己奉公　得心应手　歌舞升平　可歌可泣　刻骨铭心　和盘托出

和颜悦色　何乐不为　何去何从　隔岸观火　革故鼎新　各行其是　合辙押韵

5.uo的训练

蹉跎　过错　骆驼　做作　错落　哆嗦　堕落　火锅　落座

（三）对比训练

1.an、en、in与ang、eng、ing的对比训练

an-ang　烂—浪　赞—葬　翻—芳　饭—放　班—邦　贪—汤　盘—旁　判—胖

en-eng　神—绳　分—封　陈—成　真—蒸　痕—恒　根—耕　怎—增　岑—层

in-ing　金—晶　印—硬　民—名　新—兴　亲—氢　宾—兵　贫—平　民—名

返航　南方　安放　赞赏　畅谈　唐山　方案　当然　昂然　长安　房山

奔腾　真正　人生　深耕　诚恳　登门　缝纫　征文　烹饪　成分　省份

拼命　隐情　民兵　阴平　病因　轻信　迎新　挺进　清音　凭信　倾心

弹琴——谈情　亲近——清静　禁止——精致　信服——幸福　来宾——来兵

印象——映像　亲生——轻声　金鱼——鲸鱼　红心——红星　贫民——平民

民心——明星　金银——经营　禁止——静止　亲近——清净　寝室——请示

人民——人名　禁足——京族　贫民——平明　辛勤——性情　辛勤——心情

陈旧——成就　身世——声势　市镇——市政　瓜分——刮风　人参——人生

诊治——整治　阵势——正式　珍异——争议　审视——省事　陈腐——城府

沉船——乘船　真理——争理　深思——生丝　长针——长征　绅士——声势

2.o、e、uo的对比训练

e-uo　课—扩　鸽—锅　何—活　客—阔　车—戳

德—夺　社—烁　贺—货　格—国　乐—落

合伙　恶果　泽国　车祸　课桌　热火　勒索　蛇果　社火

e-o　恶魔　刻薄　胳膊　折磨　婀娜　隔膜　磕破　河坡

o-e　薄荷　漠河　模特　鹁鸽　伯乐　破格　波折　叵测

uo-e　撮合　作恶　说和　作者　波折　或者　国歌　过客　脱壳　货色

e-uo　黄鹤——惶惑　得力——夺利　客人——阔人　鸽子——锅子

勒索——啰嗦　争得——争夺　合力——活力　大喝——大祸

高歌——高坡　扼守——握手　何必——货币　禾苗——火苗

游客——油墨　活着——活捉　格子——果子　出阁——出国

3.i与ü的对比训练

i-ü　衣—迂　机—居　期—区　西—虚　梨—驴　你—女

移—鱼　及—局　齐—瞿　席—徐　李—旅　利—律

i-ü　器具　西域　吸取　期许　记取　利于　一缕　崎岖

给予　其余　戏曲　易于　纪律　继续　谜语　例句

ü-i　淤泥　聚集　寓意　曲艺　虚拟　屈膝　余悸　具体

举起　与其　履历　预计　玉米　距离　玉溪　氯气

ü-ü　须臾　旅居　语句　女婿　区域　序曲　郁郁　屈居

曲剧　玉宇　渔具　雨具　居于　语序　区区　聚居

ü-i　遇见——意见　聚集——积极　迂腐——衣服　车旅——车里

曲艺——起义　毛驴——茅篱　由于——游离　区级——七级

分区——分期　德育——得意　防御——防疫　大鱼——大姨

信誉——信义　旅程——里程　渔船——遗传　适于——适宜

i-ü　名义——名誉　结集——结局　意义——寓意　盐分——缘分

绝迹——绝句　沿用——援用　通信——通讯　意见——预见

容易——荣誉　雨季——雨具　颜料——原料　院子——燕子

4.ai与ei的对比训练

白费　败北　代培　败类　海类　悲哀　黑白　擂台　内海　内债

5.ao与ou的对比训练

保守　刀口　稿酬　毛豆　矛头　酬劳　逗号　漏勺　柔道　手套

6.ia与ie的对比训练

家业　佳节　假借　嫁接　接洽　野鸭　截下　跌价

7.ie与üe的对比训练

解决　竭蹶　谢绝　灭绝　月夜　确切　学业　决裂

8.ua与uo、o的对比训练

花朵　话说　划拨　华佗　帛画　国画　火花　说话

9.iao与iou的对比训练

交流　娇羞　料酒　校友　要求　丢掉　柳条　牛角　袖标　油条

10.uai与uei的对比训练

怪罪　快慰　快嘴　衰退　外汇　对外　鬼怪　追怀　毁坏

（四）强化训练

1.an、en、in与ang、eng、ing的强化训练

小金到北京看风景，小京到天津买纱巾。看风景，用眼睛，还带一个望远镜；买纱巾，带现金，到了天津把商店进。买纱巾，用现金，看风景，用眼睛，巾、金、京、津、睛、景却要分得清。

陈是陈，程是程，姓陈不能说成姓程，姓程也不能说成姓陈。禾旁是程，耳朵是陈。程陈不分，就会认错人。

和尚常常互相商量。大和尚讲小和尚强，小和尚讲大和尚长。小和尚煎姜汤让大和尚尝，大和尚奖赏小和尚檀香箱。

长江里船帆布黄，船舱里放着一张床，床上躺着两位老大娘，她俩亲亲热热唠家常。

生身亲母亲，谨请您就寝，请您心宁静，身心很要紧。新星伴明月，银光澄清清，尽是清静镜，警铃不要惊，您请我进来，进来敬母亲。

扁担长，板凳宽，扁担要绑在板凳上，板凳偏不让扁担绑在板凳上。

高高山上一根藤，青青藤条挂金铃。风吹藤动金铃响，风停藤静铃不鸣。

老彭拿着一个盆，路过老陈住的棚。盆碰棚，棚碰盆，棚倒盆碎棚压盆。

车上有个盆，盆里有个瓶。乒乒乒，乓乓乓，不知是盆碰瓶，还是瓶碰盆。

陈庄程庄都有城，陈庄城通程庄城。陈庄城和程庄城，两庄城墙都有门。陈庄城进程庄人，陈庄人进程庄城。请问陈程两庄城，两庄城门都进人，哪个城进陈庄人，程庄人进哪个城。

张康当董事长，詹丹当厂长，张康帮助詹丹，詹丹帮助张康。

2.o、e、uo的强化训练

哥哥过河捉个鸽，回家杀鸽来请客。钵里鸽肉我舍得，过往客商你莫走。客人赞哥吃鸽肉，哥请客乐笑呵呵。

王大伯家老婆婆，今年年末八十多，背不驼，腿不跛，为晒太阳爬坡坡。爱吃菠萝、菠菜、胡萝卜，白天馍馍蘸芥末，晚上芥末夹饽饽。捧着笸箩簸一簸，簸出茶叶剩下末儿。

哥哥弟弟坡前坐，坡上卧着一只鹅，坡下流着一条河，哥哥说，宽宽的河，弟弟说，白白的鹅，鹅要过河，河要渡鹅，不知是鹅过河，还是河渡鹅。

太阳从西往东落，听我唱个颠倒歌。天上打雷没有响，地上石头滚上坡；江里骆驼会下蛋，山里鲤鱼搭成窝；腊月酷热直流汗，六月暴冷打哆嗦；姐在房中头梳手，门外口袋把驴驮。

3.i与 ü 的强化训练

李云吉喜欢唱曲看杂技，吕银菊爱好听戏猜谜语。吕银菊向李云吉学唱曲，李云吉向吕银菊学猜谜。吕银菊学会唱曲不稀奇，李云吉学会猜谜更有趣。

吕齐喜欢吹笛子，他用笛子赶驴子，驴子驮的是梨子、荔枝、橘子和李子。吕齐吹笛子，笛子催驴子，驴子迈蹄子。筐里滚下一个大梨子，砸痛了驴子的脚蹄子，吕齐笑得掉笛子。

这天天下雨，体育局穿绿雨衣的女小吕，去找穿绿运动衣的女老李。穿绿雨衣的女小吕，没找到穿绿运动衣的女老李，穿绿运动衣的女老李，也没见着穿绿雨衣的女小吕。

任务三　声调的发音与训练

一、声调的发音

声调就是物理声学上的“基频”，它是由声振动频率决定的。声调的高低升降就是

“音高”的高低升降。

普通话语音把音高分成“低、半低、中、半高、高”五度。普通话语音里，声调有四个，阴平是第一声，阳平是第二声，上声是第三声，去声是第四声，统称四声，也就是普通话里的四个调类，它采用一种五度标记法，作为标调符号来描写音节的声调。它们的调值分别为：55（阴平）、35（阳平）、214（上声）、51（去声），这也是声调实际的念法。

普通话声调练习，要找到规律，在四声准确的基础上，根据内容有感受地发出每个音节。在练习时要注意高音不喊、低音不散，声音由小到大，由弱到强，刚柔结合，控制适度。

普通话四个声调的发音要领如下：

（1）阴平——起音最高，声音高而且平，即由5度到5度，中间没有升降变化，通常称为高平调或55调。要求阴平平稳、气势平均不紧张，如“春暖花开”。

（2）阳平——起音不高，声音由中音升到高音，即由3度升到5度，通常称为高升调、中升调或35调。阳平用气弱起逐渐强，如“人民团结”。

（3）上声——起音较低，然后降到最低，继而升到半高，即由2度降到1度再升到4度，是先降后升的调子，通常称为降升调或214调。上声降时气稳扬时强。去声强起到弱气通畅，如“永久友好”。

（4）去声——起音最高，接着降到最低，即由5度降到1度，是一个全降的调子，通常称为全降调、高降调或51调。去声强起到弱气通畅，如“胜利万岁”。

二、发音训练

（一）基础训练

1.单字训练

读准表1-1中汉字的声调。

表1-1　单字声调举例

声母＼声调		阴平	阳平	上声	去声
双唇音	b	巴	拔	把	罢
	p	坡	婆	叵	破
	m	猫	毛	卯	帽
唇齿音	f	方	房	仿	放
舌尖中音	d	低	敌	底	弟
	t	通	同	统	痛
	n	妞	牛	扭	拗
	l	撩	聊	了	料

续表

声母 \ 声调		阴平	阳平	上声	去声
舌根音	g	姑	骨	古	顾
	k	科	咳	可	刻
	h	酣	含	喊	汉
舌面音	j	居	局	举	据
	q	青	情	请	庆
	x	香	降	想	象
舌尖后音	zh	知	职	止	至
	ch	称	成	逞	秤
	sh	申	神	沈	甚
	r	—	如	乳	入
舌尖前音	z	作	昨	左	做
	c	猜	才	采	菜
	s	虽	随	髓	岁

2.双字词语训练

阴平+阴平

参加　西安　播音　清新　拥军　丰收　倾听　中心
香蕉　江山　咖啡　班车　单一　发声　攀登　公司

阴平+阳平

资源　坚决　鲜明　飘扬　新闻　编排　金牛　声明
温和　宣传　发言　加强　星球　中国　签名　安全

阴平+上声

批准　发展　班长　听讲　灯塔　生产　伤感　亲友
钢笔　经理　艰苦　歌舞　公款　签署　根本　方法

阴平+去声

庄重　播送　音乐　规范　通信　飞快　欺诈　工作
单位　希望　欢乐　中外　失事　加快　书架　优惠

阳平+阴平

国歌　联欢　核心　南方　群居　农村　成功　成都
长江　航空　围巾　营私　原封　图书　时间　原因

阳平+阳平

直达　滑翔　儿童　团结　人民　模型　年龄　民族
轮流　灵活　联合　驰名　临时　吉祥　黄河　豪华

阳平+上声

华北　黄海　遥远　泉水　勤恳　民主　成长　填写
情感　描写　难免　迷惘　平坦　旋转　词典　及早

阳平+去声

豪迈　辽阔　模范　林业　盘踞　局势　名胜　培训
革命　同志　直到　雄厚　行政　球赛　文化　服务

上声+阴平（音变）

指标　统一　转播　北京　纺织　整装　组织　指挥
掌声　法医　演出　广播　讲师　取消　嗓音　脑筋

上声+阳平（音变）

指南　普及　反常　谴责　讲完　朗读　阻拦　旅游
考察　里程　起航　软席　领衔　党员　品德　火炉

上声+上声（音变）

古典　北海　领导　鼓掌　广场　展览　美好　领取
勇敢　打扫　友好　导演　典雅　总理　感想　理想

上声+去声（音变）

改造　舞剧　主要　访问　考试　想象　伪造　总算
土地　广大　写作　典范　选派　讲课　掌握　体验

去声+阴平

下乡　矿工　象征　自私　贵宾　列车　信心　切身
卫星　认真　降低　特征　印刷　气温　假期　丧失

去声+阳平

自然　化学　措辞　特别　电台　会谈　耐烦　内容
政权　配合　未来　要闻　调查　辨别　预防　视察

去声+上声

耐久　剧本　跳伞　下雨　运转　外语　电网　地点
办法　信仰　戏曲　电影　历史　探险　自己　后果

去声+去声（音变）

日月　大厦　破例　庆贺　宴会　画像　利润　论证
示范　大会　快报　致意　建造　顺利　下降　现代

3.四字词语声调训练

阴平　青春光辉　春天花开　公司通知　新屋出租
阳平　人民银行　连年和平　农民犁田　圆形循环

上声　彼此理解　理想美满　永远友好　管理很好

去声　下次注意　世界教育　报告胜利　创造利润

以阴平、阳平、上声、去声为序：

中国伟大　山河美丽　天然宝藏　资源满地　阶级友爱　中流砥柱

工农子弟　千锤百炼　身强体健　精神百倍　心明眼亮　光明磊落

山明水秀　花红柳绿　开渠引灌　风调雨顺　阴阳上去　高扬转降

山重水复　兵强马壮　花团锦簇　深谋远虑　酸甜苦辣　心直口快

以去声、上声、阳平、阴平为序：

破釜沉舟　调虎离山　万里河山　信以为真　妙手回春　异口同声

暴雨狂风　绿草如茵　大显神通　袖手旁观　奋笔疾书　厚古薄今

暮鼓晨钟　热火朝天　弄巧成拙　寿比南山　去伪存真　视死如归

刻骨铭心　抱宝怀珍　逆水行舟　跃马扬鞭　兔死狐悲　过眼云烟

（二）对比训练

应得——赢得　大妈——大码　正规——正轨　改组——改租　痛哭——痛苦

土山——秃山　喜气——吸气　记分——积分　主义——注意　原意——愿意

借去——截去　打倒——达到　烟色——颜色　截断——阶段　犯人——凡人

符号——负号　打散——打伞　洁净——结晶　奴隶——努力　笔尖——鼻尖

鞋子——蝎子　小节——小解　相依——相宜　徐水——蓄水　喜怒——息怒

隔断——割断　计日——即日　指责——职责　迷路——觅路　分化——焚化

没封——每逢　班级——班机　巨型——矩形　可惜——可喜　指数——质数

卫生——尾声　基数——技术　迁入——潜入　详尽——享尽　符合——复核

优惠——邮汇　添上——填上　镯子——桌子　世代——时代　驮着——托着

欺人——旗人　呼喊——胡喊　知道——直道　掰开——白开　包子——雹子

大锅——大国　拍球——排球　窗帘——床帘　大哥——打嗝　抽丝——愁思

大川——大船　抹布——麻布　猎枪——列强　土肥——土匪　战国——战果

返回——反悔　老胡——老虎　牧童——木桶　大学——大雪　白色——百色

骑马——起码　正直——政治　发愁——发臭　同情——同庆　荆棘——经纪

肥料——废料　协议——谢意　禁止——尽职　钱款——欠款　糖酒——烫酒

（三）综合训练

故人西辞黄鹤楼，烟花三月下扬州。孤帆远影碧空尽，唯见长江天际流。

春眠不觉晓，处处闻啼鸟。夜来风雨声，花落知多少。

飒飒西风满院栽，蕊寒香冷蝶难来。他年我若为青帝，报与桃花一处开。

日照香炉生紫烟，遥看瀑布挂前川。飞流直下三千尺，疑是银河落九天。

床前明月光，疑是地上霜。举头望明月，低头思故乡。

野径云俱黑，江船火独明。晓看红湿处，花重锦官城。

思政之窗 1-2

全国推广普通话宣传周，简称推普周，是经国务院批准，于每年9月第三周进行推广普通话的活动，第一届于1998年开始，截至2023年9月18日，已举办26届。

任务四 语流音变的训练

在语流中，连着读的音素、音节或声调有时会发生变化，这种变化就叫音变。在普通话中，音变主要指轻声、儿化、连读变调和语气助词“啊”的音变等。

一、轻声

（一）音变理论

1.轻声的性质

普通话的每个音节都有一定的声调，但有的音节在一定的场合里失去原有的声调，变成了一种又轻又短的调子，这就是轻声。轻声的音节变化在语音的物理性质上主要表现为音长的变短和音强的变弱。

一个音节变成哪一类轻声，和它自己原来的声调无关，而是由它前一个音节的声调决定的。由于轻声音节发音短暂，音高的差别给人的感觉并不明显。一般规律如下：

阴平后边的轻声读半低调，如“玻璃”；

阳平后边的轻声读中调，如“石头”；

上声后边的轻声读半高调，如“眼睛”；

去声后边的轻声读低调，如“木头”。

2.常读轻声的词语

（1）助词“的”“地”“得”“着”“了”“过”。

（2）语气词“吧”“嘛”“呢”“啊”等。

（3）叠音词和动词重叠形式后头的音节。

（4）名词后边的“们”“子”“头”。

（5）名词、代词后边表示方位的“上”“下”“里”“面”“边”等。

（6）动词后边表示趋向的“来”“去”“起来”“下去”等。

（7）代词、数词后边的“个”。

（二）发音训练

1.基础训练

阴平+轻声

他的　哥哥　说了　先生　休息　姑娘　跟头　拉扯　亲戚　舒服　抽屉
功夫　包袱　窗户　溜达　桌子　妈妈　衣服　新鲜　星星　梳子　叔叔
包涵　搭理　官司　挑剔　工钱　清楚　摸索　掺和　周到　稀罕　说法

阳平+轻声

白天　财主　粮食　朋友　明白　蘑菇　俗气　抬举　朋友　馒头　麻烦
脾气　便宜　合同　扑克　什么　拳头　随和　衙门　情形　眉毛　模糊
别致　长处　残疾　格式　和气　凉快　行家　活泼　来路　迷惑　苗条

上声+轻声

本钱　比方　打扮　口袋　马虎　牡丹　耳朵　尾巴　脑袋　委屈　打算
哑巴　洒脱　显得　喇叭　码头　指头　老婆　使唤　鬼子　扫帚　傻子
喜欢　暖和　嘱咐　稳当　怎么　眼睛　已经　显得　老实　筛子　养活

去声+轻声

会计　簸箕　畜生　道士　动静　厚道　客气　月亮　外甥　热闹　亮堂
俏皮　惦记　故事　钥匙　见识　动弹　地道　念头　记得　为了　妹妹
利索　凑合　力气　漂亮　岁数　笑话　厉害　意思　位置　运气　对付

2.重点训练

体会下列词语读轻声和不读轻声时意义上的区别：

本事　不是　大爷　大意　东西　地道　干事　利害　能干　言语
买卖　精神　开通　下水　人家　兄弟　老子　合计　运气　大气

二、儿化

（一）音变理论

1.儿化的性质

儿化是一个音节中韵母带上卷舌色彩的一种特殊音变现象，这种卷舌化的韵母就是儿化韵。在儿化韵中，“儿”是指发音到某一韵母的末尾时，随即加上一个卷舌动作，使韵母带上一个卷舌音“儿”的音色的形容性符号，它并不是一个独立的音节，也不是一个音素。汉语拼音书写时，儿化音节只需在原来的音节后加上“r”表示卷舌作用就可以了。

2.儿化韵的发音

（1）音节末尾是a、o、e、e、u（包括ao、iao中的o［u］）的，韵母直接卷舌，加r。

（2）韵尾是i、n（除in、un），丢掉韵尾，主要元音卷舌，加r。

（3）韵母是in、un、i、ü的，加［er］。

（4）韵母是-i（前）或i（后）的，韵母变作［er］。

（5）韵尾是ng的，丢韵尾，韵腹带鼻音（发音时口腔和鼻腔同时共鸣，称作鼻化音，用～表示），并卷舌。

（二）发音训练

1.基础训练

音节末尾是a、o、e、e、u（包括ao、iao中的o［u］）

打杂儿　山坡儿　口哨儿　爆肚儿　模特儿　台阶儿　花儿　粉末儿　书桌儿

草帽儿　麦苗儿　唱歌儿　眼珠儿　小猴儿　打球儿　挨个儿　八哥儿　面条儿
岔道儿　豆角儿　好好儿　老头儿　围脖儿　板擦儿　被窝儿　奔头儿　找茬儿

韵尾是i、n（除in、un）

小孩儿　宝贝儿　针尖儿　小人儿　有味儿　嗓门儿　一块儿　刀背儿　蒜瓣儿
心眼儿　拐弯儿　花园儿　窍门儿　包干儿　差点儿　中间儿　汇碗儿　片儿汤
纳闷儿　墨水儿　壶盖儿　烟卷儿　坎肩儿　快板儿　老伴儿　腰板儿　爷们儿

韵母是in、un、i、ü

背心儿　短裙儿　起劲儿　玩意儿　金鱼儿　小鸡儿　毛驴儿　麦穗儿　飞轮儿
冰棍儿　小曲儿　玩儿命　针鼻儿　一顺儿　胖墩儿　送信儿　没准儿　皮筋儿
脚印儿　今儿　合群儿　痰盂儿

韵母是-i（前）或i（后）

写字儿　没事儿　没词儿　树枝儿　铜子儿　石子儿　铁丝儿
果汁儿　瓜子儿　棋子儿　挑刺儿　墨汁儿　锯齿儿　年三十儿

韵尾是ng

门缝儿　赶明儿　小名儿　帮忙儿　胡同儿　电影儿　打鸣儿　花瓶儿　模样儿
鼻梁儿　愣神儿　人影儿　透亮儿　有空儿　信封儿　小钉儿　天窗儿　蛋黄儿
鞋帮儿　茶缸儿　板凳儿　麻绳儿　眼镜儿　背影儿　小虫儿　小熊儿　唱腔儿

2.重点训练

注意体会下列词语儿化后意义上的不同：

头——头儿　信——信儿　眼——眼儿　盖——盖儿　尖——尖儿　手——手儿
子——子儿　会——会儿　招——招儿　门——门儿　根——根儿　座——座儿
画——画儿　花——花儿　嘴——嘴儿　印——印儿　口——口儿　挑——挑儿
圈——圈儿　个——个儿　调——调儿　滚——滚儿　亮——亮儿　点——点儿

3.强化训练

进了门儿，倒杯水儿，喝了两口儿运运气儿，顺手儿拿起小唱本儿。唱一曲儿，又一曲儿，练完嗓子练嘴皮儿。绕口令儿，练字音儿，还有单弦儿牌子曲儿；小快板儿，大鼓词儿，越说越唱越带劲儿。

花园儿里种着茶花儿，花盆儿里养着菊花儿，花瓶儿里还插着梅花儿。

下了班儿，上对门儿小饭馆儿，买一斤锅贴儿，带上点儿爆肚儿、蒜瓣儿，再弄二两白干儿，到你家慢慢儿喝。

一个老头儿上山头儿砍木头，砍了这头儿砍那头儿，对面来了个小丫头儿，给老头儿送来一盆儿小馒头儿，没留神撞上一块儿大木头，栽了一个小跟头儿。

三、变调

（一）音变理论

在语流中，有些音节的基本调值在音节连读时会发生变化，与单读时的基本调值不同，这种变化就是变调。常见变调有以下几种情况：上声变调、“一”、“不”、去声、形容词重叠时的变调等。

1.上声的变调

上声变调有以下几种情况：

（1）在非上声前面，一般上声的调值变为半上［211］。

（2）两个上声连读，前一个上声调值变为［35］，这叫逆行变化，如：理想、水井、处理。

（3）三个上声相连，根据不同的语音层次，又有两种情况：

一种结构为“1+2”，即第一个音节变为半上［211］，第二个音节变为［35］，第三个音节不变，整个结构读成：［211+35+214］。这类词往往后两个字是结构固定的词，如很勇敢、给奖赏、小老虎、买保险。

另一种结构是“2+1”，即前两个音节都变为［35］，读成［35+35+214］，这类词往往前两个字是结构固定的词，如展览馆、舞蹈美、洗脸水、手写体、管理法。

（4）三个以上上声相连，其变调一是可以根据语义适当分组，再根据分组情况决定如何变。例如：写演讲稿你也许懂。

（5）在原来是上声，现在读为轻声的字音前，有两种不同变调：

第一个音节的上声读阳平［35］，这类词以单音节动词重叠为主，如：走走、想想、打手。

第一个音节读为半上［211］，这类词主要有亲属称谓的重叠词、由“子”构成的名词、一些口语词，如：奶奶、姐姐、本子、椅子、耳朵、宝宝、老实、摆布。

2.“一”“不”的变调

（1）“一”“不”单念或者处在句尾，以及在序数中，读原调，不用变调。

（2）在去声前，都变为阳平［35］，如：一唱一和、一致、不算、不上不下。

（3）在非去声前，二者都为去声，如：不高不低、不明不白、不早不晚。

（4）“不”在可能补语中，“一”在重叠动词中间，读为轻声，如：走不动、看一看。

3.去声、形容词重叠的变调

（1）去声相连：两个去声相连，前面一个一般读成［53］，如：坏蛋、庆祝、愤懑。

（2）重叠式形容词的三种形式，即AA式、ABB式和AABB式。

AA式：一般不变调，如：快快地、长长的。只有带儿化韵尾时第二个叠字变成阴平，如：慢慢儿地、暖暖儿的。

ABB式：后面的两个叠字都变成阴平，如：热腾腾、甜蜜蜜。

AABB式：第二个字变轻声，第三、四字变阴平，如：漂漂亮亮、明明白白。

（二）发音训练

1.上声变调的发音训练

上声+非上声→半上+非上声

（1）上声+阴平

百般 摆脱 北京 首都 小说 奖杯 雨衣 许多 马车 北方 保温
海军 火车 礼花 取经 警钟 野心 酒精 捕捉 导师 主观 小窗

（2）上声+阳平

祖国 口型 耳闻 讲台 保存 表达 草原 两极 海拔 导游 鲤鱼
偶然 浅薄 考查 反常 导航 法庭 管辖 可怜 朗读 起床 北方

（3）上声+去声

总共 纽扣 感动 统治 柏树 法律 本质 保护 保证 百货 把握
广大 雪亮 典范 诡辩 讨论 铁道 挑战 悔过 美术 妥善 宝贵

（4）上声+轻声

尾巴 嫂子 里头 姐姐 椅子 嘴巴 斧子 首饰 老婆 马虎 口袋
伙计 喜欢 属相 雅致 软和 稳当 洒脱 哑巴 早晨 眼睛 本钱
手里 整理 水手 打手（［35］+轻声）

上声+上声→阳平+上声

懒散 手指 母语 主讲 古典 粉笔 表姐 首长 勇敢 解渴 彼此 减少
永远 理解 洗澡 老板 语法 法语 敏感 水表 保养 宝塔 本领 采访
产品 岛屿 典雅 腐朽 雨水 果品 领土 口语 百米 简短 给养 剪彩
审美 展览 海水 美好 小姐 只有 奖品 考古 手表 买马 演讲 肥水
扭转 表演 保守 总统 野草 水果 举手 蒙古 土改 友好 领导 理想

三个上声相连→阳平+阳平+上声

展览馆 总统府 冷水澡 玛瑙厂 表演奖 虎骨酒 保守党
体检表 举手礼 导火索 选举法 讲演稿 养马岛 洗脸水

三个上声相连→半上声+阳平+上声

好领导 很美好 很勇敢 给奖赏 小老虎 买保险 纸雨伞 厂党委 老首长

三个以上上声相连

党小组长 省体改委 访养马岛 打洗脸水 伪总统府 岂有此理 党委领导
老首长好 洗海水澡 找好旅馆 我想找你给我买五两好米酒

2.“一”“不”变调的发音训练

（1）“一”“不”在去声前面读阳平

一样 一道 一个 一并 一半 一定 一切 一路 一贯 一致 一再 一色
不断 不够 不顾 不过 不快 不愧 不料 不妙 不幸 不用 不适 不善

（2）“一”“不”在非去声前读去声

一般 一边 一端 一经 一瞥 一身 一些 一心 一根 一斤 一斑 一张
不安 不甘 不拘 不羁 不堪 不周 不屈 不单 不端 不光 不禁 不一
一连 一旁 一时 一同 一行 一直 一齐 一如 一无 一头 一条 一年
不才 不曾 不成 不独 不乏 不凡 不和 不及 不平 不行 不扬 不详
一晃 一举 一口 一览 一起 一手 一体 一准 一早 一统 一总 一把

不等　不管　不轨　不可　不只　不爽　不免　不苟　不久　不敢　不法　不比

(3)“一”“不”夹在词中读轻声

看一看　想一想　说一说　瞧一瞧　试一试　唱一唱　读一读　学一学　走一走

来不及　行不通　走不了　行不行　好不好　配不上　大不了　吃不吃　学不学

3.去声、形容词重叠变调的发音训练

(1) 两个去声相连时前一个去声读［53］

训练　奥秘　就业　壁画　辩证　地震　赤道　电话　奉献　救护

绿化　示范　债券　任用　惠顾　竞赛　世界　巷道　电器　制胜

电视剧　注射液　大跃进　运动会　现代化　覆盖率

恶作剧　变电站　纪念币　意大利　大事记　圣诞树

浴血奋战　见利忘义　万事俱备　蜕化变质　上当受骗

电视录像　技术进步　废物利用　议会大厦　对症下药

(2) 形容词重叠时的发音

慢慢儿地　暖暖儿的　好好儿的　早早儿的　热腾腾　绿油油　美滋滋

文绉绉　亮堂堂　沉甸甸　火辣辣　酸溜溜　黑洞洞　慢腾腾　热乎乎

漂漂亮亮　明明白白　整整齐齐　暖暖和和　完完整整　详详细细　坦坦荡荡

四、语气助词“啊”的音变

(一) 音变理论

“啊”是附着在句子末尾的语气助词。由于跟前一个音节连读而受其末尾音素的合音影响，常常发生音变现象。在不同的语音环境中，“啊”的读音有不同的变化形式。另外，“啊”的不同读音，可用相应的汉字来表示（见表1-2）。

表1-2　“啊”音变现象的详细情况

前一音节的末尾音素	“啊”的音变	汉字写法	举例
a、o、e、i、ü、ê	ya	呀	鸡呀、鱼呀、磨呀、塔呀、写呀
u	wa	哇	哭哇、好哇
n	na	哪	难哪、心哪、看哪
ng	nga	啊	娘啊、香啊
i（后）、er	ra	啊	事啊、儿啊、店小二啊
i（前）	za	啊	四啊、几次啊

(二) 发音训练

1.基础训练

a、o、e、ê、i、ü+“啊”

（1）是他呀？
（2）真阔呀！
（3）真渴呀！
（4）是你姐姐呀？
（5）别生气呀！
（6）你去呀！
（7）快去找他呀！
（8）你去说啊！
（9）今天好热啊！
（10）你可要拿定主意啊！
（11）我来买些鱼啊！
（12）赶紧向他道谢啊！

u（包括ao、iao）+“啊”

（1）他在哪儿住哇？
（2）你别绕哇！
（3）她的手真巧哇！
（4）他人挺好啊！
（5）口气可真不小啊！

n+“啊”

（1）仔细看哪！
（2）好好儿练哪！
（3）早晨的空气多清新啊！
（4）多好的人啊！
（5）你猜得真准啊！

ng+“啊”

（1）你想不想啊？
（2）这事成不成啊？
（3）注意听啊！
（4）你可真行啊！
（5）最近太忙啊！

-i（后）、er+“啊”

（1）怎么回事儿啊？
（2）不够再吃啊！
（3）他才十二啊！

-i（前）+“啊”

（1）快写字啊！
（2）今天来回几次啊！

(3) 你怎么撕了一地纸啊！

(4) 你可要三思啊！

2.综合训练

朗读下列句子，注意“啊”的音变。

(1) 你怎么还不回家呀！

(2) 他是你大伯呀！

(3) 好大的雪呀！

(4) 你发什么呆呀！

(5) 你看对不对呀！

(6) 漓江的水真绿呀！

(7) 这么多够不够哇！

(8) 这是什么酒哇！

(9) 实习老师对我们多好哇！

(10) 这孩子真可怜哪！

(11) 你快点选哪！

(12) 这几天真冷啊！

(13) 电话打不通啊！

(14) 办学要舍得投资啊！

(15) 明天是三月二十二啊！

巩固训练

一、朗读下列单音节字词

摘	怯	脚	剖	塑	疙	粽	农	弄	学
津	取	挟	岳	屑	喂	波	舜	巢	滤
仿	辛	桶	瓣	驶	峡	构	活	踹	聊
瑟	盯	此	用	谨	昂	柳	袜	肥	悦
腔	循	驾	泥	蒸	跪	歪	胁	抓	仍
擦	袋	披	存	砍	盆	洒	该	怎	材
嘘	愁	允	旁	啃	兽	北	僧	偶	捐
舔	债	孔	亭	主	翁	鸟	穷	党	泽
取	书	算	拖	凤	膜	屋	恨	蕊	刀
犬	缩	码	官	闹	满	隔	自	烘	酿
蕨	日	鸡	水	床	东	遗	谬	炉	雁

二、朗读下列多音节词语

佛寺	昂扬	病床	墙上	梦想	幼儿园	曾经
晴朗	钢铁	苍蝇	汪洋	逗乐儿	摧毁	爱国
挫折	篱笆	报答	随后	盼望	提成儿	螺旋桨

修养	明白	荒凉	军阀	的确	公民	拉链儿
从中	暖瓶	深化	难怪	灯泡儿	温柔	成长
灯笼	总得	恰好	完善	眉头	夸张	恭敬
窘迫	毽子	典雅	妇女	标准	不速之客	

模块二

交际口语训练

学习目标

★提升学生的口语交际能力，在口语交际情境中学会倾听、表达，培养人际交往的文明态度。

素养目标

★增强文化自信，引导学生热爱民族文化，了解中华民族礼仪规范，热爱祖国语言。

任务一　掌握礼貌用语

一、礼貌用语的概念

礼貌用语是服务行业的从业人员向客人表达意愿、交流思想情感和沟通信息的重要交际工具，是一种对客人表示友好和尊敬的语言。

二、礼貌用语的基本特点

（一）言辞的礼貌性

敬语包含尊敬语、谦让语和雅语三方面的内容。

敬语的最大特点：彬彬有礼、热情庄重。

敬语常用的场合：比较正规的社交场合；与师长或身份、地位较高的人交谈；与初次打交道或会见不太熟悉的人；会议、谈判等公务场合；接待场合。

尊敬语是说话者直接表达自己对听者尊敬、恭敬的语言。

递名片：双手拿出自己的名片，将名片的方向调整到最适合对方观看的位置，不必提职务、头衔，只要把名字重复一下；顺序要先职务高后职务低，由近而远，圆桌上按顺时针方向开始，再用敬语“认识您真高兴”“请多指教”等。

接名片：双手接过对方的名片，要简单地看一下内容，轻声念出对方名字，不要直接把名片放起来不看，也不要长时间拿在手里不停摆弄，更不要在离开时把名片漏带，应将名片放在专用的名片夹内，或放在其他不易折弯的地方。

当遇到的交往对象的地位和身份比自己高，或者为异性时，其难免有提防之心，这时候尤其要注意使用敬语。例如：“王总，非常高兴能认识您，不知道能不能有幸跟您交换一下名片？”

在索要对方名片之前，可以稍做语言铺垫，以便成功交换名片。例如：“认识您非常高兴，虽然我在这个行业工作四五年了，但是在您这种专业人士面前还是相形见绌，希望以后有机会能够继续向您请教。不知道以后如何向您请教比较方便？”

面对平辈和晚辈时，不妨采用联络法进行语言沟通。联络法的标准说法是：“认识您太高兴了，希望以后有机会能跟您保持联络，不知道怎么跟您联络比较方便？”

谦让语是说话者通过自谦从而表达对听话者敬意的语言。

雅语是指用一种比较委婉、含蓄的方式表达双方都知道、理解但不愿点破的事。

（二）措辞的修饰性

措辞的修饰性主要表现在经常使用谦谨语和委婉语两个方面。

谦谨语常常是以征询式、商量式的语气表达的语言。

委婉语是用好听的、含蓄的，使人少受刺激的代词来替代双方有可能忌讳的词语，以曲折的表达方式来提示双方都明白但又不必点明的事物。

三、使用礼貌用语的要求

（一）接待做到“五声”

宾客到来有问候声；

遇到宾客有招呼声；

得到协助有致谢声；

麻烦宾客有致歉声；

宾客离开有道别声。

（二）多用“文明十字”

“文明十字”指“您好”“谢谢”“请”“对不起”“再见”。

（三）禁忌“四语”

不尊重宾客的蔑视语；

缺乏耐心的烦躁语；

自以为是的否定语；

刁难他人的斗气语。

四、问候礼节

微课2-1 问候礼仪

问候包括语言问候和动作问候，且讲究顺序，即尊者居后。问候有以下一些禁忌：

（1）打招呼无论用点头、手势还是眼神，都应该看着对方的脸，露出笑容。

（2）切忌在双方相距太远的地方高声叫喊，尤其是在公共场所。

（3）与对方打招呼时，注意自己的举止。

（4）打招呼的语言要有所讲究。

（5）被人招呼问候，应及时回应问候，并且热情注视对方。

（6）旅游、酒店行业倡导“两米微笑、一米问候”。

客人迎面走来，服务人员应放慢步伐，离客人约2米处，目视客人，面带微笑，轻轻点头致意，使用“您好”等礼貌用语；擦肩而过时，应注意礼让。

如行鞠躬礼时，应停步，躬身15°～30°，眼往下看，并致问候，切忌边走边看边躬身，这是十分不雅观的。

员工在工作中，可以边工作，边致礼。如果能暂停下手中的工作行礼，更会让客人感到满意。

五、称呼礼节

微课2-2

称谓礼仪

称呼，主要是指人们在交往过程中彼此的称谓语，它代表了人与人之间的关系。在我国，称谓一般可以分为：

职务称：以其所担任的职务相称，如总经理。

姓名称：在“先生”“小姐”“同志”之前冠以姓氏。

一般称：泛称某人为“先生”“小姐”“太太”等。

职业称：如“司机先生”“秘书小姐”。

代词称：如“您”“他”等。

亲昵称：亲属、好友间的称呼。

通常情况下，称男士为“先生”，称女士为“夫人”“太太”“女士”和“小姐”。一般称呼前可冠以姓氏，如李先生、姜太太；“职务称”，如校长先生、护士小姐；“衔称”，如博士先生等。

对教授、医生、法官、律师，可直接称其为“教授”“医生”等；或冠以姓氏，如林教授、杜律师等；或加上“先生”，如法官先生等。

对军人，要称其“军衔”并加“一般称”，如中尉先生、将军阁下等。

对有荣誉爵位的人，要称他们的爵位，或称“阁下”。

对地位高的人，可称他们为“阁下”，如“部长阁下”或“部长先生阁下”。

对王室成员的称呼，要突出其身份，如“女王陛下”“陛下”“亲王殿下”“公主殿下”“殿下”。

对婚姻状况不明的女士，年长者可称“夫人”“太太”，年轻者可称“小姐”，如有错误，她一般会提出纠正。

综上所述，了解交往对象的身份，并能在日常交往中正确称呼他们，一定会产生很好的效果。

思政之窗 2-1

在五千年的历史长河中，中华民族创造了灿烂的文化，被世人称为“文明古国，礼仪之邦”。礼仪文明作为中国传统文化的一个重要组成部分，对中国社会历史发展发挥了广泛而深远的影响，其内容十分丰富，至今读来，依然回味无穷。

这里我们一起走进礼仪的世界，感受中华礼仪用语的妙处。

头次见面用久仰，很久不见说久违。认人不清用眼拙，向人表歉用失敬。

请人批评说指教，求人原谅用包涵。请人帮忙说劳驾，请给方便说借光。

麻烦别人说打扰，不知适宜用冒昧。求人解答用请问，请人指点用赐教。

赞人见解用高见，自身意见用拙见。看望别人用拜访，宾客来到用光临。

陪伴朋友用奉陪，中途先走用失陪。等待客人用恭候，迎接表歉用失迎。

别人离开用再见，请人不送用留步。欢迎顾客称光临，答人问候用托福。

问人年龄用贵庚，老人年龄用高寿。读人文章用拜读，请人改文用斧正。

对方字画为墨宝，招待不周说怠慢。请人收礼用笑纳，辞谢馈赠用心领。

问人姓氏用贵姓，回答询问用免贵。表演技能用献丑，别人赞扬说过奖。

向人祝贺道恭喜，答人道贺用同喜。请人担职用屈就，暂时充任说承乏。

任务二　介绍与谈话

一、介绍

介绍是人与人相互认识的桥梁，是人们开始交往的第一步。介绍也是日常接待工作中必不可少的一个环节，是人际交往和接待工作中相互了解的基本方式。

（一）自我介绍

人们通常在下面的情景中需要作自我介绍：入学入职、比赛竞赛、竞选岗位、求职应聘、征婚征友、工作洽谈等。我们每新到一个地方，认识新的人，都避免不了要作自我介绍。

自我介绍的内容包括姓名、年龄、籍贯、身份、职业、职务、专业、个性特点、兴趣、爱好、个人经历、个人成就等方面，可根据交际需要，合理选择介绍的内容。

简短的自我介绍。利用谐音，巧妙解读，如：我是吴能，不是“无能之辈”，而是“吴所不能”；也可进行拆字联想，如：我叫李赟，木子李，文武贝赟，父母希望我文武兼备，还有钱；还可以借助名人光环，如：我叫赵丹，赵本山的赵，宋丹丹的丹，父母希望我能够像他们一样幽默地对待生活。

正式场合，要介绍单位（第一次介绍时单位名称要用全称，不用简称，以免产生误解）、部门、职务、姓名。注意：先递名片，再做介绍（加深印象），时间要简短（1分钟之内）。

（二）他人介绍

由他人做介绍，自己处在被介绍的位置。如果你是身份高者、年长者，应立即与对方热情握手；如果是身份低、年轻者，应视对方的态度而做出反应。

（三）为他人介绍

为他人介绍也叫居间介绍，是为不认识的双方或多方互相引荐的一种介绍方式。在为他人做介绍之前，要清楚双方的情况，了解双方的意愿，征询被介绍方的意见，避免唐突导致双方尴尬。

1.介绍的表情、手势

介绍时应文雅。无论介绍哪一方，都应手心朝上，手背朝下，四指并拢，拇指张开，指向被介绍一方，并向另一方点头微笑，切忌伸出手指指来指去。

2.介绍的先后顺序：尊者居后

先男士，后女士；先年轻，后年老；先地位低的，后地位高的；多位女性，先未婚，后已婚；先主人，后客人。

（四）集体介绍

1.将一个人介绍给大家

适合于在重大活动中对身份高者、年长者和特邀嘉宾的介绍。如，导游将经理介绍给旅行团的团员。

2.将大家介绍给一个人

注意顺序：按身份由高到低、座次由近及远的顺序。

二、谈话

谈话是建立良好人际关系的重要途径，也是日常接待的主体活动之一。谈话礼节的关键，在于尊重对方和自我谦让，还要注意交谈时的表情、态度、内容、表达方式等要点。

微课 2-3

谈话礼仪

（一）谈话原则

（1）接受对方，不要难为对方，不要让对方难堪，客人永远是对的。

（2）谈话中不要打断别人，不要轻易补充对方，不要随意更正对方。

（3）重视对方，欣赏对方，多看对方的优点，不当众指正缺点。

（4）赞美对方。懂得欣赏别人的人实际上是在欣赏自己，是自信的表现。

（二）谈话的表情与禁忌

1.谈话的表情

谈话时，表情大方、自然，面带微笑，语气亲切，语言表达得体；态度诚恳，神情专注，目光坦然、亲切、有神。

2.禁忌

（1）不要左顾右盼、打哈欠、频频看表、伸懒腰等。

（2）与领导谈话，不要惊慌失措。

（3）接待身份不高的客人，不要心不在焉。

（4）不能坐着与站着的客人谈话。

（5）不要边埋头工作边与客人谈话。

（三）谈话的言语规范

（1）语言流畅，表达准确。

（2）讲普通话。与人交流时，最好用普通话，做到语音标准、表达清晰、语速适中。

（3）音量适中。在与人交谈时要注意控制音调，尤其当众讲话时，尖而响的声音容易引起旁人的反感。试着把自己的声音降低，就会收到意想不到的效果。一个音量适宜、清晰可辨的声音更能吸引人们的注意力并博得信任。

（4）学会使用柔性语言。柔性语言表现为语气亲切、语调柔和、措辞委婉、说理自然，常用商讨的口吻与人说话。

（5）使用礼貌语言。

（四）谈话内容

话题的选择至关重要，因为话题是身份的象征，代表着说话者的地位和品位。

（1）与对方谈论其擅长的问题。

（2）谈论格调高雅的问题。

（3）谈论轻松愉快的话题。

（五）谈话的体态

（1）动作不要过大，更不能手舞足蹈。

（2）不要用手指指人。

（3）双手不要交叉胸前或者背后，也不要手插裤袋或攥紧拳头。

（4）不要狂笑，要举止得体。

（5）与客人的距离不要过近也不要太远。

（6）不要目不转睛直视，也不要左顾右盼。

（六）谈话的最佳距离和角度

在社交场合，要注意保持交谈的最佳距离和角度。不同的国家对此有不同的习惯。

据有关研究，从卫生角度考虑，交谈最佳距离应为1.3米，这样避免因交谈而感染上由飞沫传染的疾病，保证卫生，又不至于距离太远。

交谈时最好有一定的角度，双方面对面同时又倾斜一定角度，30°角为最佳，避免直接面对面。

三、谈话艺术技巧

（一）基本规范

（1）要委婉含蓄，表达巧妙。

（2）要善于倾听，给对方机会表达看法。

（3）要坦率诚恳，切忌过分客气。

（4）要大方自然。

（5）要照顾全局。

（6）要诙谐幽默，避免针锋相对。

（二）忌讳谈论的话题

（1）要注意非特殊场合不要涉及疾病、死亡等不愉快的话题。

（2）要注意回避对方的隐私。

（3）要注意对方不愿意回答的问题不要刨根问底，对方反感的问题一旦提出则应表示歉意或立即转移话题。

（4）要注意不要批评长辈和身份高的人，不要讥笑讽刺他人，对宗教问题也应持慎重态度。

（5）要注意不能用词尖酸刻薄，恶语伤人。

（6）要注意不能用傲慢失礼的话伤害对方的自尊心。

（7）要注意与外国旅游者交谈不得胡言乱语，泄露国家机密。

例如，当你觉得同事的看法不对时，如果很坦诚地说“您的看法是不对的”，则可能对方表情一下子就僵住了，或是引起情绪反弹，以至于无法再继续心平气和地进行沟通。但是如果你说“您的看法是否可以再斟酌一下”，则一定不会一下子就破坏交谈的氛围。

（三）“适当性”原则

“适当性”原则要做到：先在心里评估一下想要说的话是否适当。然后暂停一下，思考其他可能也适用的说辞。最后反复斟酌，选用恰当词语，尤其对方是上级主管或长辈时，必须特别注意措辞。

一位中国年轻的白领在意大利旅游，身上穿着一件漂亮的外套。别人对她说“你这件衣服真雅致，颜色美极了”，她很高兴，但有些不好意思，就按中国习惯回答说：“这是件普通的衣服，我在中国国内买的。”

一位中国学者刚到美国，应邀去参加一场家庭聚会。女主人是他的老朋友。两个人正在谈话，女主人的一个熟人走过来。她对那个人说：“罗恩，我来介绍一下，这位是陈先生，他是杰出的物理学家，是一位很了不起的人。”陈先生同罗恩握手，看看女主人，笑着说：“叫我脸红呢，还是跟他说您只是开个玩笑吧。”

在这两个例子中，两位中国人的回答都可能被人误解。别人也许以为青年白领的回答是说对方不识货，对一件普通衣服如此大惊小怪，可见其鉴别能力有问题。那位姓陈的物理学家的回答，如果不是带着笑，别人会认为他的意思是：“你这么说，不过是表示客气，不是真心话。”第一个例子中说对方鉴别能力差，第二个例子中说女主人言不由衷，二者都有责备赞扬者的意味，说话人的意图和所传达的信息之间有很大的差距。

（四）巧妙的谈话技巧

这里所谓的巧妙，指的就是结合对周围情况的观察，能够说出最善解人意或最贴切的话。要达到巧妙的境界，就必须对周围的人和事十分敏感，并掌握说话的技巧，随时都能果断地陈述自己的意见，而且不能引起他人的反感。这种技巧可以用来处理棘手的情况或人际关系。

1.三思而后言

在我们和他人沟通的过程中，往往会因为说错一句话而引起对方的不悦，所以要避免说错话。此外，为了避免做出不当的评价，在说任何话之前，都该先想想自己想说什么、该说什么。很多人心直口快，根本没想到自己犀利的言辞可能对别人造成伤害。因此，说话不能不经过大脑，在说话之前要先想一想（如果别人对我这样说，我会作何感想？我的批评是有害的还是有益的?）。很多情况下，如果能多花一些时间，设身处地为他人着想，你就不会因说错话而引起他人的不悦了。

2.失言时立刻致歉

勇于认错是很重要的，一旦你发现自己的言语伤害到他人的时候，千万不要厚着脸皮不肯道歉。每个人偶尔都会说错话，自己一旦察觉说了不该说的话，应马上设法更正。留意他人的言语或其他方面的反应，借此判断是否需要道歉。如果你确实说错话了，就必须立刻道歉，勇于承认错误，不要编一大堆借口，以免越描越黑。

3.和别人沟通，不要和别人比赛

有的人和别人交谈时，时常把它看成是一种竞赛，一定要分出个高下。如果你常在他人的话里寻找漏洞，常为某些细节争论不休，或者常纠正他人的错误，借此炫耀自己的知识渊博、伶牙俐齿，你一定会给人留下深刻的印象，只不过那是不好的印象。这些人往往忽略了沟通的技巧，因为他们把交谈当成辩论，而不是信息、想法与感觉彼此交流的过程。因此，为了与他人更好地进行沟通，这种竞赛式的谈话方式必须被舍弃，而采用一种随性、不具侵略性的谈话方式。这样当你在表达意见时，别人就比较容易听进去，而不会产生排斥感。

4.挑对说话的时机

在你表达意见之前，必须先确定对方已经准备好，愿意听你说话了；否则，你只会浪费力气，对牛弹琴，白白错过了让别人接受你意见的大好机会。那什么时候开口才是最好的时机呢？找到最好的时机确实很困难，但是要找到适于交谈的时机却不是难事。比如，在公共场所，或有其他朋友、同事在场时，应避免谈论涉及隐私或一些敏感的话题。还有，当对方感到烦躁时，也尽量避免继续谈论下去。

5.对事不对人

举例来说，你是否有朋友很难缠，总是将你气得半死？有些人就是爱抱怨、生性悲观、拖拖拉拉，又爱编一大堆借口。如果朋友这些行为已经威胁到你们之间的友谊，你就有权开口提醒他。此时最重要的是，你必须指明自己讨厌他哪些行为，而不是一味地想改变他的个性。一个人要改变某些特定、确切的行为，要比改变个性容易多了。

6.了解别人的感受

如果能先试着了解对方的感受，我们也就能比较巧妙地说出一些难以启齿的话。比方说，如果你的父母很担心你的投资计划不够周全，你就不要对他们说："你们为什么不能只管自己的事情，老是把我当成三岁小孩。那是我的钱，我爱怎么用就怎么用!"这种充满稚气的典型防卫性反应无法增强父母对你的信心。你应该想想父母说这些话时心中的感觉。也许他们只是想阻止你冒失投资，以免你重蹈他们的覆辙。也有可能是你父母对自己往后的财务状况感到忧虑，却又不知道如何告诉你。你只有找出背后真正的原因或需求，才能够用另外一种说辞去化解一场冲突。

7.聆听他人的回馈

一个人要和别人交谈，不仅自己要懂得如何去说，也要懂得如何去聆听。缺乏聆听的技巧，往往会导致轻率的批评。一个人会任意地批评或发出不智的言论往往是因为他不管别人要说什么，只想掌控整个交谈的场面。如果你仔细聆听别人对你意见的回馈或反应，就能确定对方有没有在听你说话，得知对方是否已了解你的观点或感觉，而你也可以看出对方所关心、愿意讨论的重点在哪里。

思政之窗 2-2

中国是礼仪之邦，自古讲究礼。在古代，称谓涉及礼制，因此被十分看重，乃至成为中国礼仪的重要组成部分。

一、父母、儿女、兄弟间的称谓

1.家严（家君、家尊）：旧时在别人面前对自己父亲的谦称。

2.家慈：旧时对别人称自己母亲的谦辞，由严父慈母而来。

3.高堂：古代称父母。

4.膝下：古代儿女与父母通信时用的敬辞，书面语。

5.泰山：妻父为泰山。

6.东床：女婿为东床。

7.犬子：对小儿的爱称或对自己儿子的谦称。

8.伯仲叔季：古时兄弟间老大为伯，老二为仲，老三为叔，最末为季。

9.息女：年幼弱小的子女。

二、对别人父母、兄妹的称谓

1.令堂：对对方母亲的敬称。

2.令尊：对对方父亲的敬称。

3.令兄：对对方哥哥的敬称。

4.令弟：对对方弟弟的敬称。

5.令妹：对对方妹妹的敬称。

6.令坦：对对方女婿的敬称。

7.令郎：对对方儿子的敬称。

8.令爱：对对方女儿的敬称。

9.千金：尊称别人的女儿为千金，有金贵之意。

三、对男子的称谓

1.子：对成年男子的尊称，也是对学问居高者的尊称，相当今之“先生”，如孔子、孟子等。对人称呼时相当于“您”。

2.夫子：古代对成年男子的敬称。

3.丈夫：古称成年男子，不专指女子配偶。

4.父：古代男子的美称，在字后加“父”或“甫”表性别，或对老年人的尊称，如“渔父”。

5.甫：通“父”。

6.须眉：男子为须眉，因古人以男子须眉稠秀为美，故以此代称。

四、对妇女的称谓

1.裙钗：旧时为妇女的代称，以服饰借代。

2.拙荆（山荆、荆室）：一般人家丈夫对妻子的称谓，荆钗布裙为贫寒人家妇女而穿，故以此代称。

3.蛾眉：本为女子长得美的眉毛，代指女子美貌，进而代称美女。

4.粉黛：粉黛是富贵人家女子的化妆用品，故以此代称美女。

5.巾帼：古代妇女的头巾和发饰，以此代称妇女。

6.姥：古代称老妇人。

7.妪：古代对年龄大的妇人的称呼。

8.媪：古代对妇人或老妇人的称呼。

五、表示谦卑的自称

1.鄙人：表谦卑的自称，本指住于郊野之人，引申为见识短浅的鄙俗之人。后常用以表示地位不高、见识浅薄的自谦。

2.不才：本义为没有才能的人，常以此自称表自谦。

3.不肖：旧表谦卑的自称，自谦自己没有能耐，不能继承祖辈德行。

4.愚：自谦之词。

任务三　掌握电话礼仪

一、接打电话的程序

（一）拨打电话

准备：考虑好大致的通话内容。电话接通后，先说“您好”，确认拨打无误，得到明确答复后，自报家门，报出自己要找的人，最后以“再见”结束通话。

（二）接听电话——“铃响不过三”原则

接听电话时，首先要问候“您好”，然后报公司名称、部门、姓名（即自我介绍），询问来电需要什么服务，认真倾听电话内容，最后以“再见”结束通话。

二、电话形象

电话形象，是电话礼仪的主旨所在。它的含义为：人们在使用电话时的种种表现，会使通话对象“如见其人”，能够给对方以及其他在场的人留下完整的、深刻的印象。

一般认为，一个人的“电话形象”主要由他使用电话时的语言、内容、态度、表情、举止以及时间感等方面所构成。

（一）电话形象三要素

1.通话的时机

按照惯例，通话的最佳时间为：一是双方预先约定的时间，二是对方方便的时间。

2.通话的内容

基本原则："以短为佳，宁短勿长"——"三分钟原则"。

3.通话时的举止表现

通话时的举止表现主要是指打电话时的神态、表情、动作等。

（二）电话形象三注意

1.重要的第一声

声音清晰、亲切、悦耳，使用礼貌用语，"你好，××"，应有"我代表公司、代表××形象"的意识。

不允许接电话以"喂，喂"开头，或者一张嘴就不客气地说"你找谁呀""你是谁呀""有什么事儿啊"，像查户口似的。

接听电话是个人素质的直接体现，维护企业形象，树立办公新风，让我们从接听电话开始。

2.微笑接听电话

声音可以把你的表情传递给对方，笑是可以通过声音来感觉到的。

3.清晰明朗的声音

打电话过程中不可以吸烟、吃零食、打哈欠，如果你瘫靠在椅子上，对方也能听出你的声音是懒散的、无精打采的。

通话时不可以与别人闲聊，不要让对方感到他在你心中无足轻重。

给予任何人同等的待遇，一视同仁，不卑不亢，这种公平的态度容易为自己赢得朋友，也有利于宣传公司良好的待人接物形象。

三、移动电话使用礼仪

（一）四不

（1）不在公共场合旁若无人地使用手机。

（2）不在要求"保持寂静"等公共场所大张旗鼓地使用手机。

（3）不在上班期间因私使用自己的手机。

（4）不在聚会期间使用手机。

（二）置放到位

1.常规位置

正式场合，可放在随身携带的公文包里或上衣口袋里。

2.暂放位置

挂在腰带上；参加会议，为了既不误事又不妨碍他人，可暂交由秘书或会务人员保管；与人坐在一起交谈时，可将其暂放于不起眼之处。

四、对拨错电话的处理

（1）要保持风度，切勿发脾气，要态度。

（2）确认对方打错电话，应先自报家门，然后告知电话打错了。

（3）如果对方道了歉，不要忘了说“没关系”，不要教训人家或抱怨。

五、挂电话的礼仪

（1）通电话时，如果自己正在开会、会客，不宜长谈，或另有电话打进来，需要中止通话时，应说明原因，告诉对方“一有空，我马上打电话给您”，免得让对方认为我方厚此薄彼。

（2）中止通话时应恭候对方先放下电话，不宜“越位”抢先。一般下级要等上级先挂断电话，晚辈要等长辈先挂断电话，被叫等主叫先挂断电话，不可只管自己讲完就挂断电话，那是一种非常没有教养的表现。

（3）如遇上不识相的人打起电话没完没了，不宜说“你说完了没有？我还有事呢”，最好委婉、含蓄，不要让对方难堪，应讲“好吧，我不再占用您宝贵的时间了”“真不希望就此道别，不过以后希望有机会与您联络”。

任务四　掌握口语交际中的态势语

态势语，是指在交流中运用身体的变化，如表情、动作、体姿、身体空间距离等作为传递信息、交流思想感情的辅助工具的非语言符号。态势语又被称为“人体示意语言”“身体言语表现”“体态语”“动作语言”等。

一、态势语的作用

（一）就言语双方而言

（1）反映人的性格和心理。

（2）反映人的真实感受和内心需求。

（3）弥补有声语言的不足。

（4）反映人的文化素质和修养。

（二）从日常交际来说

（1）更形象地传递信息，表达思想。

（2）更有利地传达情感，反映情绪。例如，拍案叫绝、暴跳如雷、扪心自问、趾高气扬等。

（3）更有效地昭示心灵，加深理解。

（4）更恰当地联结各种关系，使交际更得体。

二、态势语的运用

（一）眼睛语言

“眼睛是心灵的窗户”，人们可以通过目光的移动、瞳孔的变化、眼神的接触传递信息和情感。通过眼神接触的频率和时间长短可以洞察一个人的心理和情感。

持续的眼神关注，表示被吸引或者厌恶；回避眼神接触，暗示不感兴趣或者厌倦，是想结束对话的信号。

运用眼睛语言的基本要求：要看、会看。

要看：在交际场合，“看”表达关注、尊重。如在交谈时，说话人要时不时地用目光和听者交流。在公开讲话或演讲时，要灵活运用环视、点视、虚视了解听众的心理反应，适当调整说话的节奏、内容、语调，掌握说话的主动权。

会看包括以下两点：

1.控制好目光的停留时间

交谈时，注视的时间一般占整个交际时间的30%～60%，不足30%则不礼貌，难以建立信任感；超过60%，则反映出听者可能对人的兴趣大于说话的内容。若对方是异性，盯着看是失礼的。

2.注意目光的方向

交谈时将目光转向交谈人，表示自己在倾听。注视对方的脸部前额和双眼构成的三角区，可表现严肃、诚恳的心态，适用于洽谈、谈判等正式场合；注视对方脸部由双眼到唇部构成的三角区时，可表现随和、亲切的心态，适用于日常社交场合，让人感到轻松自然。如果是关系非常亲密的朋友或亲人，目光的位置可以落在对方双眼和胸之间。

交谈时，切忌不能长时间目光“聚焦”在对方的某个部位，这会让对方不安，甚至引发敌意。

（二）表情语言

表情语言是感情的“晴雨表”。面部表情是人的内心思想感情的外化，这种外化是通过面部肌肉的运动来实现的。如：蹙额锁眉表示发愁，眉飞色舞表示高兴，横眉竖目表示愤怒等。

表情语言的基本要求：自然、真挚、合宜，要和有声语言表达的感情统一。

（三）手势语言

手势语言是人们运用手指、手掌、手臂的运动变化来表达情感的一种态势语。

手势语言的类型可分为象征手势和象形手势。象征手势表达象征意义，比如“V”形手势表达胜利。象形手势模拟事物形状，如“比心”。

1.手指语言

“大拇指”一般表示夸奖、很好，但有时表示高傲的情绪；“十指交叉”一般表示自信、敌对、感兴趣；“抓指式”一般表示控制全场之势；“背手”可给自己壮胆、镇静，也表示自信，但对有的人而言则是狂妄的表现；“手啄式”表示不礼貌的动作，本身就有一种挑衅、针对和强制性。以上都要看具体环境和当时面部表情。

2. 手掌语言

“向上”表示诚恳、谦虚；“向下”表提醒、命令；“紧握伸食指”带有一种镇压性；“搓掌”表示期待，快搓表示增加可信度，慢搓表示有疑虑；“手掌向前”表示拒绝、回避；“手掌由内向外推”表示安慰、把所有的问题概括起来；“劈掌”表示果断、决心。

3. 手臂语言

“手臂交叉”表示防御；“交叉握拳”表示敌对；“交叉放掌”表示有点紧张并在努力控制情绪；“一手握另一只手上臂，另外一只手下垂”表示缺乏自信。

（四）体姿语言

体姿是肢体语言的重要组成部分，对一个人整体形象的塑造起着重要的作用。

1. 坐姿

坐姿包括就座和坐定的姿势。就座要缓轻稳地落座，避免发出嘈杂的声音；坐定后上身保持挺直，头部端正，目光平和看向前方或交谈对象。在正式场合，或有尊者在座，不能坐满座位。注意两膝之间的距离，男子以一拳或两拳为宜，女子则并拢为好。非正式场合，允许坐定后双腿叠放或斜放。

2. 站姿

站立是人们生活、工作及交际最常见的体姿之一。得体的站姿是站得自然、端正、稳重。上身挺直，头正目平，肩平胸挺，直腰收腹，双臂自然下垂，双腿自然站立。

3. 走姿

与坐姿和站姿不同的是，走姿是动态的。正确的走姿应具备三个要点：从容、平稳、直线。正确的走姿应该身体直立、收腹直腰、两眼平视前方，双臂放松在身体两侧自然摆动，脚尖向外或向正前方，跨步均匀，两脚之间相距约一只脚到一只半脚，步伐稳健、步履自然。

（五）空间语言

空间语言是人类利用空间表达思想的社会语言。在与人交往时，由于关系亲疏远近不同，人际的空间距离也是不同的。

美国人类学家爱德华·霍尔认为，人际空间范围分四个区域：亲密区域、个人区域、社交区域、公共区域。关系亲密的人，彼此的距离较近，关系疏远的人，双方保持的距离也较远。间隔多少距离取决于沟通情境以及双方的关系。

1. 亲疏程度

一般来说，夫妇、恋人处于亲昵区域；朋友间交往处于个人区域；熟人、同事交往处于社交区域；陌生交往属于公共区域。

2. 社会地位差别

社会地位相近的人，人际沟通距离较近；社会地位差别较大的人，互相沟通较正式，人际沟通距离也较远。

3. 性别差异

同性之间交往时，一般男性的空间距离较大，而女性则更喜欢手挽手、肩搭肩结伴而行。

思政之窗 2-3

礼仪是中华民族千古流传下来的行为举止等基本仪表行为道德规范。中国规范的礼仪形成于周朝，圣人周公制定了成套的礼仪（仪礼）。

我国《礼记》中记录了仪礼的五个类别：

（1）吉礼：祭祀天神、祖先等仪礼。

（2）凶礼：丧葬仪礼。

（3）军礼：与军事相关的仪礼。

（4）宾礼：宴请宾客的仪礼。

（5）嘉礼：成年和婚姻仪礼。

五礼是中国古代对吉礼、凶礼、军礼、宾礼、嘉礼的总称。五礼中一些行为体态礼仪，依然深刻地影响着我们的生活。

例如：

（1）行走之礼——在行走过程中彰显个人的品德修养，体现人的地位和人际关系，因此有行走的礼节。

古代常行“趋礼”，即地位低的人在地位高的人面前走过时，一定要低头弯腰，以小步快走的方式对尊者表示礼敬。传统行走礼仪中，还有“行不中道，立不中门”的原则，即走路不可走在路中间，应该靠边行走，站立时不可站在门中间。

（2）见面之礼——人们日常见面既要态度热情，也要彬彬有礼。

拱手礼是最普通的见面礼仪，方式是双手合抱（一般是右手握拳在内，左手加于右手之上）举至胸前，立而不俯，表示一般性的客套。

如果到人家做客，在进门与落座时，主客相互客气行礼谦让，这时行的是作揖之礼，称为“揖让”。作揖同样是两手抱拳，拱起再按下去，同时低头，上身略向前屈。作揖礼在日常生活中为常见礼仪，除了上述社交场合外，向人致谢、祝贺、道歉及托人办事等也常行作揖礼。

身份高的人对身份低的人的回礼也常行作揖礼。传统社会对至尊者还有跪拜礼，即双膝着地，头手有节奏触地叩拜，即所谓叩首。现今跪拜礼只在拜佛、祭祀等场合能够见到，一般不再施行。在当今社会，人们相见一般习惯用西方传入的握手礼。

（3）入座之礼——传统社会礼仪秩序井然，坐席亦有主次尊卑之分，尊者上坐，卑者末坐。

如果自己不能把握坐何种席次，最好的办法是听从主人安排。室内座次以东向为尊，即贵客坐西席上，主人一般在东席上作陪。年长者可安排在南向的位置，即北席。

陪酒的晚辈一般在北向的位置，即南席。入座的规矩是，饮食时人体尽量靠近食案，非饮食时，身体尽量靠后，所谓“虚坐尽后”。有贵客光临，应该立刻起身致意。

（4）拜贺庆吊之礼——中国自古是一个人情社会，人们相互关怀、相互体恤，在拜贺庆吊中有许多仪礼俗规。

拜贺礼一般行于节庆期间，是晚辈或地位低的人向尊长的礼敬，同辈之间也有相互的拜贺。如古代元旦官员朝贺，民间新年拜年之礼。行拜贺礼时，不仅态度要恭敬，口诵贺词，俯首叩拜，同时也得有贺礼奉上。庆吊之礼，主要行于人生大事中。

巩固训练

1.中秋节即将到了，假如你是一名团支书，按照团支部的要求，需要以班团委的名义办一期以“庆中秋”为主题的板报。你发现有许多困难需要班主任的帮助，希望他支持你并提供必要的帮助，你该怎么礼貌而诚恳地和老师交流呢？

2.王强来北京旅游，打算去天安门广场看升旗，又不知路怎么走。王强遇到一位老奶奶，他该怎么样向她问路呢？

3.为了竞选学习部部长，设计一段自我介绍，向老师和同学展示自己的风采。

4.你是学习部的部长。有一天你和同学在去书城的路上偶遇了学院院长，他认识你，但并不知道你叫什么，你要如何介绍自己呢？

5.你是学习部的部长，你的同学也想加入学习部。作为引荐人，请你向主管学习部的老师介绍一下你的同学。

6.简述集体介绍时介绍的顺序。

7.给下面的话分别设计一个手势。

（1）开会前，会场一片混乱，组织者说：“请大家安静，安静！”

（2）老师在讲课时提到了一个问题，于是说：“我讲的这个问题非常重要。”

（3）你想怎样做？这样是绝对不行的！

（4）攀登吧，无限风光在险峰！

（5）朋友们，我们的事业是伟大的，前途是光明的，让我们为实现这一目标而奋斗吧！

（6）他那个人太卑鄙了，我无法和他相处！

8.用手势表示下列词语的意思。

前进　暂停　很好　不好　没有　胜利　恭喜

模块三

朗读训练

学习目标

★激发学生朗读的兴趣，了解朗读的作用与要求。

★掌握朗读的基本技巧，提高学生朗读水平。

素养目标

★通过朗读比赛等活动，加深对祖国语言文字的热爱，增强民族自豪感。

任务一　朗读的作用

情动于中而形于言。朗读是一种情感的输出，是把书面的文章或文学作品用更能表情达意的有声语言表达出来，将文字变成语言的创造性艺术。

朗读训练是口语训练的有机组成部分，是普通话正音的继续，是说话训练的准备。其主要作用有：

一、承上启下的桥梁作用

承上，是指将在普通话中学到的声、韵、调等知识和发音训练中所学到的用气发声、共鸣控制、吐字归音等技能，在朗读训练中进行实践，做到细嚼慢咽、加深理解、纠正错误、融会贯通。

启下，是指朗读训练是口语表达训练的准备。口语表达，要把内部语言转换为外部有声语言，是一个复杂的心理过程。训练时，必须循序渐进、逐步提高。而朗读，是把作品的书面语言转换为有声语言。朗读的这一“转换”，有现成材料，有文字依托，看得见、摸得着，便于开口。同时，朗读中的正音辩调、表情达意及一切技能技巧，都是口语表达的基本功。所以说，朗读训练，是口语表达训练初级阶段最为理想的形式。

二、提高口语表达能力的有效方法

思维和口语表达关系极为密切。朗读训练，可以锻炼一个人的思维能力。朗读者从准备朗读开始，直到有声语言的最终完成，始终保持着积极的思维状态。在分析、感受作品的过程中，语脉的发展、层次的构成、文气的贯通，对于朗读者的逻辑力、分析力、理解力、判断力等都是极好的锻炼。在朗读过程中，作品中那些优美的情景描绘、鲜明的人物刻画、复杂的情感变化等，对于朗读者的记忆力、想象力、鉴赏力、创造力等能力的提高都会有所帮助。

三、使朗读者储存大量的词汇

朗读过程，也是广泛汲取古今中外名家高手语言精华的过程。作品中那些准确的词语概念、精湛的句式结构、妥帖的修辞方法，总是在悄悄地丰富着朗读者的知识库。这些，都是教师口语表达时所需要的物质材料。人们在交流中的口语表达，多数是边想边说，如果物质材料丰富，用时就能信手拈来，那种词不达意、“卡壳”的现象，就会大为减少。所以说，朗读训练是提高口语表达能力的有效方法。

四、口语训练的捷径

口语表达能力的提高，不是一朝一夕就能完成的，本无捷径可走；但实践证明，只要在朗读训练阶段肯下苦功夫，把各种技能技巧真正学到手，就会大大缩短口语训练的时间，并且少走弯路。

在日常生活中，常常会出现这样一种现象：一些人当众讲话时结结巴巴、语无伦次，但当他们读文章时，却能做到朗读流利。又如，同样的内容，由朗读技能强的人叙述，会生动感人、妙趣横生；由未受过朗读训练、讲话呆板的人去表达，就会使人感到枯燥乏味、索然无趣。可见，口语表达训练，从朗读训练开始，的确是一条省时省力、收效较快的捷径。

任务二　朗读的准备与要求

朗读是由内化到外化的过程，在朗读前，要先理解作品、感受作品，然后再运用有声语言把作品的思想感情传递给受众。

一、朗读的准备

（一）理解作品，把握基调

1.理解作品

要朗读好一篇作品或一段文字，必须熟读朗读材料，对作品中的字、词、句等，不但要解决其声、韵、调、语流音变等读音问题，还要对作品的主题、内容、结构层次、语言特色进行准确的理解和把握。同时，还应对作品的写作背景，以及作者的写作目的、思想倾向等有一定的了解，从而更准确地把握作品的基调。

2.把握基调

基调是指作品的基本情调，即作品总的感情色彩和分量，或欢快，或悲伤，或深沉，它包括作品的总的态度和情感。基调有各种类型：有昂扬有力的，有深沉坚定的，有悲愤凝重的，有喜悦明快的，有豪放舒展的，有细腻清新的，有热情颂扬的，有愤然控诉的……把握基调，是就朗读材料的总体而言，并非每段每节都是同一种感情色彩。

如《卖火柴的小女孩》的基调是亲切爱怜、压抑愤懑的，但小女孩在划着火柴、看到幻想中的美丽境界时，也有梦幻般的温暖和短暂的喜悦，这应该怎样朗读呢？这就要在把握基调的前提下，以笼罩着压抑愤懑的喜悦情感来读。

（二）感受作品，调动感情

1.形象感受

形象感受是在作品形象性词语的刺激下，感受到客观事物以及事物的发展、运动状态，使表现情、景、物、人、事、理的文字符号在朗读者内心跳动起来。朗读者通过视觉、听觉、嗅觉、触觉、味觉等感受，对朗读内容中描述的事物进行具体的体验。朗读者要善于抓住那些表达事物的形象的“实词”，透过文字，“目击其物”，似乎真的“看到、听到、闻到、摸到、尝到、感受到”一样，使作品中的人物、事件、情节、场面、景物、情绪……在脑海里像看电影一样，形成连续活动的画面，伴随着画面引发具体的态度、情感，情景交融并以情为主。

形象感受的来源，是朗读者的生活经验、经历以及知识的积累。在此基础上，通过记忆联想和再造想象，来增强朗读的感染力。

运用形象感受的方法，朗读下面的文字：

大雪整整下了一夜。今天早晨，天放晴了，太阳出来了。推开门一看，嗬！好大的雪啊！山川、河流、树木、房屋，全都罩上了一层厚厚的雪，万里江山，变成了粉妆玉砌的世界。落光了叶子的柳树上挂满了毛茸茸亮晶晶的银条儿；而那些冬夏常青的松树和柏树上，则挂满了蓬松松沉甸甸的雪球儿……（《第一场雪》）

（提示：朗读时，眼前要有一个个画面，就像看电影一样，仿佛真的看到了雪后的种种景象）

2.逻辑感受

逻辑感受是作品中的概念、判断、推理、论证，以及全篇的思想发展脉络、层次、语句之间的内在联系，在朗读者头脑中形成的感受。逻辑感受主要体现在两方面：一方面是语言目的要明确，即要抓住语句、篇章的真正含义，挖掘实质；另一方面是语言脉络要清晰，即在文章中，“虚词”是贯通文字，连接层次、语句的桥梁，也是获得逻辑感受的重要途径。

3.内在语

内在语，即“潜台词”，是隐藏在朗读作品文字后面的更深一层的意思，是“言外之意”“弦外之音”，也是作品文字所不便表露、不能表露或没有完全表露出来的语句关系和语意本质。内在语是为朗读目的服务的，没有内在语，有声语言就会失去光彩和生命。朗读时，内在语要像一股巨大的潜流，在朗读者的内心深处不断涌动。例如，《囚歌》中的语句：

人的躯体哪能由狗的洞子爬出！

内在语：在敌人威逼利诱面前革命者坚贞不屈的高风亮节。

有时，作品中的某些句子，并不体现其直接含义或表面意思。如“你真坏”一句，也可以表达“你真好”的意思。这就是反义内在语。

例如：《卖火柴的小女孩》中的一段话：

奶奶把小女孩抱起来，搂在怀里。她们俩在光明和快乐中飞走了，越飞越高，飞到那没有寒冷，没有饥饿，也没有痛苦的地方去了。

内在语：极度的痛苦与凄惨——小女孩只有死去才能永远摆脱寒冷和饥饿。

（提示：从文字表面看，这一段的基调应是欢快的、幸福的，但应从故事内容和主题思想来理解。朗读时，使这些反义的内在语在心中涌动，就能把可怜的小女孩冻饿而死的悲惨结局恰如其分地表达出来）

二、朗读的要求

（1）用标准的普通话读。要按普通话语音的声韵调准确朗读，这是严格的基本训练，是朗读的基础。

（2）发音要响亮清楚。响亮清楚不仅仅是音量的问题，也是语言基本功的问题，应该练习叶字归音，提高咬字的清晰度。

（3）忠于原作。不读错字，不丢字，不添字，不吃字（即不把字音含糊不清地带过去）。

（4）读得流利。就是说要读得流畅自然，快慢适当，不破词，不重复字句。

（5）有感情地读。有感情地读是朗读的高要求。只有发自内心的富有真情实感的朗读，才能引起听众的想象，激发听众的情感，获得听众的共鸣。

三、朗读与朗诵的不同

朗诵必须以文字为依据，这和朗读相同。但它是一种艺术形式，是供欣赏的表演，因此，朗诵除了必须脱离文字稿用口替作者说话以外，还须有眼神、手势、形体动作相配合来帮助表情达意。这样，朗诵就不仅是诉诸听觉的语言艺术，也是诉诸视觉的造型艺术，因此它和戏剧表演很相近。而这些，恰恰是朗读不必多加考虑的。

当然，朗读可以从朗诵中吸取大量的营养，甚至可以在朗读的基础上进一步上升为朗诵，以促进朗读水平的提高。

任务三　朗读的技巧

朗读要运用语言技巧把作品内容传达出来，主要技巧有语气、语调、重音、停连。

一、语气

（一）怎样理解语气

“语气”一词是由“语”和“气”组成的。“语”是指有声语言，指通过声音表现出来的语句；“气”是指朗读时支撑有声语言的气息状态，指具有声音和气息合成形式的语句流露出来的气韵。这当中，不但有语意，还有情感；不但动于中，还流于外；不但音随意转、气随情动，还以情运气、以气托声、以声传情。因此，声音的气息状态和表露有极为重要的意义。

语气既有称为“神”的内在思想感情的色彩和分量，又有称为“形”的外在的快慢、高低、强弱、虚实的声音形式。所以说，语气是朗读中语句的“神”与“形”的结合体。有什么样的情感，就会产生什么样的气息；有什么样的气息，就会有什么样的声音状态。

（二）语气运用的一般规律

爱则气徐声柔。例如：我爱妈妈。

憎则气足声硬。例如：我恨你。

悲则气沉声缓。例如：唉！太惨了。

喜则气满声高。例如：啊！我们终于胜利了。

惧则气提声抖。例如：我，我再也不敢了。

怒则气粗声重。例如：你这个坏蛋！

急则气短声促。例如：不好了！不好了！月亮掉到井里了。

冷则气少声淡。例如：啊，我早就知道了。

疑则气细声黏。例如：这是真的吗？

（三）语气运用的灵活性

语气的运用虽然有一定规律，但并不能完全依规律而行。朗读实践告诉我们：只有感情上的千变万化，才有气息上的“千姿百态”，也才有声音上的“姹紫嫣红”。各种语气在朗读中都是交错使用的，运用中有主次之分，但又不能截然分开。例如：

敌人想收买刘胡兰，对她说：“告诉我村子里谁是共产党员，说出一个，给你一百块大洋。”刘胡兰大声回答：“我不知道！”敌人又威胁她说：“不说就枪毙你！”刘胡兰愤怒地回答：“不知道，就是不知道！”

（提示：敌人说话的态度不同、目的不同，朗读的语气也就不同。前一句狡诈，后一句凶狠。刘胡兰的两处回答，感情不同，朗读的语气也应不同。前一句，刘胡兰在敌人的利诱面前毫不动摇，语气应坚定；后一句，在敌人威胁之下怒火中烧，所以是愤怒的语气。再看最后两句叙述，前一句写敌人的凶暴残忍，后一句写刘胡兰的顽强不屈，因而朗读时前一句的语气是愤怒的揭露，后一句的语气则是热情的颂扬）

（四）朗读练习

（1）哎呀，这下可好了。（喜悦——气满声高）

（2）灵车缓缓地前进，牵动着千万人的心。许多人在人行道上追着灵车奔跑。人们多么希望车子能停下来，希望时间能停下来！可是灵车渐渐地远去了，最后消失在苍茫的夜色中了。人们还是面向灵车开去的方向，静静地站着，站着，好像在等待周总理回来。（悲伤——气缓声沉）

（3）部长恳求说："白求恩同志，这儿危险，让您离开这里，是战斗形势的需要哇！"白求恩说："谢谢师长的关心。可是，手术台是医生的阵地。战士们没有离开他们的阵地，我怎么能离开自己的阵地呢？"（焦急——气短声促）

（4）您转告师长，我是一名八路军战士，不是你们的客人。（焦急——气短声促）

（5）王后知道白雪公主没有死，恶狠狠地说："真是可恶极了，一定要让美丽的白雪公主从这个世界上消失。"（狠毒——气粗声重）

（6）你这个强盗！（愤恨——气足声硬）

（7）桂林的山真奇啊，一座座拔地而起，各不相连，像老人，像巨象，像骆驼，奇峰罗列，形态万千。（陶醉——气舒声平）

（8）他这位才华横溢的作家死得太早了。（叹息——气沉声缓）

二、语调

人的情感态度是丰富而复杂的。从情感上来说，有喜、怒、哀、乐、爱、憎、好、恶、忧、惧、疑、奇等；从态度上而言，有冷、热、亲、疏、褒、贬、毁、誉等；从程度上来分，又有强、弱、深、浅、浓、淡等。这丰富而复杂的情感态度所形成的千变万化的语气，又表现在语流声音的高低强弱、明暗虚实和刚柔粗细上。

（一）高低强弱

语流声音的高低强弱变化形成了语调。语调是有声语言在思想内容、感情态度驱使下，借助停连轻重的变化所形成的高低起伏、强弱有致的声音形式。

语调的起伏，变化万千，很难找到完全相同的形式。

1.平调

语流的运行状态基本平直，强度没有多大变化，句尾和句首差不多在同一高度。一般表达平淡、沉着、迟疑、冷漠、庄严、肃穆、沉痛、伤感、沉思、回味等语气时用这种语调。例如：

（1）平淡。

"她是你最大的孩子吗？"法官指着我问父亲。

"是的，我是最大的。"我怕父亲说出哥哥来，就这样抢着说了。

……

父亲立刻就会意了，接着说："→她是我最大的孩子。→我的妻子是乡下人。→我的孩子年纪都还小，→她们什么也不懂。→一切都跟她们没有关系。→"（《十六年前的回忆》）

（提示：父亲会意而说的话用平调，显得很沉着，使对手相信）

（2）沉思、回味。

我在朦胧中，→眼前展开一片海边碧绿的沙地来，上面深蓝的天空中挂着一轮金黄的圆月。→我想：希望本是无所谓有，无所谓无的。→这正如地上的路；→其实地上本没有路，走的人多了，→也便成了路。（《故乡》）

（3）沉痛。

3月14日下午两点三刻，→当代最伟大的思想家停止思想了。→让他一个人留在房里还不到两分钟，→等我们进去的时候，→便发现他在安乐椅上安静地睡着了——→但已经永远地睡着了。（《在马克思墓前的讲话》）

2.升调

语流的运行状态是由低向高升起的，句尾音强而且向上扬起。一般表现疑惑、思考、惊恐、意外、紧张、激动、亢奋、悲愤、决断、命令、号召、设问、反问等语气多用这种语调。例如：

（1）疑问。

是谁丢了羊羔呢？↗

（2）反问。

中国人死都不怕，还怕困难吗？↗

这一下他可火了："别磨蹭了！你想叫咱们俩都丧命吗？"↗

（提示："……都丧命吗？"句尾音强且向上扬起）

（3）号召。

加油！冲啊！↗

（4）命令。

你过来！↗

全体，立正——↗向右看——齐！↗向前——看↗稍息。↘

（5）悲愤。

砍头‖不｜要紧，

只要‖主义｜真。↗

杀了‖夏｜明翰

还有‖后来｜人！↗

（6）激动。

"啊，我们的'大蜻蜓'仿佛比飞机飞得还高呢。"我高兴得一边拍手一边嚷："蜻蜓赛过飞机啦！↗蜻蜓赛过飞机啦！"↗

3.降调

语流运行状态由高向低坠落，句尾音强，往下。一般表达陈述、祝愿、赞美、感叹、同情、希望、恳求、坚定、决断、痛苦、愤怒、奉承、屈从等语气时多用这种语调。例如：

（1）陈述。

古时候有一个人，→一手拿着矛，→一手拿着盾，→在街上叫卖。↘

（2）肯定、赞美。

白杨树实在是不平凡的，↘我赞美白杨树！↘

(3)赞叹。

多么专心的孩子啊!↘

(4)请求。

你来我这一趟。↘

把钱给我吧!↘

(5)感叹。

天亮了,太阳出来了,喜鹊在枝头呼唤寒号鸟。可是,寒号鸟已经在夜里冻死了。↘

(提示:最后一句话,一定要念得严肃沉重,“冻死了”三个字,一字一顿交代清楚,声音渐渐轻下来)

4.曲调

语流的运行状态起伏曲折,或由高而低再扬起,或由低向高再降下,或更多曲折,起落部分声音强度较大。表达反语、戏谑、幽默、讽刺、暗示、含蓄、双关、意外、惊异、夸张、疑惑等语气,一般多用这种语调。例如:

(1)反语。

少奇同志指了指窗外,厉声说:“那就请↗你↘收拾去吧!”

(提示:“请你”二字由高向低再扬起,表现冷冷的态度)

(2)惊异。

什↘么↗?旧毡帽朋友几乎不相信他们的耳朵。美满的希望突地一沉,大家都呆了。

5.上行语调和下行语调

这是一般表现在较长的复杂单句或复句中的语调。例如:

我的心疼得像刀绞一样,眼泪不住地往下流。多么坚强的同志!为了我这样的小鬼,为了革命,他被这可恶的草地夺去了生命!(《草地夜行》)

(提示:第一句由低向高,是上行语调;第二句强烈感叹,语流音位升高,为降调;第三句则先往上推进,到“夺去了生命”再往下降落。这样上行、下行交替,综合四种基本语调的运用,形成了整篇思想情绪的起伏跌宕)

(二)明暗虚实

语气不仅通过语调的高低强弱得以表现,还借助语音的明暗虚实来表达。

实声是气流通过完全闭合的声带发出的,经过共鸣器官扩大了的圆润饱满的声音,它明丽优美,给人以美的享受;虚声是气流通过不完全闭合的声带发出的半虚半实的,或如悄悄耳语时声带完全不振动的气音,它含蓄深沉,不失内涵丰蕴之美。二者各具特点,各有所宜。实声宜于叙述、说理,虚声善表强烈情感。

例如:《草地夜行》多用实声,《天上的街市》多用虚声。

朗读思想感情溢于言表、明快爽朗、轻松活泼的作品,多用圆润的明声,如《春》。

朗读思想感情深藏秘隐、悲凉哀怨、沉郁凝重的作品,多用实中带虚的暗声,如《匆匆》。

明和暗,虚和实,相辅相成,互映互衬,很少单独使用。二者应有机结合,实中有虚，虚中有实，统一于朗读作品的基调中，为准确表达语气服务。例如：

他蓦地抽回手去，深深地吸了一口气，用尽所有的力气举起手来，直指着正北方向，“好，好同志……你……你把它带给……”（《七根火柴》）

（提示：红军战士临终前勉强说的，气息短促，声音虚弱。最后一句实声停在“它”上，“带给”用气息托出来的虚声吐露出口外）

（三）刚柔粗细

语流声音的刚柔粗细也是表达语气的重要方面。语流声音不论明暗虚实都有刚柔粗细的区别。刚声强度大，力度大；柔声强度小，力度也小。声音粗，气流量较大；声音细，气流量较小。

刚声适合表达豪迈、激昂的感情；柔声适合表达委婉、细腻的感情。声粗则粗犷，声细则细腻。从性质上说，粗声可用于表现旷达、凶狠，细声可用于表现温存、柔弱；从年龄上说，粗声可用于长者，细声可用于年幼者；从性别上说，粗声一般适用于男性，细声适用于女性。

（四）综合训练

1.陈述句

陈述句是陈述一件事的句子。说话或朗读时，一般要用平铺直叙的陈述语气（平调)，句尾尾音下降，表示一个句子表达完了。如：

（1）我准备明天到北京出差。→（这句话显然是个陈述句，读这句话，要用平铺直叙的陈述语气）

（2）过了不久，→解放军来了。↘

（3）他们忙了半天，→连一个铜板都没找到。↘

2.疑问句

疑问句是用来表示疑问的句子。我们在说和读时，就要把句末一字的读音向上挑起，把疑问的语气充分表达出来。如：

（1）你怎么还没有去上班呀？↗

（2）外边什么样儿↗？也这么黑吗？↗

（3）是谁丢了羊羔呢？↗

3.祈使句

祈使句是用来表达请求的句子。说和读时，要多用降调，句子末尾一个音节要降下来，把请求、劝阻的口吻表达出来。例如：

（1）放下武器，把手举起来！↘（这句话是祈使句，读这句话，要声色俱厉，用命令这种祈使语气）

（2）别过河，→别过河，→河水会淹死你的！↘

4.感叹句

感叹句是用来表达某种感情的句子，说或读时多用降调。如：

（1）啊，好个光明的世界！↘

（2）不用捞了，月亮好好地挂在天上呢！↘

（3）你骄傲得连自己也看不起了！↘

三、重音

在朗读中，为了准确地表达语意和思想感情，需要强调那些起重要作用的词或短语，被强调的这个词或短语通常叫重音。重音是通过朗读的力度和速度并且配以拖音实现的，在朗读时，重音有多种读法。

（一）重音类型

1.突出语意区别的重音

（1）并列性的重音。

当然，能够只是送出去，也不算坏事情，一者见得丰富，二者见得大度。

（2）对比性的重音。

我爱热闹，也爱冷静，爱群居，也爱独处。

（3）排比性的重音。

它既不需要谁来施肥，也不需要谁来灌溉。狂风吹不倒它，洪水淹不没它，严寒冻不死它，干旱旱不坏它。它只是一味地无忧无虑地生长。

2.突出句子关系的重音

这类重音意在表现句子（特别是复句）中的各种不同的语法关系，以此来强调句子具有某种内在的逻辑关系。

（1）转折性的重音。

他们可以承担一场浩大的战争，可以承担重建家园的种种艰辛，可是却承担不了如此沉重的离情。

（2）呼应性的重音，文章中某些体现呼应关系的词语要重读。

用什么来表达自己的心意呢？战士们又有什么呢，他们只有一双结着硬茧的手，一颗赤诚的心。

3.突出修辞色彩的重音

盼望着，盼望着，东风来了，春天的脚步近了。

4.语法重音

语法重音是根据词语在句子中所处的地位所确定的重音。

主语重音：谁是最可爱的人呢？

谓语重音：风停了，雨住了，太阳出来了。

定语重音：我躺着，听船底潺潺的水声。

状语重音：“中国石？”小姑娘吃惊地看着我……

5.逻辑重音

逻辑重音又叫强调重音、感情重音。逻辑重音不像语法重音那样大体上有规律可循，它是根据一定语言环境的需要而临时确定的重音。有时候，甚至是同一个句子，在不同的语言环境和不同的感情支配下，就有不同的重音处理方法。

以“他喜欢打乒乓球”为例：

他喜欢打乒乓球！（谁喜欢打乒乓球？）

他喜欢打乒乓球！（他喜不喜欢打乒乓球？）

他喜欢打乒乓球。（他喜欢打乒乓球还是看乒乓球比赛？）

他喜欢打乒乓球！（他喜欢打乒乓球吧？）

微课3-1

《囚歌》朗诵示范

（二）重音读法

1.重音重读

重音重读是在朗读中对某个音节或句子成分以及某个句子加强语势。如《囚歌》：

人的躯体哪能由狗的洞子爬出！（“人的躯体”接近一字一顿地，加重语气，以突出“凛然不可犯”的气势）

2.重读拖长

重读拖长是在朗读中对某个音节或句子成分拖长朗读，以表达语意，抒发感情。如《囚歌》：

但我深深地知道……（“深深”二字应发音饱满，加重语气，且时值可略长，突出“发自内心的感觉”）

3.重音轻读

重音轻读是在朗读中用减轻读音力度和放轻朗读语气的方法来表现内容的情感特征。它的特点是语音轻淡，语势轻缓。轻读一般表现体贴、疼爱、怀念、怜悯等温情的内容或表达悲伤、沮丧、痛苦、惊恐等悲情的内容。如《春》：

“小草——偷偷地从土里钻出来，嫩嫩的，绿绿的。”（小草一句要轻读，“偷偷”“钻”用重音轻读的方法处理，表现出小草无声无息而又顽强生长的特点）

4.轻读拖长

轻读拖长是在朗读时，用减轻读音力度并拖长声音的方法来表现内容的情感特征。如《天上的街市》：

我想/那缥缈的空中，定然有/美丽的/街市。（“缥缈”轻读拖长，表现虚幻和神秘）

四、停连

（一）停连的原则

停指停顿，连指连接。语言不管其形态是文字还是声音，都有语流的序列，这序列中不同的疏密关系也有其确定性。标点符号是文字语言的停连关系的显示，而停顿和连接是有声语言的“标点符号”。

运用停连的原则是按文意、合文气、顺文势。在朗读中，为表情达意所需要的声音的中断和休止就是停顿；声音不中断、不休止，特别是文字上有标点符号而在朗读中不需要中断、休止的地方就是连接。停连要根据思想感情的需要，借助语法成分的关系进行安排。

（二）停连的分类

停连可分为语法停连、逻辑停连和感情停连。一般说来，朗读情绪高昂、欢快的作品时连多停少，朗读情绪低沉、抑郁的作品时停多连少。如《十里长街送总理》：

人们常常幸福地看到周总理，/看到他矫健的身躯，慈祥的面庞。//然而今天，/他静静地躺在灵车里，/越去越远，/和我们//永别了！///（“越去越远”后停顿，“永别了”前面要有较长时间的停顿）

如《春》：

园子里，⌒田野里，⌒瞧去，/一大片，⌒一大片满是的……//（前三个逗号间要连，第三个逗号后要停。突出表现到处都是绿色的特点）

（三）停顿的分类

1.指向强调的停顿

为了突出句中某些重要词语，引起听众的注意，加深听众的印象，可以在这些词语的前面或后面稍加停顿，这便是强调性的停顿。如《记念刘和珍君》：

惨象，已使我目不忍视了；流言，尤使我耳不忍闻。我还有什么话可说呢？我懂得衰亡民族之所以默无声息的缘由了。沉默呵，沉默呵！不在沉默中/爆发，就在沉默中/灭亡。

朗读最后一句时，如果在“爆发”和“灭亡”的前面作一停顿，就可以使听众充分感受到这里发出了“不爆发即灭亡”的呼告及对读者投入斗争的召唤。

2.表达音节的停顿

朗读诗词时，必须用停顿来表达音节，以加强节奏感。例如：

白发/三千丈，缘愁/似个长。不知/明镜里，何处/得秋霜。（二三式）

竹外/桃花/三两枝，春江/水暖/鸭先知。蒌蒿/满地/芦芽短，正是/河豚/欲上时。（二二三式）

我为/少男少女们/歌唱，我/歌唱/早晨，我/歌唱/希望，我/歌唱那些/属于未来的/事物，我/歌唱/正在生长的/力量。（《我为少男少女们歌唱》）

3.区别语意的停顿

书面语中的某些会让人产生歧义的短语和句子，可以用朗读的停顿来揭示其不同的语法结构，从而表达不同的意义。如“通知到了（补充短语）”与“通知／到了（主谓短语）”这两句因为停顿不同，表意就不同。

（四）停顿的方法

1.从停顿间隙的时间看

从停顿间隙的时间看，停顿方法有三种：

（1）声断气不断，语流声音出现了一个极短的顿挫。

（2）声断意连，语流声音有短暂的空隙，但朗读的意念情绪不断，始终保持前后的连贯和一致。

（3）语流声音有较大的空隙，但由于收音音节的延长填补了这个空隙，给人以似断似连的感觉。

2.从停顿前的收音情况看

从停顿前的收音情况看，停顿方法有四种：

（1）徐收：收得舒缓，收得松弛；

（2）急收：收得迅速，收得坚实；

（3）弱收：收得弱缓，收得平稳；

（4）强收：收得果断，收得有力。

3.从停后的起音看

从停后的起音看，停顿方法有三种：

（1）缓起：从容发声，缓缓出口；

（2）紧起：紧接前句，迅速发音；

（3）突起：急速发音，吐字有力。

停顿，不是思想感情的中断；相反，它是思想感情在语流声音的运行中的表现形式，给听者以领悟、思考、回味的时间。它以声音的间隙，表达不能尽言的丰富内容，或体现微妙曲折的感情波澜。无论哪种停连，都应该是音断而意不断。

五、节奏

节奏是指由一定的感情的波澜起伏所引起，在朗读全篇作品过程中所显示的抑扬顿挫、轻重缓急的声音形式的阶段性变化。

（一）节奏的类型

一般节奏可分为六种形式：

（1）紧张型——紧张、急促、气急、音短，多连少停、多重少轻。例如：

不行，得快去找。可是，病儿取药交的是现金，既没有家长姓名和工作单位，又没有家庭住址，这该往哪儿去找呢？邹芳急得团团转。她到处喊："邱波——，邱波——，有叫邱波的小孩吗？"她找遍了整个门诊部，没有一个人答应。她又跑到门诊部外面去找。街上人海茫茫，川流不息，哪儿有病儿和家长的人影，这可真急死人啦！

代表作品：《飞夺泸定桥》《小英雄雨来》等。

（2）轻快型——轻快、欢畅，多扬少抑、多轻少重、多连少停。例如：

春天像刚落地的娃娃，从头到脚都是新的，它生长着。

春天像小姑娘，花枝招展的，笑着、走着。

春天像健壮的青年，有铁一般的胳膊和腰脚，领着我们上前去。

代表作品：《放风筝》《春》等。

（3）低沉型——语势低沉，语速缓慢，语调多抑，声音偏暗，停顿多而长。例如：

灵车缓缓地前进，牵动着千万人的心。许多人在人行道上追着灵车奔跑。人们多么希望车子能停下来，希望时间能停下来！……人们还是面向灵车开去的方向，静静地站着，站着，好像在等待周总理回来。

代表作品：《十里长街送总理》《卖火柴的小女孩》等

（4）高亢型——语势向高峰逐步推进，音色洪亮，语气高昂、爽朗，语调多扬，多重少轻，多连少停，语流畅达。例如：

迎面走来一个同志，冲着我大声嚷：“小鬼，你这算什么行军啊？照这样，三年也走不到陕北！”

他这样小看人，真把我气坏了，我粗声粗气地回答：“别把人看扁了！从大别山走到这儿，少说也走了万儿八千里路。瞧，枪不是还在我肩膀上吗？”

他看了看，笑了起来，就和我并肩朝前走……

代表作品：《开国大典》《白杨礼赞》等。

（5）舒缓型——连多停少，声音清亮，较高但不着力，气长而稳定，舒展自如。例如：

今年的杏儿又熟了。望着黄澄澄的杏儿挂满了枝头，我眼前又出现了奶奶颤颤巍巍地打杏儿的情景。于是，我挑熟透了的杏儿打下一些来，给乡亲们送去——给他们送去香甜，也给他们送去喜悦。

代表作品：《杏儿熟了》《春蚕》等。

（6）凝重型——多抑少扬、多重少轻、多停少连，气稳而音实，沉着有力。例如：

“要记住革命！”——我想起他牺牲前说的话。对，要记住革命！我抬起头来，透过无边的风雨，透过无边的黑暗，我仿佛看见了一条光明大路，这条大路一直通向遥远的陕北。我鼓起勇气，迈开大步，向着部队前进的方向走去。

代表作品：《草地夜行》《囚歌》等。

注意：节奏类型是针对作品的全篇，并不是每一句话都符合这一类型。在一篇作品中，节奏往往以一种类型为主，其他类型渗透其中。

微课3-2

《沁园春·雪》朗诵示范

（二）节奏的运用方法

（1）欲扬先抑，欲抑先扬：“扬”指声音的趋势向上发展；“抑”指声音的趋势向下发展。要使这一部分突出，就要削弱前一部分的趋势。如果重点部分要“扬”，非重点部分就要“抑”。如果重点部分要“抑”，非重点部分就要“扬”。

（2）欲慢先快，欲快先慢：“慢”是指字音稍长，停顿多而时间长；“快”指字音短促，停顿少而时间短，连接较多。

注意：慢不能断，快不能乱；慢中有快，快中有慢。

（3）欲重先轻，欲轻先重：“重”是指声音加强，气息实；“轻”是指声音轻（但不要轻到只剩下气音），气息虚。

注意：要轻重相间，虚实相间。

（4）加强对比，控纵有节：加强对比，指该突出的部分、该高或慢或重的部分，以及该削弱的部分、该低或快或轻的部分在声音上能够区别。

控纵有节，是指对比适度，不过于悬殊，还指感情酝酿要充分，表达时不温不火。要抓住语气的表达，用以带动重音，统领停连，显露节奏。

任务四　朗读训练

朗读示范一

微课3-3

《七律·长征》
朗诵指导

囚歌

为人进出的门紧锁着，
为狗爬出的洞敞开着，
一个声音高叫着：
爬出来吧，给你自由！
我渴望自由，
但也深深地知道——
人的身躯怎能从狗洞子里爬出！
我希望有一天——
地下的烈火，
将我连这活棺材一齐烧掉，
我应该在烈火与热血中得到永生！

（这首诗表现了无产阶级革命战士在敌人的威逼利诱面前坚贞不屈、大义凛然的革命气节和为共产主义事业战斗终身的坚强意志。朗读的基调应该是凝重而坚定的）

（开始：以中声区偏低的音调，一字一顿地报出诗名，略停顿后开始朗诵正文）

为人（略扬起，小停顿）进出的门（略扬起，小停顿）紧锁着。（缓慢地，降调式地收束，含有“无奈的遗憾”）

为狗（略扬起，小停顿）爬出的洞（略扬起，小停顿）敞开着。（缓慢地，降调式地收束“敞开着”三字在音量上可略大于前面的“紧锁着”三字，以形成对比，突出作者对“人不如狗”的愤懑）

（停顿后，较平淡地吐出）一个声音高叫着：（“高”字音区不必提高而时值略延长，以表现主人公对其“藐视”之情）

爬出来吧，给你自由！（此句朗诵可以“角色”化，声音进入略高音区，“爬”“吧”二字时值延长，以表明说话人的“反面”身份，突出其掌握生杀大权的傲慢与嚣张。“给”“自由”音色可作明亮处理，共鸣时值延长，且音调上扬。其中“你”字一带而过，以对比突出敌人“不可一世”的气焰及对叶挺“向往自由”却不愿像“狗”似的接受自由的“不理解”）

（朗诵完后停顿——此停顿在这里，既是作品由“外部环境描写”向“内心独白”过渡，同时，又给听众提供一个转换情绪的时间）

（下文的“内心独白”也可分为两个层次来理解。第一个层次是对自身处境的现实态度，第二个层次是对这个“处境”的处置的向往）

（深沉地）我（停顿）渴望自由，（“渴”字可以采用声母、韵母分离黏读的方法，以深情的语调强调对自由的向往。“自由”二字可略轻读出，以表现出“心虽向往但深知不可能得到”的痛苦与郁闷）

但（小停顿）我深深地知道——（“我”字在此不必重读，因为上句中已有一次“我”的出现，而且很突出，这里不必再次强调。“深深”二字应发音饱满，且时值可略长，突出“发自内心的感觉”）

人的身躯（接近一字一顿地，加重语气，以突出“凛然不可犯”的感觉）怎能从狗洞子里爬出！（“怎能从”三个字略快读，“狗洞子里”四个字加重语气，慢读，小停顿后，再一词一顿，发声时值拖长地吐出“爬出”二字，以快慢对比，轻重对比，突出对这种行为的藐视）

（这一节，表明作者在敌人威逼利诱面前采取的态度，表现了革命者坚贞不屈的高风亮节。“渴望”“深”“人”“狗”“爬”都是重音，尤其是“人”字。作为懂得尊严的人，作为革命战士的人，作为顶天立地的英雄的人，在这里是充满自豪的，必须特别强调，可用加重分量同时拉长音势的方法处理。朗读这一节，语气庄重，缓而不沉，坚定有力。语调呈坡度不大的上行趋势，句尾扬起，用强收的方法，有力地收住）

（以下转入向往）

我（延长时值，小停顿）希望有一天——（轻声向往地，“天”字后停顿，以留下“向往”的空间）

地下的烈火（加重语气，有力地。略扬起，语速略慢）将我（“我”字扬起，不失自尊地，随即停顿语气陡转，以下语气急速上扬，激情喷涌般地）连这活棺材一齐烧掉，（“活棺材”三字声音扬起，“一齐烧掉”，此处声音扬起，“烧掉”二字处于全诗朗诵的最高位）

我（停顿，自豪地、自信地）应该在烈火和热血中（“烈火和热血”字字饱满，要有气势，小停顿后转入深沉有力地）得到永生！（接近一字一顿，深沉地，字字饱满有力地结束）

（这一节，作者怀着对国民党反动统治的极度仇恨和愤怒，表达了自己对革命终将胜利的坚定信念和随时准备为共产主义事业献身的英雄气概。诗人虽然身陷囹圄，但壮志不改，这正是他面对威逼利诱而坚贞不渝、继续斗争的力量的源泉。“一齐烧掉”“烈火”要重读。读“活棺材”可用“咬字”的方法显示仇恨和愤怒）

（这一节的语流由沉缓逐渐转向激烈，呈上行语调，“烧掉”上扬强收，要收得坚定，以显示不可动摇的信念。语气坚实、凝重，既有对革命胜利的热烈期待，又有对黑暗社会的仇恨与愤怒。最后一句是全诗感情的高峰，“永生”是全诗情感的聚焦点。“永生”前面可设稍长停顿，然后用加强音量、延长音势、高中见低的方法读出。朗读语流应从“烧掉”的高度降下来，在中低音区沉缓稳实地起伏行进，到“永生”以深沉而坚定的声音有力收住，切不可拖拉，更不能飘忽）

朗读示范二

天上的街市

（舒缓地、好像有所发现地）
远远的/街灯/明了，//
好像/闪着//无数的明星。//
天上的明星/现了，//
好像/点着无数的/街灯。///
（由地上联想到天上，沉浸于想象之中）
我想/那缥缈的空中，//
定然有/美丽的/街市。//
街市上/陈列的/一些物品，//
定然是/世上没有的/珍奇。///
（继续想象，仿佛看到了天河，并指给人看，轻声）
你看，/那浅浅的天河，//
定然是/不甚宽广。//
那隔河的/牛郎织女，//
定能够/骑着牛儿/来往。///
（遐想似的断定）
我想/他们此刻，/
定然/在天街闲游。//
不信，/请看那朵流星，//
是他们/提着灯笼/在走。///

微课3-4
《我的南方和北方》朗诵训练

微课3-5
《沁园春·长沙》朗诵示范

朗读示范三

海上日出

为了看日出，我常常早起。那时天还没有大亮，周围非常清净，船上只有机器的响声。

（第一小节首先交代地点：在船上；事件：看日出；时间：一大早。因为是在茫茫的大海上，又是清晨，所以“非常清净”，朗读时要表现一个“静”字，音质柔和，速度平稳）

天空还是一片浅蓝，颜色很浅。转眼间天边出现了一道红霞，慢慢地在扩大它的范围，加强它的亮光。我知道太阳要从天边升起来了，便目不转睛地望着那里。

（第二小节写日出前的景色。天空的颜色是“很浅”的“浅蓝”色，“红霞”是“慢慢地”扩大的。朗读这些词应加以强调，但速度不宜快，一方面和景物的自然变化相吻合，另一方面照顾到第一小节所交代的环境。“转眼间”语速可稍快，以表现景物的瞬间之变。下一句是作者的判断，应重读“太阳”“升”“目不转睛”，表现作者急切期待

的心情）

果然过了一会儿，在那个地方出现了太阳的小半边脸，红是真红，却没有亮光。太阳像负着重荷似的，一步一步，慢慢地努力上升。到了最后，它终于冲破了云霞，完全跳出了海面，颜色红得非常可爱。一刹那间，这个深红的圆东西，忽然发出了夺目的亮光，射得人眼睛发痛。它旁边的云片也突然有了光彩。

（第三小节写日出的景色。朗读时要抓住描写太阳的颜色、亮光和初升时动态的词语。开始“红是真红”，第一个“红”后面稍顿一顿，把颜色交代清楚。“没有亮光”中的“没有”重读。后面，那“颜色红得非常可爱”一句，“可爱”应带喜悦的感情予以强调。“夺目的亮光”是“一刹那间”射出来的，速度转快，并重读，表现太阳强大的生命力。中间一句，用拟人的手法，逼真地写出了太阳初升时的动态，朗读时，应沉稳有力地、从容不迫地把“像负着重荷似的”“一步一步”“慢慢地”“努力”“升”，予以强调，显示太阳深蕴着的能量。动词“冲”和“跳”语调应较高，这时的朗读速度应较快，和前面形成对比，努力把太阳脱离海面那一瞬间的变化逼真地表现出来）

有时太阳走进了云堆中，它的光线却从云层里射下来，直射到水面上。这时候要分辨出哪里是水，哪里是天，倒也不容易，因为我就只看见一片灿烂的亮光。

有时天边有黑云，而且云片很厚，太阳出来，人眼还看不见。然而太阳在黑云里放射的光芒，透过黑云的重围，替黑云镶了一道发光的金边。后来太阳才慢慢地冲出重围，出现在天空，甚至把黑云也染成了紫色或者红色。这时候光亮的不仅是太阳、云和海水，连我自己也成了光亮的了。

（第四、第五小节，写日出后的景色。朗读时，要表现出作者看到日出时的欣喜之情。第四小节写太阳躲进云里的景色。重读“射”、“一片”和“亮光”，以显示太阳的巨大威力。第五小节写太阳从黑云包围中透出来的景色。“黑云”“很厚”，才能包围太阳，读时声音可以压抑些。但黑云终究遮不住太阳，光明必将战胜黑暗，不仅仅是此时此景，也是现实生活的必然规律。朗读后面两句，语调要逐渐扬起，声音洪亮，用热烈赞颂的语气，以表达作者对光明的向往之情）

这不是很伟大的奇观吗？

（第六小节写观日出的感受。“这”指日出前后的壮观，朗读时应顿一顿，把这层意思交代清楚；“伟大的奇观”要读得肯定、确切，读得意味深长，使听者通过此景此情，也确信黑暗是暂时的，它终究要被光明所代替）

朗读示范四

微课3-6

《我骄傲我是中国人》朗诵训练

春

盼望着，盼望着，东风来了，春天的脚步近了。

（突出盼得急切）

一切都像刚睡醒的样子，欣欣然张开了眼。山朗润起来了，水涨起来了，太阳的脸红起来了。

小草偷偷地从土里钻出来，嫩嫩的，绿绿的。园子里，田野里，瞧去，一大片一大片满是的。坐着，躺着，打两个滚，踢几脚球，赛几趟跑，捉几回迷藏。风轻悄悄的，草软绵绵的。

（语调平缓、语速稍慢。“小草”一句要轻读，“偷偷”“钻”用重音轻读的方法处理，表现出小草无声无息而又顽强生长的特点）

桃树、杏树、梨树，你不让我，我不让你，都开满了花赶趟儿。红的像火，粉的像霞，白的/像雪。花里带着甜味儿；闭了眼，树上仿佛已经满是桃儿、杏儿、梨儿。花下/成千成百的蜜蜂/嗡嗡地闹着，大小的蝴蝶飞来飞去。野花遍地是：杂样儿，有名字的，没名字的，散在草丛里，像眼睛，像星星，还眨呀眨的。

（此段以想象为基调，由春华联想到秋实）

“吹面/不寒/杨柳风”，不错的，像母亲的手/抚摸着你。风里带来些新翻的泥土的气息，混着青草味儿，还有各种花的香，都在微微润湿的空气里酝酿。鸟儿/将窠巢/安在繁花嫩叶当中，高兴起来了，呼朋引伴地卖弄清脆的喉咙，唱出宛转的曲子，与轻风流水应和着。牛背上牧童的短笛，这时候也成天在嘹亮地响。

（开头诗句要字字顿开，“母亲的手”和“抚摸”两处重音要处理得语重而情深，令人觉得温煦而舒坦。“泥土的气息”和“青草味儿”读重音，给人以嗅觉上的美感。“清脆”“宛转”“应和”，还有“短笛”“嘹亮”等词重读，使人感到耳畔似乎响起一支充满青春活力的迎春交响曲）

雨/是最寻常的，一下/就是三两天。可别恼。看，像牛毛，像花针，像细丝，密密地斜织着，人家屋顶上全笼着一层薄烟。树叶儿却绿得发亮，小草儿/也青得/逼你的眼。傍晚时候，上灯了，一点点黄晕的光，烘托出一片安静而和平的夜。乡下去，小路上，石桥边，有撑起伞慢慢走着的人；还有地里工作的农夫，披着蓑/戴着笠。他们的草屋，稀稀疏疏的，在雨里静默着。

（语调平缓、轻盈，让人感觉到春雨的细、绵）

天上风筝/渐渐多了，地上孩子也多了。城里乡下，家家户户，老老小小，也赶趟儿似的，一个个都出来了，舒活舒活筋骨，抖擞抖擞精神，各做各的一份事去。“一年之计在于春”，刚起头儿，有的是工夫，有的是希望。

（语调欢快，体现出春到人欢的迎春景象）

春天/像刚落地的娃娃，从头到脚都是新的，他/生长着。

春天/像小姑娘，花枝招展的，笑着，走着。

春天/像健壮的青年，有铁一般的胳膊和腰脚，他领着我们/上——前——去。

（三个比喻形象新颖，把喜爱、赞美的激情推向高潮。要读得有力、激昂，表达出作者对“春”的热爱、赞美之情）

朗读示范五

我是什么

我会变。太阳一晒，我就变成汽。升到天空，我又变成无数极小极小的点儿，连成一片，在空中飘浮。有时候我穿着白衣服，有时候我穿着黑衣服，早晨和傍晚我又把红袍披在身上。人们叫我“云”。

我在空中越升越高，体温越来越低，变成了无数小水滴。小水滴聚在一起落下来，人们叫我“雨”。有时候我变成小硬球打下来，人们就叫我“冰雹”。到了冬天，我变成小花朵飘下来，人们又叫我“雪”。

平常我在池子里睡觉，在小溪里散步，在江河里奔跑，在海洋里跳舞、唱歌、开大会。

有时候我很温和，有时候我很暴躁。我做过许多好事，灌溉田地，发动机器，帮助人们工作。我也做过许多坏事，淹没庄稼，冲毁房屋，给人们带来灾害。人们想出种种办法管住我，让我光做好事，不做坏事。

小朋友，你们猜猜，我是什么？

朗读提示：

这是一篇介绍自然知识的文章，通篇用拟人的手法，讲了水的变化和用处，浅显易懂而又生动有趣。

（1）首先应注意把握基本语气和语调。课文自始至终围绕着“变”，但一直没有回答题目，犹如出了一个谜语，让听者去猜。如题目中“我是”的“是”，字音稍稍拖一拖，然后轻轻读出“什么”，末尾上扬，这就很清楚地表示请听者想一想。最后一句的“我是什么”之前应该有一个停顿，引起思考。接着强调“我”，念后一顿，带过“是”，“什么”还是轻读，尾音一扬即止，显得活泼、俏皮。全篇文章的朗读，速度不宜快，要把变的成因和结果交代清楚，使听者能知道这个“我”是什么；同时，要运用不同的停顿和多变的语调，以增强知识性和趣味性。如第一段讲水变成汽和云，第二段讲云变成雨、冰雹和雪，第三段讲水的活动地点和状态，第四段讲水的不同性情和与人的利害关系。每段之间应有较长的停顿，让听者有时间去思考、回味和理解。

（2）相关的知识应该予以强调。如水变成汽的条件是受热，“晒”应重读。云的状态是“飘浮”，云在不同条件下，有白、黑、红的区别，“飘浮”“白”“黑”“红”等词语都应该重读，这样，就把变的条件和变的结果交代清楚了。

（3）词语要读出形象感。如第二段中，“小水滴”“小硬球”“小花朵”，以及相配的动词“落”“打”“飘”，形状各异，神态不同。“小硬球”“打”语气可稍硬，“小花朵”“飘”声音可稍虚。努力从声音上展示不同的形象，以便听者理解。不但要读好词语，而且应关注不同的句子。文中用了大量的排比句，一般应读得语气连贯、一气呵成，同时，又要注意对每句中所使用的不同词语予以适当的强调。如第三段中，“池子”“小溪”“江河”“海洋”是水的活动场所，都应重读。而“睡觉”“散步”，要读得轻松、缓慢，给人以恬静、舒适的感觉，“奔跑”“唱歌、跳舞、开大会”，要读得轻快、活泼，给人以喧闹、热烈的感受，使听者能想象出潺潺的流水、欢腾的河水、汹涌澎湃的大海。

（4）赋予细微的情感变化。知识性的文章也应该赋之于情，这样能加深听者的理解。如第四段中，“温和”的水给人以喜悦；“暴躁”的水令人“望而生畏”。这里就应加些感情色彩。“温和”语气平和，吐字轻缓；“暴躁”语气急切，吐字较冲。让人一听就知道不同状态下的水，其利害是不同的。同样，“我做过许多好事，灌溉田地，发动机器，帮助人们工作”这句，可以读得欢快，略带一点自豪。“我也做过许多坏事，淹没庄稼，冲毁房屋，给人们带来灾害”这句，可以读得缓慢些，略带一点内疚。通过这些感情上的细微变化，警示人们对水要善加利用，发挥其优势，限制其弊端。

巩固训练

1.请选择合适的语气朗读下面的句子。

（1）彭德怀抚摸着大黑骡子念叨着：“你太辛苦了，连一点料都吃不上。”

（2）支队长一声令下：“冲！”

（3）“什么，杀掉？你不出草地啦？”老饲养员着急了。

（4）“还是把大黑骡子留下来吧！”大家仍在请求。

（5）“副官长，快开枪！你不向它们开枪，我就要向你开枪！”彭德怀双手叉在腰间怒吼道。

（6）“你怎么啦？不愿意吗？你怎么啦，桑娜？”

（7）“你瞧，他们在这里啦。”

（8）“是啊，是啊！”丈夫喃喃自语地说，“这天气真是活见鬼！可是这有什么办法呢！”

（9）“奶奶！”小女孩叫起来，“啊！请把我带走吧！我知道，火柴一灭，您就会不见的，像那暖和的火炉，喷香的烤鹅，美丽的圣诞树一个样，就会不见的！”

（10）妈妈刚刚睁眼醒来，他就笑眯眯地走到妈妈跟前说：“妈妈，今天是您的生日，我要送您一件礼物。”

2.请选择合适的语调朗读下面的句子。

（1）不，那不是树，那是大伞。（《白杨》）

（2）我扑到指导员身上大声地喊：“指导员，指导员……”好半天，他才微微睁开眼睛，嘴里叨念着：“书……书……”（《珍贵的教科书》）

（3）唉，寡妇的日子真难过啊！进去看看吧！（《穷人》）

（4）他们望着这位身材高大的红军首长，恳切地说：“伯伯，我们也要当红军，收下我们吧！”（《我们也要当红军》）

（5）“是吗？”魏王信不过自己的耳朵，问道，“你有这样的本事？”（《惊弓之鸟》）

（6）那个人感到很奇怪，他说：“什么？叶子上的虫还用治？我要的是葫芦。”（《我要的是葫芦》）

（7）他刚要拧开盖子，班长抢前一步，夺过手榴弹插在腰间，猛地举起一块磨盘大的石头，大声喊道：“同志们！用石头砸！”……“中国共产党万岁！”（《狼牙山五壮士》）

（8）燕子飞来了。棉花姑娘说：“请你帮我捉害虫吧！”（《棉花姑娘》）

（9）漓江的水真静啊，静得让你感觉不到它在流动；漓江的水真清啊，清得可以看

见江底的沙石；漓江的水真绿呀，绿得仿佛那是一块无瑕的翡翠。（《桂林山水》）

（10）“我？”桑娜脸色发白，说：“我嘛……缝缝补补……风吼得这么凶，真叫人害怕。我可替你担心呢！”（《穷人》）

3.找到下面句子中的重音，并选择合适的重音读法进行朗读。

（1）她死了，在旧年的大年夜冻死了。新年的太阳升起来了，照在她小小的尸体上。小女孩坐在那儿，手里还捏着一把烧过了的火柴梗。（《卖火柴的小女孩》）

（2）“先生既然救了我，就把好事做到底，让我吃了你吧！”（《东郭先生和狼》）

（3）人们还是面向灵车开去的方向，静静地站着，站着，好像在等待周总理回来。（《十里长街送总理》）

（4）过了好几天，这个蛋才慢慢裂开，钻出一只又大又丑的鸭子。他的毛灰灰的，嘴巴大大的，身子瘦瘦的，大家都叫他“丑小鸭”。（《丑小鸭》）

（5）他慢慢地数：“一、二、三、四……”一边数一边用手打着拍子。（《夜莺之歌》）

（6）“不，没有人！上帝，我为什么要这样做？……”（《穷人》）

4.请朗读叶挺同志的《囚歌》，特别注意句调的处理。

为人进出的门紧锁着，（→平调）（冷眼相看）
为狗爬走的洞敞开着，（→平调）
一个声音高↘叫↗着：（曲调）（嘲讽）
爬出来吧，给你自由！（↘曲调）（诱惑）
我渴望着自由，（→平调）（庄严）
但也深知道——（→平调）
人的躯体哪能由狗的洞子爬出！（↗升调）（蔑视、愤慨、反击）
我只能期待着，
那一天——（→平调）
地下的火冲腾，（↗稍向上扬）（语意未完）
把这活棺材和我一齐烧掉，（↘降调）（毫不犹豫）
我应该在烈火和热血中得到永生！（↘降调）（沉着、坚毅、充满自信）

拓展训练3-1　“诗歌朗诵比赛暨校园媒体联盟”活动策划书

一、活动目的

为进一步活跃校园文化，丰富大学生课余生活，为同学们提供一个展示自己的舞台，进一步营造良好的学习氛围，陶冶同学们高尚的情操，启发大学生的创作灵感，锻炼同学们的口才能力，促进同学之间的友谊和交流；同时为加强校园媒体之间的联系，形成长期合作、定期交流、互派记者学习等机制，特举行“诗歌朗诵比赛暨校园媒体联盟”活动。

二、主办单位

甲、乙两个学院及××社团。

三、活动时间

××××年××月××日（初赛）——××××年××月××日（决赛）。

四、活动地点

学院活动中心。

五、参赛人员

甲学院和乙学院全体同学（要求：双方学院大一每班最少要有一支参赛队伍，大二可自由参与），可以是个人也可以是团队参赛，团队赛成员不得多于3人。

六、参赛形式

诗歌朗诵。

七、主题

“飞扬的青春”（关于大学、关于青春，我们有太多的感慨，在又一个“五四”青年节到来之际，让我们拥抱五月花海，一起给理想插上翅膀，为梦想加油！诗歌内容可以围绕青春、梦想、大学等主题展开）。

八、原创要求

必须是原创（可以是自己发表过的），作品一旦发现为抄袭立即取消参赛资格。

九、比赛要求

作品形式自由，有创新性，主题鲜明突出，内容积极向上，朗诵感情饱满真挚，表达自然，能反映诗歌的内涵。

十、奖项设置及安排（拟定）

一等奖1名：荣誉证书一本，精美礼品（150元）一份

二等奖2名：荣誉证书每人一本，精美礼品（80元）每人一份

三等奖3名：荣誉证书每人一本，精美礼品每人（60元）一份

优秀奖4名：荣誉证书每人一本，精美礼品每人（30元）一份

最佳风采奖1名：荣誉证书一本，精美礼品（30元）一份

最佳组织奖1名：荣誉证书一本，以班为单位

同时获奖作品相关视频将在甲学院及乙学院的公众号上发布。

十一、前期准备

1.比赛前两个学院开动员大会，进行工作分工。

2.申请比赛场地，安排比赛时间、地点。

3.做好比赛前期的宣传工作，通知下发到每个班的宣传委员处，同时辅以海报等形式进行比赛活动的宣传工作，最大程度让同学们知道比赛相关事宜，并积极参与进来。

4.做好报名工作。各班确定好参赛人员信息，报到主办方（甲学院报到《××》编辑部处，乙学院报到××学社）。

5.报名截止日期：××××年××月××日。

6.邀请嘉宾、评委。确定主持人、计时员、监督员、记分员、后勤工作人员、宣传采购员、摄影人员。

7.提前两天统计报名名单及所需配乐，配乐以mp3格式上交。

十二、初赛程序

为保证选拔的公平性，使优秀的作品能够进入决赛，初赛将在上交作品中进行审评。于××月××日进行初赛，地点待定。初赛后抽签决定进入决赛选手的上场顺序。

十三、决赛程序

1.比赛前1小时工作人员进入比赛场地，明确比赛进程和责任划分、注意事项，并布置比赛场地，准备好比赛用桌。

2.评委及嘉宾入场。

3.嘉宾致辞。

4.比赛环节：

A.开场表演。

B.主持人宣布比赛规则，比赛开始。

C.第一组（××人）结束，表演小节目，统计分数，主持人宣布选手比赛成绩。

D.第二组（××人）结束，表演小节目，统计分数，主持人宣布选手比赛成绩。

5.比赛内容：

A.选手须在30秒内完成诗歌朗诵前的自我介绍。

B.朗诵时间2～4分钟，计时员计时，超时举手示意。

6.统计结果，主持人宣布结果。

7.颁奖。

十四、经费预算

经费由两个学院共同承担，包括：

活动中心场地费：××元

会场布置：××元

活动主题横幅一条：××元

10支签字笔：××元

30瓶矿泉水：××元

11个精美礼品：××元

海报、宣传册、邀请函、证书：××元

一等奖1名（××元）、二等奖2名（××元）、三等奖3名（××元）、优秀奖4名（××元）、最佳风采奖1名（××元）

其他：××元

费用总计：共××元（车费不计入内）

附：

“诗歌朗诵比赛暨校园媒体联盟”活动评分规则

1.满分为10分。

（1）作品内容健康向上，中心明确，紧扣活动主题；（3分）

（2）自我介绍；（1分）

（3）朗诵富有感染力，辅助性动作合理并增强表达效果；（5分）

（4）服饰大方得体，仪态自然庄重。（1分）

2.每位参赛选手朗诵结束后，评委即亮分，工作人员进行分数统计。

3.选手最后得分：评委评分中去掉一个最高分，一个最低分，取平均分，选手的最终得分将在下一位选手比赛结束后公布。

4.朗诵时间：2～4分钟。

5.总成绩的前三名如出现同分现象，则以评委提问的形式进行再次评比，也可由观众公投进行。

6.最佳组织奖参考上交作品数和决赛作品数综合评出。其中：

上交作品数最多的得10分，以下依次递减，为9分，8分……

入围决赛最多的，一次为10分，以下依次递减，为9分，8分……

啦啦队分最高5分。

最后总分最高的班级获得最佳组织奖。

拓展训练3-2 "战疫情，共克难"诗歌朗诵比赛策划书

一、活动宗旨

在抗击新冠疫情的战役中，中国人民坚定信心、同舟共济、守望相助，书写了许多感人的故事。为了强信心、暖人心、聚民心，为了众志成城抗击疫情，以及为推动复工复学复产营造良好的宣传氛围，××学院学生会决定举行一次面向全院学生的诗歌朗诵比赛。

二、活动策划方案

1.活动宣传

前期宣传的同时进行活动报名工作，报名工作由院、系学生会宣传部和各班级团支部同时展开。广泛宣传能更好地调动同学们的参与热情。活动宣传主要分为三个阶段：前期倡导，中期调导，后期总结。

（1）前期倡导：最大程度让同学们知道这个活动，激发他们积极参与活动的热情。除了在校园中张贴相关海报（活动名称、参赛方式、参赛规则）外，还要印发宣传文件发至各个班级、各宿舍楼等。

（2）中期调导：活动安排分为两个阶段，一是初赛前的准备阶段，二是决赛前的准备阶段，每个阶段都会进行海报宣传。

（3）后期总结：比赛结束后，以海报的方式尽快在院、系宣传栏内公布比赛的获奖名单，进行总结，并感谢对本次活动给予支持的部门。

2.活动日程安排

（1）报名时间：××××年××月××日—××月××日，在各班团支部报名。

（2）初赛时间：××月××日正式比赛，时间为18：00，地点由各班班委会自行决定，由院、系纪检部参与监督。

（3）决赛时间：××月××日 19：00，地点待定，各参赛选手提前进行抽签。

3.参赛对象

参赛对象为××学院喜爱诗歌朗诵的学生。

注：请各班团支部认真做好本次比赛的选拔工作，推荐本班优秀选手参加本次活动，一展××学院学生的风采。

4.活动细则

比赛组委会将邀请专业老师及学生处老师参与评比。

比赛选手可以自行准备相关音乐。奖项设置分为一等奖1名，二等奖2名，三等奖3名，优秀奖若干名，颁发获奖证书及奖品。

本次大赛设最佳组织奖1名、精神文明奖1名，以奖励对本次大赛充分重视、支持，并在比赛中获得好成绩的班级。

5.评分细则

（1）作品内容健康向上，中心明确，紧扣活动主题；（2分）

（2）脱稿朗诵，普通话标准，吐字清晰；（2分）

（3）语速适中，表达流利连贯；（2分）

（4）朗诵富有感染力，辅助性动作合理并增强表达效果；（2分）

（5）服饰大方得体，仪态自然庄重，符合大学生身份；（1分）

（6）整体印象。（1分）

6.注意事项

（1）满分为10分；

（2）每位参赛选手朗诵结束后，评委即亮分，工作人员进行分数统计；

（3）选手最后得分：评委评分中去掉一个最高分，一个最低分，取平均分，选手的最终得分将在下一位选手比赛结束后公布；

（4）朗诵内容：彰显"战疫情，共克难"活动主题的诗歌；

（5）朗诵时间：3～5分钟（包括场地布置及选手进退场时间）。

7.组织机构

总策划：××

策划：××

现场协调：组织部、纪检部

宣传策划：宣传部

音效负责人：××

成绩统计：秘书处

邀请领导嘉宾：××学院××老师、××老师，××老师，××老师，××老师

工作人员：××系学生会全体成员

8.活动流程

（1）初赛——淘汰赛

对全体参赛选手进行选拔，采用10分制的方式，淘汰70%的参赛选手。

（2）决赛

各参赛选手重复初赛的参赛作品进行朗诵，也采用10分制的方式，按分数从高到低的顺序在决赛选手中选出获奖选手。

附：

××学院“战疫情，共克难”诗歌朗诵比赛决赛程序

时间：××××年××月××日 19：00

地点：待定

参加人员：院领导、辅导员老师及各班参赛选手

评委名单：××老师、××老师、××老师、××老师、××老师

主持人：××、××

议程：

1.主持人介绍与会领导和嘉宾名单

2.院××老师致开幕词

3.诗歌朗诵比赛开始

4.选手朗诵结束由评委点评

5.主持人宣布获奖名单

6.领导颁奖

7.比赛结束

××学院学生会

××××年××月××日

拓展训练3-3

××学院“中华颂”诗词朗诵大赛策划书

一、活动目的

为庆祝中华人民共和国74华诞，感受中华人民共和国成立74年来的风雨历程及伟大成就，在广大青年学生中大力弘扬爱国精神，增强他们的主人翁意识，院团委决定在全院举办“中华颂”诗词朗诵大赛。

二、主办单位及承办单位

××学院团委、××学院学生会学习部。

三、活动对象

全院在校学生。

四、活动时间及实施办法

大赛分初赛、复赛和决赛三个阶段。

1.初赛。定于××××年××月××日进行，由各系负责组织。在广泛开展初赛的基础上，各系组建代表队参加全院复赛。

2.复赛。定于××××年××月××日举行，具体时间、地点另行通知。

3.决赛。定于××××年××月××日举行，具体时间、地点另行通知。

五、活动流程

初赛规则由各系自定；复赛为3～4分钟的个人朗诵；决赛由三部分组成：

1.形象展示和自我介绍。选手自备服装上场，展示个人风采，并做自我介绍，每位选手限时3分钟。

2.朗诵。个人朗诵，时间为4～5分钟，篇目自定，要求内容符合主题，健康，格调高雅，富有时代性和创新精神，可自带配乐光碟或电子文件。

3.即兴朗诵。共有10道题目，每位选手抽取一个。每位参赛选手在前一位选手登台时抽题，在前一位选手朗诵时做准备（第一位选手在上一环节结束后评委打分时抽题做准备）。每位选手限时4分钟。

六、活动报名

1.初赛由各系自行组织报名。

2.复赛由各系选出的人员参加。共30人，××系6人，××系6人，××系4人，××系4人，××系4人，××系3人，××系3人。

3.决赛由在复赛中选出的10人参加。

七、活动奖项设置

一等奖1名

二等奖2名

三等奖3名

优秀奖4名

八、其他注意事项

1.在保证现场气氛的同时要维持好现场秩序。

2.若光盘等出现问题，主持人应作灵活调整。

3.如有其他紧急情况发生，由后勤组协调其他各项目组进行处理。

附：

××学院“中华颂”诗词朗诵大赛决赛规则

（一）三个环节共100分，形象展示和自我介绍环节20分，朗诵环节50分，抒发感想环节30分。

（二）各环节不能超时，自选手开口时计时，超时要扣一定的分数。

（三）各轮比赛顺序由抽签确定，顺序一经确定，不得随意更改。

（四）参赛选手必须在开场前15分钟进入赛场并签到。

（五）选手上场比赛须佩戴比赛顺序号码牌。

（六）参赛选手在主持人宣布上场后未能及时上场，即视为弃权。如有弃权，由后面选手依次补充。

（七）参赛选手的得分须当场公布。

××学院“中华颂”诗词朗诵大赛评分标准

（一）朗诵环节评分标准

普通话水平：吐字清晰，语音标准，无方言痕迹。（10分）

朗诵水平与技巧：语气、语调、语速与朗诵内容相协调，表达顺畅，感情真挚，富有韵味和感染力；体态语恰当，自然大方。(20分)

朗诵形式：脱稿，可配以适当的伴舞或配乐，或以其他富有创意的形式朗诵。(10分)

主题与内容：主题鲜明，内容与庆祝中华人民共和国74华诞相符合。(10分)

(二) 形象展示和自我介绍环节评分标准

主要考虑新颖、大方、有感染力等因素。(20分)

(三) 即兴朗诵环节评分标准

主要考虑主题鲜明度、内容与主题的契合度、普通话水平、感情真挚度、朗诵流利程度等因素。(30分)

××学院“中华颂”诗词朗诵大赛评分表

序号：　　　　　　　　　　　　选手姓名：

评分环节	满分	得分
形象展示自我介绍	20分	
朗诵	50分	
即兴朗诵	30分	

××学院“中华颂”诗词朗诵大赛各部门人员安排

学习部：负责整个比赛的策划安排，联络各系的通知发布，组织开会以及规则的说明，每场比赛赛场统计分数。联系每场比赛的评委和嘉宾。

实践部：负责决赛时各嘉宾的接待工作。

办公室：负责每场比赛的签到以及比赛记录，制作横幅、海报等事宜。

组织部：购买决赛时使用的气球、每场比赛评委所需的水及笔，进行现场秩序的维持。

宣传部：负责决赛时会场的布置以及活动宣传板及进程板的制作。

体育部：负责每场比赛的赛场监督和公证。

文艺部：负责半决赛、决赛的主持人选工作。

第二篇

演讲训练

模块四

命题演讲

学习目标

★了解演讲的特点及作用；明确命题演讲的概念和准备内容；准确把握命题演讲的技巧并能够自如地进行命题演讲。

素养目标

★提升学生口语表达能力，通过演讲展示当代中国青年人的风采，充分感受社会文化、国家精神、民族性格，树立文化自信，提升民族自豪感。

任务一　命题演讲的概念及准备

一、演讲的概念及特点

（一）演讲的概念

演讲是在公开场合，向较多的听众，以口头语言表达为主，以手势情态表达为辅，就某一问题或事件发表自己的意见或阐明道理、抒发感情，从而影响和感召听众的一种口头独白体的特殊口语表达形式。演讲也叫演说、讲演。演讲分命题演讲和即兴演讲两种。

演讲的手段包括两个方面，即“演”和“讲”。“讲”是主要手段，“演”是辅助手段，“演”一定要服从“讲”的需要。

1.演讲与朗诵的区别

（1）演讲与朗诵的范畴不同。演讲属实用艺术，侧重于宣传鼓动；朗诵属表演艺术，侧重于欣赏。

（2）演讲的选题有很强的现实性、时代性；朗诵的材料有很大的超越性。

（3）演讲讲究激情，其语言具有特殊性，有生活化了的舞台语言，有舞台化了的生活语言，演讲一定要有激情点（高潮）；朗诵追求意境，其语言属舞台表演语言。

2.演讲与报告的区别

（1）在内容上，报告注重政策性、权威性、指导性；演讲注重典型性、鲜明性。

（2）在语言上，报告要求朴实，感情表达不要求大起大落，基调平稳；演讲必须有起伏，但演讲不是表演，其是一种艺术表现，要注重控制情绪，最好的演讲是演讲者的眼泪在眼眶里，而听众的眼泪在脸上。

（二）演讲的特点

1.现实性

演讲是一种特殊的口语表达形式，但它不属于艺术表演范畴。首先，演讲者是现实中的人物，走上讲台，发表演说时仍旧是他自己，而不是艺术表演者。其次，演讲内容一般是具有现实性的，演讲者通过摆事实讲道理帮助听众弄清复杂的社会现实问题或其他问题，引发听众对某一问题的关注或思考，或鼓动他们从事某一活动。最后，演讲者的目的是借助语言手段和辅助手段直接进行现场表达，而不是通过塑造某种艺术形象间接传递。

2.艺术性

演讲追求有声语言的形式美，也追求辅助态势语的视觉美。其强调有声语言和体态语的完美结合，同时还追求演讲内容的整体感和协调性。

3.鼓动性

演讲具有鼓动听众的力量。演讲者要运用多种语言手段，晓之以理，动之以情，给人启示，引人思考，促人行动。恰当协调的体态语的运用，往往会加强演讲的鼓动性，没有鼓动性就不能称其为演讲。

（三）演讲的作用

1.促进作用

演讲能促进历史转变、促进文明建设、促进人才成长。

2.教育作用

演讲既能教育别人，又能自我教育。

3.美感作用

演讲的题材首先是真实的，必须歌颂真善美；其次形式是美的，语言是美的，姿态是美的。演讲能够使人产生愉悦感，听一次演讲不仅是一次心灵的净化，而且是一次审美观的升华。

演讲在我国有悠久的历史和优良的传统。随着社会的发展，演讲内容更为丰富，应用更为广泛，功能更为显著。

二、命题演讲

命题演讲是与即兴演讲相对应的一种演讲形式，它是在事先命定主题，有充裕的时间进行准备的条件下进行的。

命题演讲中演讲者需要围绕给定的主题就自己的认识谈看法。演讲比赛中通常采用命题演讲的方式。

三、演讲准备

（一）准备步骤

（1）根据主题，拟定题目。

（2）根据对象，确定目的。

（3）为达到演讲目的，明确能使听众理解的要点和思想。

（4）收集用来证明或阐述每一要点的全部材料。

（5）围绕主题，提炼材料，写出演讲稿或演讲提纲。

（6）用演讲稿进行预讲，注意口语表达的效果。

（7）根据预讲中发现的问题，修改演讲稿，反复数次，直至满意。

（8）背稿，在演讲时要能脱稿，发挥自如。

（二）编列提纲

编列提纲的过程，实际上就是对演讲内容具体构思的过程。提纲为演讲稿的撰写提供了有理、有据、有序的纲领。提纲编列的主要内容包括：

（1）编列演讲的中心论点和分论点。

（2）编列演讲所需要的事实材料、论证材料和参考资料等。

（3）编列演讲内在的逻辑联系、演讲内容和演讲层次的先后顺序。

（三）撰写演讲稿

演讲要富有鼓动性，才能为听众所接受。鼓动性除来自演讲者外在的技巧外，还有赖于演讲的内容。

1.演讲内容的设置

（1）以事感人。演讲稿中若没有具体的事例、没有充实的内容，思想就会失去依托，论理也将流于空泛。演讲者必须收集大量的事例，并对这些事例进行适当的处理，对典型和精彩的事例要着力渲染，以达到感人的效果；对一般性事例要进行概括，以丰富演讲稿的内容。更重要的是要对事实材料进行“凝聚化”处理，即将全部事例凝聚为一个思想焦点，作为演讲的主旨。

（2）以理服人。演讲中的“理”是演讲内容的思想与精神的闪光，是演讲者的深刻认识和独到见解，也是演讲者的思想水准和道德修养的体现。所以，演讲中的议论说理要站得高、看得远，要客观地分析问题、认识问题。议论要紧扣事例的内在精神，要有感而发，要有哲理性。一般来说，在叙述一件相对独立的事之后，要进行议论，或述评、引申、比较、探究，但不是每叙述一件事之后都要议论。一般的议论说理主要是运用概念、判断、推理，演讲中的“理”更要靠高度凝练的哲理性语言来揭示。例如，郭沫若先生《在萧红墓前的五分钟演讲》（节选）：

年轻人之所以为年轻人，并不是单靠着年纪轻，假如是单靠年纪轻，我们倒看见有好些年纪轻轻的人，却已经成了老腐败、老顽固，甚至活的木乃伊——虽然还活着，但早已死了，而且死了几千年。

反过来我们在历史上也看见有好些年纪老的人，精神并不老，甚至有的人死了几千年，而一直都还像活着的年轻人一样。所以一个人的年轻不年轻，并不是专看生理上的年龄，而主要的还是看精神上的年龄。便是“年轻精神”充分的，虽老而不死；“年轻精神”丧失的，年虽轻而人已死了。

（3）以情动人。演讲稿要写出感人肺腑的真情才能打动听众。作者在内心深处要充满激情，而这种激情的源泉是对演讲主旨的彻悟，对演讲事例的感动，对演讲对象的挚爱。应当根据演讲内容的不同综合运用修辞手法来进行情感的表达，既可以运用比喻、象征、排比、设问等手法，又可以进行形象化的描绘，即在现实生活的基础上创造出来的具有一定思想内容和艺术感染力的具体、生动、鲜明的人生画面。演讲者就是要借助这些人生画面来表达其情感。例如，巴金先生在《我和文学》的演讲中是这样说的：

我快要走到生命的尽头了。我不愿意空着双手离开人世，我要写，我决不停止我的笔，让它点燃火狠狠地烧我自己，到了我烧成灰烬的时候，我的爱、我的恨也不会在人间消失。

（4）以势夺人。演讲的主体内容要显示出一种强烈的气势，一种如同万马奔腾、银瓶炸裂、排山倒海、雷霆万钧的恢宏气势。这种气势，指运用语言及声音、手势制造出的恢宏、壮观、强劲的情绪氛围，表现出激越的情感、坚定的意志，使听众受到强烈感染，继而产生共鸣。

2.开场白

演讲要想抓住听众的心，并非易事，所以开场白十分重要。如果在演讲的开始听众对你的话题就不感兴趣，注意力一旦被分散了，那后面再精彩的言论也将黯然失色。因此只有匠心独运的开场白，其所具有的新颖、奇趣、敏慧之美，才能给听众留下深刻印象，才能立即控制住场上气氛，在短时间内集中听众注意力，从而为接下来的演讲内容顺利地搭梯架桥。

（1）奇论妙语，石破天惊。听众对平庸普通的论调都不屑一顾，倘若用别人意想不到的见解引出话题，造成“此言一出，举座皆惊”的效果，会立即震撼听众，使他们迫不及待地听下去，这样就能达到吸引听众的目的。例如：毕业欢送会上一位班主任的致辞是这样的：“我原来想祝福大家一帆风顺，但仔细一想，这样说不恰当。”这句话把学生们弄得丈二和尚摸不着头脑，于是大家屏声静气地听下去——“说人生一帆风顺就如同祝某人万寿无疆一样，是一个美丽而又空洞的谎言。人生漫漫，必然会遇到许多艰难困苦，比如……”最后得出结论：“‘一帆风不顺’的人生才是真实的人生，在逆风险浪中拼搏的人生才是最辉煌的人生。祝大家奋力拼搏，在坎坷的征程中，用坚实有力的步伐走向美好的未来!”“一帆风顺”是常见的吉祥祝语，而老师偏偏“反弹琵琶”，从另一个角度悟出了人生哲理。第一句话无异于平地起惊雷，又宛若异峰突起，怎能不震撼人心？

需要注意的是，运用这种方式应掌握分寸，弄不好会变为哗众取宠、故作耸人听闻之语。应结合听众心理和理解层次出奇制胜。另外，不能为了标新立异而大发谬论、怪论，也不能生硬牵扯、胡乱升华；否则，极易引起听众的反感和厌倦。须知，无论多么新鲜的认识始终是建立在正确的主旨之上的。

（2）自嘲开路，幽默搭桥。自嘲就是“自我开炮”，用在开场白里，目的是用诙谐的语言巧妙地自我介绍，这样会使听众倍感亲切，无形中缩短了与听众之间的距离。在1984年中国作家协会第四次全国代表大会上，萧军应邀上台，第一句话就是：“我叫萧军，是一个出土文物。”这句话包含了多少复杂的感情？有辛酸，有无奈，有自豪，有幸福。而以自嘲之语表达，形式异常简洁，内蕴尤其丰富！胡适在一次演讲时这样开头：“我今天不是来向诸君作报告的，我是来‘胡说’的，因为我姓胡。”话音刚落，听众大笑。这个开场白既巧妙地介绍了自己，又体现了演讲者谦逊的修养，而且活跃了场上气氛，拉近了演讲者与听众的心理距离，一石三鸟，堪称一绝。

1990年中央电视台邀请台湾地区影视艺术家凌峰先生参加春节联欢晚会。当时，许多观众对他还很陌生，可是他说完那妙不可言的开场白后，一下子就被观众认同并受到了热烈欢迎。他说：“在下凌峰，我和文章不同，虽然我们都获得过‘金钟奖’和最佳男歌星称号，但我以长得难看而出名……一般来说，女观众对我的印象不太好，她们认为我是人比黄花瘦，脸比煤炭黑。”这段开场白嬉而不谑，妙趣横生，令人捧腹大笑，给观众留下了非常坦诚、风趣幽默的良好印象。不久，在“金话筒之夜”文艺晚会上，只见他满脸含笑，对观众说：“很高兴又见到了你们，很不幸又见到了我。”观众报以热烈的掌声。至此，凌峰的名字就传遍了祖国大地。

（3）即景生题，巧妙过渡。一上台就开始一本正经地演讲，会给人生硬突兀的感觉，让听众难以接受。不妨以眼前的人、事、景为话题，引申开去，把听众不知不觉地引入演讲之中。可以谈会场布置，谈当时的天气，谈此时心情，谈某个与会者的形象……例如，你可以说：“我刚才发现在座的一位先生非常面熟，好像我的一位朋友。走近一看，又不是。但我想这没关系，我们在此已经相识，今后不就可以成为朋友了吗？我今天要讲的，就是作为大家的一个朋友的一点儿个人想法。”在教师节庆祝大会上，如果天气阴沉沉的，你可以这样开头：“今天天气不太好，阴沉昏暗，但我们却在这里看到了一片光明。”接着转入正题，讴歌教师的伟大灵魂和奉献精神，他们燃烧了自己，照亮了别人和人类的未来。

即景生题不是故意绕圈子，不能离题万里、漫无边际地东拉西扯，否则会冲淡主题，也使听众感到倦怠和不耐烦。演讲者必须心中有数，还应注意点染的内容必须与主题互相辉映，浑然一体。

（4）讲述故事，顺水推舟。用形象性的语言讲述一个故事作为开场白会引起听众的莫大兴趣。选择故事要遵循这样几个原则：要短小，不然就成了故事会；要有意味，促人深思；要与演讲内容有关。

1962年，82岁高龄的麦克阿瑟回到母校——西点军校。一草一木，都令他眷恋不已，浮想联翩，仿佛又回到了青春时光。在授勋仪式上，他即席发表演讲，是这样开头的：

今天早上，我走出旅馆的时候，看门人问道：“将军，你上哪儿去？”一听说我到西点时，他说：“那可是个好地方，您从前去过吗？”

这个故事情节极为简单，叙述也朴实无华，但饱含的感情却是深沉的、丰富的。既说明了西点军校在人们心中目非同寻常的地位，从而唤起听众强烈的自豪感，又表达了麦克阿瑟深深的眷恋之情。接着，麦克阿瑟不露痕迹地过渡到“责任—荣誉—国家”这个主题上来，水到渠成，自然妥帖。

（5）制造悬念，激发兴趣。人们都有好奇的天性，一旦有了疑虑，非得探明究竟不可。为了激发起听众的强烈兴趣，可以使用制造悬念的手法。在开场白中制造悬念，往往会收到奇效。但悬念不是故弄玄虚，既不能频频使用，也不能悬而不解。在适当的时候应解开悬念，使听众的好奇心得到满足，而且也使前后内容互相照应，结构浑然一体。

一位教师举办讲座时，会场秩序比较混乱，学生对讲座不感兴趣，老师转身在黑板上写了一首诗：“月黑雁飞高，单于夜遁逃。欲将轻骑逐，大雪满弓刀。”写完后他说：“这是一首有名的唐诗，广为流传，又选进了中学课本。大家都说写得好，我却认为它有点问题。问题在哪里呢？等会儿我们再谈。今天，我要讲的题目是《读书与质疑》……”这时全场鸦雀无声，学生的胃口被吊了起来。演讲即将结束时，老师说：“这首诗的问题出在哪里呢？不合常理。既是月黑之夜，怎么看得见雁飞？既是严寒季节，北方哪有大雁？”这样首尾呼应，能加深听众印象，强化演讲内容，令人回味无穷。

3.结尾

演讲的结尾，是指用最有力量的语言，在很短的时间内抓住听众，使其领会全篇的完整意义。演讲的成功，结尾很关键。好的结尾能揭示题旨，能统摄全篇，能燃起激情，能让听众在反复回味中受到教育和启发。

演讲的结尾要求有三点：一是要将演讲内容升华到新的高度；二是要明快；三是要自然。下面是几种常见的结尾方式：

（1）总结式结尾：用精练的语言，对演讲内容进行概括性总结，使听众对整个演讲有清晰明确的印象。例如《母亲的脚和父亲的腰》的结尾：

请让我和各位一起记住：要给母亲“洗脚”，不让父亲“弯腰”。这里说的母亲和父亲，包括生身父母，更包括老师在内的许许多多人，也就是人民，我们都是人民的儿女，人民是我们的父母，我们也要给他们“洗脚”，不能让他们“弯腰”啊！

（2）号召式结尾：这种结尾，或提出希望，或发出号召，或展示未来，以激起听众心中感情的波澜，使听众产生一种蓬勃向上的力量。如《做有责任感的一代中国人》的结尾：

同学们，我们是祖国的未来。作为未来的人民教师，身负培养下一代的重担。我们应以身作则，立志成为一个有责任感的人，立志成为国家的栋梁之才，服务于社会，造福于人民。我们应该有所选择，选择责任，选择民族精神，做有责任感的一代中国人，用一生一世的责任去建设一个更加辉煌的中国！

例如，《汉语情 爱国心》的结尾：

同学们，热爱我们的汉语吧，不要割舍对汉语的一份眷念，不要在现实的语言世界中走失自己。如果说汉语是一棵大树，我们每个人则是树上的一片叶子，我们从大树上获取养料，我们又给大树提供养料。只要大树根深叶茂，脚下的热土就会坚实牢靠，永不动摇。

（3）决心式结尾：这是以表决心、立誓言的方式结尾，它有助于坚定听众的信念，增强演讲的号召力。例如《我的理想》的结尾：

我，作为一名师范生，为了理想，为了家乡的教育事业，我将努力学习，不断进步，全面发展，将来做一名优秀的小学教师。

（4）抒情式结尾：演讲本身是一种思想和激情的燃烧，用抒情的方式结尾，更易激起听众心中感情的浪花。如《美，永驻心田》的结尾：

美好的心灵多么纯真、善良、伟大，他们唤来爱的和弦，迎来新的希望，不管过去、现在还是将来，美好的心灵将永远发出耀眼的光芒。美，将永驻心田。

（5）祝愿式结尾：这是用祝贺或赞颂式的语言结尾，营造欢乐愉快、热情洋溢的气氛，使人在愉快中增加自豪感和荣誉感。例如《尝试 拼搏 成功》的结尾：

亲爱的朋友们，让我们努力尝试吧，尝试一种新的方法；让我们努力拼搏吧，搏出一片新的天地。在不断地尝试与拼搏中，我们将会变得更自信、更坚强、更完美！

任务二　命题演讲的技巧

一、语言表达技巧

演讲的语言具有口语的通俗、易懂、生动、灵活的风格，也有书面语的准确、规范、严谨的特点。要多用通俗的口语，多用易于理解的短句，同时，也要注意遣词造句的准确精练。演讲时要注意以下几点：

（一）语速

演讲的一般语速是每分钟200个左右的音节（字）。在这个基础上根据不同的演讲风格酌情加速或减速。

1.加速的情况

（1）讲述的内容几乎是众所周知的事情。

（2）叙述某种无法控制的情感，即表示激动的程度时。

（3）叙事进入精彩高潮时。

2.减速的情况

（1）所述的为极严肃之事。

（2）需唤起听众特别注意之时。

（3）演讲者特别强调时。

（4）有关数字或统计、人名或地名等的叙述。

（5）引起疑问，需引导听众思考之时。

整篇演讲的语速应该根据内容的变化而进行调整，否则就会显得呆板无生气。

（二）停顿

停顿相当于口语表达的标点，也是演讲者情感神韵的传导工具。除了一般朗读技巧中要求掌握的语法停顿、逻辑停顿、气息停顿之外，演讲中尤其要处理好感情停顿。如表达演讲者某种特别的心理或情绪所作的停顿，以突出这种情感；在接近句尾或段末处特意所作的回味性停顿，目的是留给听众思考、体味、揣摩的余地。例如，有关交通安全的一篇演讲稿：

每天的太阳是您的，晚霞是您的，健康是您的，安全也是您的。（提示："是"前面一般要停顿）

演讲时停顿的处理要做到：声断，气不断，情不断。

（三）重音

在演讲中，将有的字、词说成重音，以便更真切地传达思想，抒发情感，加深听众的听觉印象。这种情感表达的重音有多种方式，如：一是加重音量，唇舌用力，把需要突出的字词说得重一些、响亮一些；二是拖长音节，就是把重音词语的字音，加上空拍，相对拖长；三是一字一顿，用时间停顿的方式突出重音；四是反转，即由快速转为慢速来表达重音。

例如："用闪光的团徽盖住讨厌的师范二字，这一举两得之发明，恐怕连发明大王爱迪生也不得不叹为观止吧！"（提示：这里"一举两得""叹为观止"要加重发音，表达讽刺意味）。

例如："分数，你牵动着多少家长的心；分数，你困扰着多少教师的日夜；分数，你操纵着多少教师的悲欢；分数，你制造着多少人间的悲剧……"（提示："分数"一词要重读。）

（四）拖腔

拖腔是指说话时将某一词语的声音拖长以渲染演讲者的情绪，强调所说词语的意义，加深语言的感染力。使用拖腔忌频，忌拖得太长。

例如作这样一个比较：很快说出"三千万美元"，口气显得平和一些，听起来就像这只是一笔小数目。然后，说出"三万美元"，速度慢一些，要充满浓厚的情感，仿佛你对这个金额印象极为深刻。这样听起来，就好像三万美元比三千万美元还多。

（五）喷口

这是京剧和曲艺中常使用的语言技巧，指说话时把一个音节的声母说得富有弹性，犹如喷口而出。没有掌握喷口技巧的，不要硬用，以免弄巧成拙。

（六）气音

这是唱歌时使用的一种语音技巧，发音时控制声门，运用丹田之气发音，使声音带有气流的感觉，有耳语色彩，运用到演讲中可使语言音色丰富。掌握气音也要有一个学习的过程；即使掌握了气音的发音方法，也要控制使用，不可滥用。

（七）颤音

与气音一样，这也是一种控制声门的发声方法。但二者过程不同，气音是封闭声门上部，由下部透气出声；颤音是靠声门一开一缩频繁使用而成，给人一种颤抖的感觉。

颤音的使用只在激动或十分悲哀的时候。

二、态势语的运用

演讲的态势语言能辅助有声语言完满地表达内容，充分地抒发感情，它具有丰富的表现力，还能对重要的词语、句子进行加重或强化处理，有补充、强调的功能。

（一）仪表风度

仪表是演讲者的容貌、姿态等外部特征，包括长相、身材体型以及服饰等。

容貌可以通过造型加以修饰和美化，如选择适当的发型、描眉、施粉等。但要注意，演讲者的妆容要淡，千万不可浓妆重抹，否则会使听众产生失真的感觉，有矫揉造作之嫌。

演讲者还应当根据自己的身材体型选择合适的服装，着装要整洁大方、协调得体，既满足听众的审美要求，又不至于影响演讲的效果。演讲者的服装对听众有什么影响？卡耐基曾多次指出，如果演讲者是位不修边幅的男士，穿着松垮的裤子，变形的外衣和鞋子，自来水笔或铅笔露在胸前口袋外面，西装兜里塞满东西，或者演讲者是一位女士，带着一个样子丑陋的大手提包，衬裙又露在外面，听众对这样的演讲者根本没有信心，就如同演讲者对自己的外表也没有信心一般。听众有时甚至会认为，这位演讲者的思维一定也是乱七八糟的，就如同他那蓬乱的头发、未经擦拭的皮鞋，或是胀得鼓鼓的手提包。当演讲者穿戴整齐、全身上下一尘不染时，他们清楚地知道自己穿得很得体，而且可以感觉到，这身衣服会对他们产生一定的影响。这种影响虽然很难解释，但却是十分明确、十分真实的。这会使他们增强信心，使他们感觉当自己的仪表比较得体时，他们的演讲也更容易成功。这就是服装对穿着者本人所产生的影响。

（二）体态语

体态是由多种动作组成的一种相对稳定的身体形态。它同样可以传播信息、表达思想感情，同时也具有直接的审美内容，塑造演讲者的自我形象。

演讲必须站着，所以站姿对于演讲者来说非常重要。演讲时，应该以一种愉快的心情走上讲台。站立之后，讲话之前，要挺胸吸气，给人一种挺拔、精神焕发的感觉。站立时不要靠在讲台上，身体的重心平均落在两只脚上，两脚自然分开，不超过肩的宽度，或一前一后站定；双手轻松自然地沿着身体两侧下垂，头部端正。这是演讲最基本的站姿。

（三）手势语

手势是指从肩部到指尖的各种活动，包括手臂、肘、腕、掌、指的各种协调动作。手势语能够表达心理活动、思想感情，传导某种信息，但它要同口语同时进行，是口语表达的辅助手段。

手势语所表达的意义，由手势活动的范围、方向、幅度等方面来决定。

（1）手势活动的范围，大体分三个区间。肩部以上为上区手势，表示积极向上或激昂；肩到腹部间为中区手势，表示客观冷静；腹部以下为下区手势，表示鄙夷、厌恶、决裂。

（2）手势活动的方向不同，意义也大相径庭。向内、向上的手势，意味着肯定、赞同、号召、鼓励、希望、充满信心；向外、向下的手势，意味着否定、拒绝、制止、终止、摒弃、冷漠。抬起两个手掌，掌心向上、往内缩是表示向我靠拢、注意我；掌心向下、往外推则意味着拒绝、回避。

（3）手势活动的幅度大小与演讲者的感情、语势有很大的关系。幅度大，表示强烈；幅度小，表示平和。一般来说，演讲者大幅度的手势不宜过多，只能偶尔使用。

（四）面部表情语

头、面部是演讲者形象的主体，是听众目光的焦点。演讲时，头要正，面部正对观众，不频繁晃动。

头部侧位打破了正位的严肃、单调的造型，给听众一种优雅感。询问性、怀疑性的语言和表情多配以头部侧位动作。

头部仰位幅度的不同，所表示的意义也各不相同。一般说来，微仰表示思考和停顿，昂仰表示情绪激动，偏仰表示呼唤与憧憬。

头部垂下的程度不同，所表示的意义也是有区别的，浅垂位一般表示谦虚、停顿和思索；深垂位表示悲伤和难过。

面部表情是否丰富与演讲的成功与否关系密切。

演讲者应通过积极的调节、控制，使表情准确地、自然地、恰当地体现自己的丰富情感，便于听众领会。

在面部语言中，笑是一种值得提倡的语言，是感染人，继而给听众留下美好印象的有效手段。演讲者有时也会因演讲内容而流泪，把悲伤凄惨的情绪传达给听众。但在使用哭与笑这两种表情语时，也要注意符合语境，善于控制。正确的做法是：含泪不掉泪，能哭不出声；有笑不大笑，可笑反不笑。

（五）眼神

“眼睛是心灵的窗户”。演讲者恰当地使用眼神，不仅有助于思想感情的表达，同时也有利于相互理解与合作。运用眼神具体有如下方法：

1.环视

演讲者有意识地环顾全场的每个听众，从左到右，从前到后，从听众的各种神态中了解和掌握现场的情绪。演讲开头的环视既是向听众打招呼，又能帮助静场。演讲中的环视是作短暂的现场调查，检验演讲的效果，以便及时调整自己的演讲方式与演讲内容。

2.点视

点视是把目光集中投向某一角落、某一部分，或者个别听众，可以表示赞许、感谢、征询以及制止等。

3.虚视

虚视时，演讲者的目光好像是看着听众的面孔，实际上谁也没看，只是为了制造演讲者与听众之间的一种交流感，弥补因为环视和点视而可能使部分听众感觉受冷落的缺陷。

另外，演讲者还应注意表情性的眼神。演讲者讲到兴奋处，目光炯炯有神；哀伤处，眼皮下垂，眼神呆滞；激愤处，两眼圆睁，双眉倒竖；鄙视处，眉毛下挂，目光斜视。这些眼神语与其他态势语配合使用，表现力会更强。

例如：在林肯和道格拉斯著名的辩论接近尾声时，所有迹象都表明林肯已失败。他因此感到沮丧，他那种痛苦的老毛病不时地折磨着他，为他的演说增添了不少感人的气氛。在他的最后一次演说中，他突然停顿下来，默默站了一分钟，望着他面前那些半是朋友半是旁观者的群众的脸孔，他那深陷下去的忧郁的眼睛跟平常一样，似乎满含未曾流下来的眼泪。他把自己的双手紧紧并在一起，仿佛它们已太疲乏了，无法应付这场战斗，然后，他以他那独特的单调声音说道："朋友们，不管是道格拉斯法官还是我自己被选入美国参议院，那都是无关紧要的，一点关系也没有。但是我们今天向你们提出的这个重大问题才是最重要的，远胜过任何个人的利益和任何人的政治前途。朋友们——"说到这儿，他又停了下来，听众们屏息以待，唯恐漏掉一个字，"即使在道格拉斯法官和我自己的那根可怜、脆弱、无用的舌头已经安息在坟墓中时，这个问题仍将继续存在、呼吸及燃烧。"替他写传记的一位作者指出："这些简单的话，以及他当时的演说神态，深深打动了每个人的心。"

三、克服怯场的办法

演讲者怯场是演讲中常见的心理现象，对演讲的成败影响极大。下面介绍几种战胜怯场、消除情绪紧张的方法。

（一）心境调节法

在临场前应注意创造良好的外界环境来影响自己。在坚信自己能成功的心境下，去听听轻音乐，读读小画册，听些幽默故事，嚼嚼口香糖，与人开个玩笑，或者闭目养神，用心静想自己曾经生活过的一个静谧、优雅的环境，以及在那种环境中的舒适感受。

（二）语言暗示法

可以自我暗示，也可以他人暗示；可以用语言暗示，也可以用手势暗示。

譬如演讲前可以这样暗示自己："今天的听众很熟悉，没有紧张的必要"，也可以作相反的暗示："今天的听众一个也不认识，没熟人怕什么呢"等，以增强自信心。同时也可以由他人来暗示你："你准备得很充分，一定能成功"，或者他向你竖大拇指，或做一个象征胜利的手势等。

（三）分散注意法

临场前可以有意识地把注意力分散在其他事物上。例如，可以对一只杯子、扩音器等细心地"研究""揣摩"，也可以欣赏会场建筑的艺术特点。总之，力求以对某一事物产生的新兴趣来抑制紧张情绪。

（四）应对意外情况的技巧

1.中途忘词怎么办

在演讲中，遇到突然卡壳的情况，不可中断演讲，也不可拿出稿子翻找下文。最好的办法是随方就圆，想到哪里，就从哪里接着讲下去。

2.内容讲错怎么办

首先绝对没有必要声明“这句我讲错了”。如果这句话无关紧要，则可以置之不理，面不改色心不跳地讲下去。如果这句话有原则问题，则可以自圆其说地在错话后面问：“刚才这种说法对不对呢？”或者说：“刚才这种明明是错误的思想，偏偏有个别人将其奉为真理”等。

3.听众反应冷淡或者会场不安静怎么办

在演讲中，由于时间、环境，或内容、方法等原因，演讲引不起听众的兴趣，或者会场躁动起来，怎么办？有经验的演讲者在准备演讲稿时，应准备一两个与主题、内容有关的幽默故事或笑话，以防万一，在必要时用来调节会场的气氛。其他方法也可用，比如压缩听众不感兴趣的内容，突然短暂地停讲，临时增加设问等。

4.演讲如何引人产生共鸣

卡耐基先生曾说：“并非所有你我有资格谈的题目都一定会激起我们的兴趣。”

一般来说，只有演讲者自己的演讲与活生生的听众发生关联之后，才会有好的演讲效果。演讲内容也许准备周详，也许是讲演者所热衷的话题，然而要真正获得成功，却还有另一个因素要考虑：演讲者必须使听者觉得，他所要说的对他们很重要，他不只要对自己的话题热诚，还要将这种热诚传给听众。高明的讲演者总是热切地希望听众感觉到他所感觉的，分享他的快乐，分担他的忧愁。他以听众为中心，而不是以自我为中心；他明白自己演讲的成败不是由他来决定，而是由听众的脑袋和心灵来决定。为了能使听众与自己产生共鸣，最好通过一定的练习使自己的声音有力且富有弹性。

当我们把自己的思想与听众沟通时，要使用许多发声组织和身体的各器官，我们会耸肩、挥动手臂，皱起眉头，改变音量或音调，并依场合与题材决定语速快或慢。

不过最好要记得，这些都是效果而非原因。所谓音调的转变调节，其实直接受我们精神和情绪状态的影响。这就是在听众面前演讲时，一定要用我们了解并有强烈兴趣的题目的原因，同时也是我们要热切地与听众共论自己的论题的原因。

中国有一句谚语叫“和气生财”，在观众面前展露的笑容，岂不是和柜台后面的笑容一样受人欢迎吗？如果有位演讲者，他出现在观众面前时，全身散发出一种气息，仿佛在说他很高兴能来到这儿，他很喜欢他即将进行的演讲工作。因此，很快地，他的听众必然会觉得他十分亲切，而对他大表欢迎。

另外，在观众到场前，要争取了解会场的灯光、麦克风、讲台等情况。要避开平行灯光和脚灯，要调好麦克风与讲台的高度，要调试麦克风的灵敏度，以确定嘴与麦克风的距离，这样才能保证演讲顺利进行。

任务三　命题演讲实训

一、试讲语段

下面是林肯一次竞选演说中的一段，将其熟读，然后作模拟演讲：

南伊利诺伊州的同乡们，肯塔基州的同乡们，密苏里州的同乡们：听说在场的人中，有些人要同我为难，我实在不明白他们为什么要这样做。因为我也是一个和你们一样爽直的平民，那为什么我不能和你们一样有发表意见的权利呢？好朋友，我不是来干涉你们的人，我也是你们中的一个。我生于肯塔基州，长于伊利诺伊州，和你们一样是从艰苦的环境中挣扎出来的。我认识南伊利诺伊州和肯塔基州的人，我想我应该还认识不少密苏里州的人，因为我是他们中间的一个，而他们也应该更清楚地认识我。如果他们真的认识我，他们就会知道，我并不想做一些对他们不利的事……

二、续讲练习

演讲的开头至关重要，应该不同凡响，一下子就能吸引听众。请体会下列演讲的开头，并承接原文，或充实、阐释，或引申、论证，写一段话，反复试讲，然后登台比赛，续讲时长不超过3分钟。

……今天，大家以“爱我神州”为题讲了我们伟大祖国悠久的文明史，讲了雄伟壮观的长城，讲了给世界文明带来巨大变化的四大发明。是的，我们的祖国很可爱，很伟大。但是，我们有这些并不够，因为长城尽管又高又长，却挡不住侵略者的铁蹄……（请讲下去）

一百多年前，马克思曾给拉法格去过一封出人意料的信。当时，这位年轻的社会主义者拉法格正在热烈追求马克思的二女儿劳拉。这位涉世未深的年轻人怎么也没想到马克思会在信中这样写：“在最后肯定您同劳拉的关系前，我们必须完全弄清楚您的经济状况。”……（请讲下去）

三、改讲语段

下面是一段内容空泛、用语陈旧的演讲词，请结合自己的思想改写一下，然后作公开演讲。

……我们都已是弱冠之年，倘不好自为之，且不说能否有所作为，能否找到人生的支点，甚至要愧对双亲，到时候也无颜见江东父老啊！还有四个现代化，能指日可待吗？放眼世界，时代的洪流滚滚向前，祖国河山一派生机。多少个陈景润在夜以继日地攻关，多少个海外游子回到祖国效力，又有多少个农贸市场、高楼大厦在崛起！在这样一派大好形势下，我们再也不能坐井观天了，让我们扬起理想的风帆，驶向那幸福的彼岸吧……

四、态势语训练

请就下面的话，设计你觉得演讲中合适的手势动作：

嬉游的童年生活，像滚滚长江之水，一去不复返了！

我们能对这种丑恶现象熟视无睹吗？

啊，祖国，您这神奇、美丽的国土，您的儿子又回到了您的怀抱！

朋友们，我们的事业是伟大的，我们的前途是光明的，我们有力量改变历史强加给我们的贫穷落后的现状，我们有自立于世界民族之林的能力。让我们为实现崇高的理想而一往无前地奋力拼搏吧！

拓展训练4-1　××大学大学生“知校、爱校、兴校、荣校”主题演讲比赛策划书

为了迎接今年10月的教育部本科教学评估，展示新时代我校大学生的青春风采，增强同学们的自信心和自豪感，增进思想交流，繁荣校园文化，我校定于4月中旬至5月中旬举行由××大学党委宣传部、校团委主办，教育学院团委、演讲与口才协会承办的“××大学大学生‘知校、爱校、兴校、荣校’主题演讲比赛”。

一、宗旨

让全校学生充分了解学校，激发热爱学校、爱护学校声誉的强烈责任心和高度责任感，增强同学们对本科教学评估的信心，进而使××大学发展成为国内知名、国际上有一定影响的地方综合性大学。

二、原则

以“知校爱校护校，争创一流学府”为主题，尽情发挥参赛选手的自身风采和演讲才能，以新颖的角度和方式表达对母校的热爱及对母校成为一流学府的信心。

三、目的

调动全校师生积极准备、迎接本科教学评估的热情，增强同学们的自信心、自豪感，繁荣校园文化，发扬比赛的优良传统，选拔优秀演讲人才。

四、组织方式

由××大学党委宣传部、校团委主办，教育学院团委、演讲与口才协会承办。

五、参加对象

××大学所有在校生。

六、活动过程安排

1.由校团委于4月15日前向各院团委发布关于此次演讲比赛的通知。内容包括：各院系按照公平、公正、公开的原则，通过院级演讲比赛的方式选派优秀代表（学生达1 000人以上的院系选派2名，其余院系选派1名）参加该次院际主题演讲比赛；在4月30日前各院系将最终选派人员名单送于教育学院团委；5月19日举行决赛。

2.此次活动的宣传工作可包括板报、广播、采访、报道等形式，由演讲与口才协会负责板报的宣传，后三种形式可由演讲与口才协会配合教育学院或校团委的工作安排。

3.确定比赛场地。

4.邀请评委。

5.5月18日下午由教育学院团委安排各院系代表到教育学院进行院际决赛人员出场顺序抽签，5月19日下午布置场地，5月19日晚7时举行演讲比赛决赛。

七、评分要求严格遵照评分标准

评分要严格遵照评分标准，每位参赛者演讲时间规定在4～6分钟，要求脱稿，如有时间可加入即兴演讲（视具体情况适当加分）。

评分标准：

1.紧扣主题，内容充实，立意新颖，文字优美。（4.5分）

2.表述清楚，语言流畅，声情并茂。（2分）

3.声音洪亮，普通话标准流利。（2分）

4.服装整洁，仪表端庄。（1分）

5.时间限制。（0.5分）

八、比赛流程

1.领导讲话致辞。

2.参赛者依次演讲。

3.评委点评。

4.颁奖。

5.参赛者代表讲话（评价与感想）。

6.合影。

注：流程中可适当加入1～2个表演节目。

九、注意事项

1.参赛者必须提前到场，到指定区域就座。

2.为了衡量演讲者的演讲与应变水平，我们设有答辩环节，对此，希望参赛者赛前进行充分准备。

十、奖项设置

1.设一等奖2名，二等奖5名，三等奖7名，优胜奖若干。

2.为获奖者颁发获奖证书及奖品。

十一、前期宣传工作安排

1.由校团委以通知形式向各院分团委传达此次比赛活动的有关事项。

2.教育学院团学联宣传部及演讲与口才协会制作该次演讲比赛的宣传横幅、宣传板、宣传海报等。

十二、经费预算

横幅：60×2=120（元）

请柬：50×1=50（元）

矿泉水：24×1=24（元）

评委及获奖选手礼品：500（元）

证书制作：15×2=30（元）

评分用笔：10×1.5=15（元）

话筒电池：16元

海报展板：30元

礼仪服装：20×4=80（元）

主持人化妆：30×2=60（元）

会场布置材料：70元

合计：1 035元

拓展训练4-2 "青春、信念、责任"演讲比赛策划方案

一、活动主题

"青春、信念、责任"演讲比赛。

二、活动目的

为迎接11月份的空军建军节，展示新时代空军国防生的青春风采，增强同学们的自信心、自豪感和荣誉感，促进思想交流，加强团队意识，提高综合素质，丰富校园文化生活，我校国防生大队综合部和宣传部特承办××大学国防生"青春、信念、责任"主题演讲比赛。

三、活动前准备工作

1.活动时间及场地安排

报名时间：××月××日—××月××日

比赛时间：××月××日晚××点××分开始

比赛地点：××教室

2.主办单位：××

承办单位：××

3.主持人的选定

比赛选男女主持人各一名：××、××

主持人简介：（略）

4.评委和嘉宾的邀请

嘉宾：××、××、××

评委：×××、××、××

5.现场工作人员及分工（10人）

统计整理数据（2人）：××、××

后勤保障（5人）：××、××、××、××、××

摄影（3人）：××、××、××

6.比赛内容和资料

（1）比赛分为命题演讲和即兴演讲两个环节。

（2）即兴演讲资料由×××收集整理制作，×××协助。

（3）命题演讲及即兴演讲相关资料应保密。

7.参赛选手要求

（1）参赛对象：在校国防生。

（2）参赛人数：

选拔赛在区队内部举行，自由报名，人数不限。

每个区队选派2名选手代表参加初赛。

每个中队选派2名选手代表参加决赛。

（3）演讲主题由承办方选定，由选手自选题目；要求演讲内容积极、健康、向上。

（4）选手要举止大方，表现自然，与观众有目光交流，有适当的肢体语言。

（5）如需背景音乐，则自带光碟。

（6）自备服装和道具（如有需要）。

四、演讲比赛

1.比赛规则

（1）比赛以公平公正为原则，以丰富和活跃校园生活、促进交流与沟通为宗旨，分为选拔赛、初赛和决赛三个阶段。选拔赛在区队内部进行，由各区队自行组织实施；初赛在中队内部进行；决赛在大队内部进行。

（2）每个区队派2名选手参加初赛，分别参与主题命题演讲和主题即兴演讲，依据个人比赛成绩评出中队最佳命题演讲者和最佳即兴演讲者。每个区队2名选手成绩之和加上随机所抽人员成绩即为该区队最终参赛成绩，并据此成绩评出区队团体一等奖、二等奖、三等奖和参与奖。

（3）每个中队评出的最佳命题演讲者和最佳即兴演讲者组队代表中队参加大队决赛，具体过程同初赛，并最终评出大队最佳命题演讲者和最佳即兴演讲者以及中队团体一等奖、二等奖、三等奖和参与奖。

2.活动流程

（1）主持人开场白。

（2）嘉宾致辞。

（3）选手按照抽签顺序依次上台演讲。

（4）评委总评。

（5）主持人宣布比赛成绩和名次。

（6）颁奖。

（7）嘉宾讲评。

（8）活动参与者合影。

（9）主持人宣布活动结束。

（10）按照统一安排依次退场。

注：流程中可适当加入1～2个表演节目。

3.比赛具体过程（以选拔赛为例）

（1）活动前若干天进行选拔赛。以区队为单位在区队内部进行，由区队长负责安排实施。

（2）现场比赛分三个环节：

第一个环节：选手作简要的自我介绍，大约每人1分钟，由评委打分。

第二个环节：命题演讲。各区队代表队队员按照赛前抽签顺序依次上台演讲，每人大约5分钟。

第三个环节：即兴演讲，分三个小节：

第一小节：大屏幕上给出一个题目，各即兴演讲选手按照赛前抽签顺序依次上台，每人30秒钟准备时间，演讲时间约为3分钟。

第二小节：大屏幕上给出10个题号，每个题号后面对应一个题目。按照赛前抽签顺序由第一个选手选择题号，30秒钟准备时间后开始即兴演讲，时间约为3分钟。其他选手照此依次进行。

第三小节：按照赛前抽签顺序，随机在各区队抽一名观众，被抽中的人仍然在大屏幕上任选一个题号，30秒钟准备时间后开始即兴演讲，每人大约3分钟。

（3）演讲结束后，由评委作总评，并宣布各参赛队成绩、名次，以及各参赛队员成绩。

五、具体评分细则

1.仪表形象（20分）

（1）着装整齐，大方得体（5分）

（2）注重礼节（5分）

（3）姿态自然、动作适度（10分）

2.内容（50分）

（1）主题鲜明，内容健康（10分）

（2）行文流畅，用词精练，详略得当（10分）

（3）结构（10分）

构思新颖，层次分明（10~9分）

结构简单，层次较清晰（8~7分）

结构混乱，层次模糊（6~0分）

（4）论点（10分）

论点突出、论据切题（10~9分）

论点隐晦，论据较切题（8~7分）

论点非常不明显（6~0分）

（5）论据（10分）

旁征博引（10~9分）

例证有局限性（8~7分）

论据缺乏力度，或没有例证（6~0分）

3.语言艺术（25分）

（1）普通话标准程度（5分）

发音准确，吐字清晰（5~4分）

发音较准确，吐字较清晰（3~2分）

发音含糊，吐字不清晰（1~0分）

（2）节奏处理情况（5分）

语速适中（5~4分）

语速较快或较慢（3~2分）

语速过快或过慢（1~0分）

（3）技巧运用、表现力、说服力（10分）

用词贴切，表情恰当，富有感染力（10~8分）

用词较贴切，面无表情，缺乏感染力（7~5分）

用词不贴切，使用偏难怪词，表情呆滞，没有感染力（4~0分）

（4）现场观众气氛（5分）

观众反应热烈，情绪高亢（5~4分）

观众反应一般，情绪不热烈（3~2分）

观众没有反应，现场沉闷（1~0分）

4.现场随机应变能力（5分）

台上表现镇定，即兴演讲准备时间不超过30秒 （5~4分）

台上缺乏镇定，即兴演讲准备时间超过30秒 （3~0分）

六、注意事项

1.参赛者必须提前到场，到指定区域就座。

2.各区队提前到场，到指定区域就座，并注意现场纪律。

3.要严格按照评分标准进行评分。

4.命题演讲选手均为脱稿演讲。

拓展训练4-3　××学院“道德你、我、他”演讲比赛策划案

道德建设在我国一直处于举足轻重的地位，对于被誉为“天之骄子”的大学生来说，加强道德建设更是重中之重。为响应校团委有关“道德模范进校园”系列活动，同时也为了加强我院学子的道德修养，展现学子的风采，在××学院分团委领导下，由学生会学习部和实践部组织策划该演讲比赛。

一、活动目的

加强我院学生的道德风气，提高我院学生的素质，展现我院学子的风采，树立良好的社会形象。

二、活动主题

“道德你、我、他”。

三、承办单位

××学院学生会学习部和社会实践部。

四、活动对象

××学院××级所有同学。

五、活动时间

本学期第六周周日19：00—21：30（××××年××月××日）。

六、活动地点

××楼101室。

七、活动准备

1.第六周周一中午召开××级各班学习委员会议下达通知，布置各班挑选2～3名选手参加比赛。

2.提前一周由学习部申请教室（××楼101室）。

3.比赛时的评委由学习部部长提前邀请，评委共7人。

4.活动前一天由学习部部长向××老师借数码相机。

八、比赛规则

1.演讲为命题演讲，内容积极向上，感情真挚。

2.参赛选手到会场后在签到处签到，比赛正式开始后20分钟不到者视为弃权。

3.参赛选手根据签到顺序依次上台演讲。

4.要求选手用普通话脱稿演讲，语言表达生动流畅。

5.本次比赛将设9个获奖名额，其中一等奖1名、二等奖2名、三等奖3名、优秀奖2名、最佳人气奖1名。

6.比赛获奖选手将获得由××学院颁发的荣誉证书及相关奖品。

九、活动流程

1.18：30观众入场，参赛人员签到。

2.18：45嘉宾入场。

3.18：55由活动主持人介绍出席的嘉宾，并介绍此次活动的主要目的等事项。

4.19：00活动正式开始。

5.21：30演讲结束，比赛进入评奖阶段，其中最佳人气奖（1个）由观众评出。主持人公布获奖名单，嘉宾进行颁奖，比赛结束。

十、注意事项

1.工作人员提前30分钟入场。

2.活动过程中要求参赛人员及观众自觉维护现场秩序，保持安静，不得随意走动，并把手机调到震动或者关机状态。

3.活动结束后全体工作人员留下负责现场的清洁。

附：

评分细则

通过稿件内容、语言表达、仪态表情、时间把握、综合印象五部分对演讲选手进行评分，满分为10分。计算分值时，去掉一个最高分，去掉一个最低分，再累加后求平均值即为选手最后得分。

1.稿件内容（2分）

（1）紧扣主题；（1分）

（2）文笔流畅，真情流露；（0.5分）

（3）题材新颖，内容丰富。（0.5分）

2.语言表达（5分）

（1）脱稿演讲，语言规范，口齿清晰；（2分）

（2）普通话标准，发音准确，表达流畅；（2分）

（3）事例鲜活，情感丰富，肢体语言得体，激情昂扬。（1分）

3.仪态表情（1分）

（1）衣着整洁，仪表大方；（0.5分）

（2）表情自然，举止得体。（0.5分）

4.时间把握（1分）

演讲限时5分钟，超过5分钟有哨音提示，超过30秒主持人提示并开始扣分（0.2分/10秒），直至扣完为止。

5.综合印象（1分）

由评委根据演讲选手的临场表现做出综合演讲素质的评价。

演讲训练材料4-1[①] 做一代有责任感的中国人

尊敬的老师，在座的同学们：

大家好！

实训资料4-1

回顾“五四运动”倡导爱国精神

中国的历史，是一部中华民族世代传承的历史。几千年来，中国人用绵延不绝的责任，惊天动地地注解着民族精神：大禹治水，三过家门而不入，身影何其匆匆；漫漫长路，屈原上下求索，心志何其虔诚；身受宫刑，司马迁忍受剧痛，“究天人之际，通古今之变”，“史家之绝唱”何其恢宏；虎门销烟，林则徐铸我中华尊严，神情何其巍巍！因为责任，毛泽东指点江山，聚万众之心，开天辟地；因为责任，邓小平海纳百川，开启改革开放的大门；因为责任，一代代中国领导人继往开来，点燃中华民族伟大复兴之火……

毫无疑问，责任，是我中华民族生生不息、永远不倒的长城；责任，是我中华民族生养灿烂文明的良田沃土；责任，是我中华民族的坚强基石！敢负责任，我中华民族怎能不江山多娇，国力强盛，社会进步，人民幸福？

今天，生活在一个如此美好，如此可爱的国度，我们无时无处不见证党和政府的责任、人民的责任。无时无处不为之自豪、为之感动流泪！君不见，合力打造一个绿色北

① 演讲训练材料由作者根据不同时期的相关资料整理。

京，中国人正准备为世界奉献最成功最完美的奥运；中国科学家和其他国家的科学家们共同破译出人类基因密码，共同揭开了人类生命科学的新篇章……在突如其来的“非典”灾难中，通过报纸和电视，我们感受到从中央到地方的各级政府、各级领导以及各条战线的人民高度负责任的态度；我们看见姜素椿、叶欣、李晓红等医护人员担负起救死扶伤的责任，置生死于度外，把一个个“非典”病人从“干枯的罗布泊”拉出来，小心翼翼扶着他们重新走进“生命绿洲”的感人事迹。有了这样高度负责的政府，有了这样尽职尽责的白衣天使，我们还有什么理由恐慌？还有什么理由怀疑？事实证明，曾经创造了无数人间奇迹的中国政府和中国人民终于打败“非典”，战胜灾难！

让我们设想一下吧，如果人人缺乏责任，人人放弃责任，我们将会生活在一个怎样的世界？洪水将会泛滥，田地将会荒芜，工厂将会倒闭，疾病将会横行，国家将会衰亡。无责任无以为人，无责任难以立国。今天，我们应当成为有责任意识的一代，把培养责任意识作为构建我们健康的精神世界和弘扬民族精神的首要元素。有了责任感，有了民族精神，我们就不会成为一个自私自利的人，我们的道德品质、人生观、价值观将会超越个人和狭隘，走向高远和开阔！

同学们，我们是祖国的未来。作为未来的人民教师，身负培养下一代的重担，我们应以身作则，立志成为一个有责任感的人，立志成为国家的栋梁之才，服务于社会，造福于人民。我们应该有所选择，选择责任，选择民族精神，做有责任感的新一代中国人，用一生一世的责任去建设一个更加辉煌的中国！

谢谢大家！

演讲训练材料4-2　中国的脊梁

实训资料4-2

女大学生真的不行吗

登上昆仑，才知道什么叫高峻；来到虎门，才懂得什么叫雄伟。

翻开近代史这幅长长的画卷，几多哀愁、几多屈辱、几多痛苦！比黄河还要曲折，比黄连还要苦涩……难忘的民族耻辱啊！去看看湖北荆州沙市区的那根“刺柱”吧！赫然醒目的大字告诉人们：当年，日本鬼子把中国人绑在这根柱子上练刺杀。听见了吗？虎踞龙盘的南京，30万个生命，无论是风烛残年、白发苍苍的老人，还是母亲怀抱中嗷嗷待哺的婴儿，统统被杀。“处处扼咽喉，天涯何处是神州？”堂堂中华在侵略者的铁蹄下呻吟。

“凄凉读尽支那史，几个男儿非马牛？”面对山河破碎、国将不国、灾民流离、哀鸿遍野的现实，多少爱国志士“梦寐不安，行将坐叹”，或“大声疾呼，以期上下一心，开创中华”，或表示“一息尚存，尚思报国”。然而，为什么中华民族的“强国梦”难以实现？为什么志士仁人的种种求索却总以失败告终？林则徐、龚自珍的无限憧憬却只能是一场空梦，戊戌变法犹如雷鸣，最后变法者只落得个“引颈受戮”的下场。痛心疾首之余，我们需要认真想一想，这是为什么？

中国的出路在哪里？人民的希望在哪里？人们在漫漫长夜中盼望着、等待着，这一天终于来了。

在1921年一个杨柳轻拂的季节，从碧波荡漾的嘉兴南湖上传来了振奋人心的消息，中国共产党成立了！从此，在黑暗的大海中竖起了一座明亮的灯塔；从此，中国有了坚强而有力的舵手。

“砍头不要紧，只要主义真。杀了夏明翰，还有后来人。”忘不了，革命烈士夏明翰面对敌人的屠刀，用满腔热血谱写了一曲英雄赞歌；忘不了，铡刀的底已被鲜血染红，党的女儿刘胡兰“生的伟大，死的光荣”；忘不了，桥上碉堡抵挡着敌人的炮火，人民的儿子董存瑞毅然地拉响了导火索……

无数的共产党员用血肉之躯把我们多难的民族拉出了地狱，送上了幸福大道。无数的革命先烈用拳拳赤子之心，抹去了祖国母亲凄苦的眼泪，换来了她幸福的微笑。他们不愧为中国的脊梁，坚如磐石，顶天立地！

沧海桑田，神州巨变，请看，我们以有限的土地，解决了十几亿人口吃饭的问题；透过熊熊燃烧的奥运圣火，世界又一次认识了中国。

鲁迅说过：“我们自古以来，就有埋头苦干的人，有拼命硬干的人，有为民请命的人，有舍身求法的人……这就是中国的脊梁。”一切仁人志士是中国的脊梁，中国共产党是脊梁的核心，是祖国大厦的擎天柱！

演讲训练材料4-3　师范生应该有过硬的口才

实训资料4-3

自卑·自负·自强

同学们：

全国著名劳动模范、北京市营业员张秉贵师傅曾经讲过这样一件事：

有一次，有顾客光临该店，张师傅赶上前去，热情地问道：“你要买什么？”

那位顾客生性爱开玩笑：“我不买，看看总行吧？”

“那么，你要什么？”张师傅又改口问道。

“我要什么你都给吗？”

“……”

这件事，对张师傅启发很大。后来，他站柜台接待顾客开口总是问：“同志，你要看什么？”

读了这段张师傅的经验之谈后，我颇为感触。我们生活在社会中，每时每刻都要和周围的人交往，而交往的主要手段则是说话，师范生更是这样。然而，在我们周围，却常常有这样一些情况：

课堂上，老师提问了，有些被点到的同学慢吞吞地站起来，抓耳挠腮，好不容易挤出几句话来，别说语气上下不连贯，就是内容也常常词不达意，三言两语便讲不下去了，那声音“理不直、气不壮”，低得如嗡嗡蝇声。尽管他们当中许多同学文化课成绩优异，有的甚至还能写一手行云流水的好文章，但在朝夕相处的师生面前，竟一开口便“只可意会，不可言传”。这种情况不由得令人担心起来：将来如何“传道、授业、解惑”？

“五讲四美”中有一条便是语言美，除了含有语言要文明的意思外，我认为，其中也有这样的意思，就是要讲究说话的艺术，即要有口才。

良好的口才是个人修养的标志，和口才好的人谈话是一种享受。哲学家罗莎·卢森堡也说过：“米洛斯的维纳斯之所以千百年来一直保持着美女的皇冠，是因为她不开口。”细细品味这句话，确实富有哲理性。试想，如果有那么一天，维纳斯脸庞上美丽的小嘴竟开口说话了，在惊叹之余，那些维纳斯美神的崇拜者们可能会失望，因为从他们心中的偶像——维纳斯嘴里说出来的语言所表现的内心世界也许并不如其身姿那么美丽多姿。口才之重要，由此亦可见一斑。

人们常用“心灵的窗户”来比喻眼睛，人的感情往往会在眼睛里流露出来。而语言也是内心世界的窗口，从每个人的谈吐中可以体现人物的性格、修养等，所以作家们历来注重人物的语言描写，话剧尤如此。

我聆听过许多优美感人的讲演。他们的讲演，吐字清晰，咬字准确，语调抑扬顿挫。有位同学敬佩之余，对我说：“大庭广众之下，说得这么好，真有魅力。”

口才除了优美的语言、动人的语调以外，更重要的在于其内容。出口成章的人固然少有，然而每个人都应尽量做到语言流利、准确生动。要做到这一点，必须有良好的语言基本功和广博的知识来充实自己。生活中有许多连珠妙语，它们广泛地运用各种艺术手法，谐音、比喻、双关……闻一多的《最后一次讲演》中，“你们杀死一个李公朴，会有千百万个李公朴站起来”这句话巧妙地运用双关的手法，一方面对李公朴表达了赞美之情，说明中国人民有无穷的斗争力量；另一方面给反动分子以严厉的警告。如果你在讲话中还恰到好处地运用一些诗词、格言之类，那必定会使你的谈吐更加动人。

我们的同学中也许有人将来想做一名外交官，那么口才的重要性就不言而喻了。作为一名外交官，他的举止言行关系到国家声誉和民族形象，而在国际谈判桌上更是进行唇枪舌剑的语言交锋，其激烈程度并不亚于战争。在这种“君子动口不动手”的场合里，外交官口才的好坏在某种程度上会决定谈判的结果。

也有的同学十分羡慕大律师们雄辩的口才。的确，在庄严的法庭上旁征博引、据理力争，甚至力挽狂澜，如果没有良好的口才，是达不到好的效果的。

作为一名教师更需要有过硬的口才，因为我们肩负着培养下一代的重任，我们对学生的教育都是通过语言进行的，良好的口才有助于对学生的教育引导，所以拥有良好的口才至关重要。

作为师范生，为了将来的重任，让我们用心练好口才吧！

实训资料4-4

勤奋出英才

演讲训练材料4-4　不要让失败的体验定格

同学们：

在演讲前我请大家回答一个十分简单的问题，你们失败过吗？我想答案是肯定的。因为人生沉重，一个人的命运，就像原野中柔弱的一株小草，大海中的一叶扁舟，不管天公如何作美，都避免不了“风吹来，浪打来”的现实，更不可能永远艳阳高照、平静无波、一帆风顺，所以失败也是一种人生常态。

那么我们该如何面对失败呢？

有些人面对失败焦躁不安，失去安全感，终日被曾经遭受的困顿挫折所左右，不能自拔。而有些人则在失败中寻找经验，踩着失败走向成功。所以，能否由失败走向成功，心态尤为重要，凡是事业有成的人，并不是他们没有经历过困难和失败、挫折和痛苦，而是他们有一种极好的心态。他们认为，失败是痛苦，但让失败的体验定格却是极大的不智，因为，很明显，痛苦和哀伤并不能带来成功，唯有从失败中爬起来，继续奋斗，才会有成功的希望。

医学家齐纳斯·索尔克博士，经过201次实验研制了脊髓灰质炎疫苗，结束了这一病症对人类的肆意蹂躏。有一次，有人问他："在你取得了如此卓越的成就后，你是如何看待先前200次的失败呢？"索尔克博士这样回答："我这一生中从来没有经历过200次失败，我们家的字典里没有失败这个词。前200次尝试增加了我的经验，让我学到很多东西。实际上我做了201次才发现，没有前200次的学习，我不可能得到这样的结果。"

索尔克博士回答得多好啊！他没有把以前的失败看成是失败，反而看成是学习！用这样的态度去研究，我们又怎么会不成功呢?!

其实，在我看来，失败只不过是通往成功殿堂的阶梯，失败只不过是强者成功路上的垫脚石。"胜败乃兵家常事。"任何人在一生中都不可能一帆风顺，总会遭遇一些挫折和失败。而所谓的失败，只不过是一种感觉，是成功路上随处可见的荆棘、小草和石子而已。所以，亲爱的同学们，失败并不可怕，可怕的是我们用想象的锁链自己束缚自己！

听说过鲮鱼吗？通常情况下，鲮鱼会就近攻击在它的势力范围内游泳的鲦鱼。有人做了这样一个实验：把装有鲦鱼的玻璃罐放入一条鲮鱼的水箱中，这条鲮鱼立刻向罐中的鲦鱼发起了攻击，结果它敏感的鼻子狠狠地撞到了玻璃上，几次惨痛的尝试后，鲮鱼最终放弃并忽略了鲦鱼的存在。当实验者偷偷将罩在鲦鱼外面的罐子拿走后，鲮鱼对近在眼前唾手可得的鲦鱼却视若无睹，即便那条肥美的鲦鱼一次次地擦着它的嘴边不慌不忙地游过，即便鲦鱼的尾巴一次次扫过它饥饿而敏捷的身体，碰了壁之后的鲮鱼却再也没有了进攻的欲望和信心。鲮鱼最终因为忽视鲦鱼的存在而被饿死！

仔细想想，我们是那条被饿死的鲮鱼吗？我们是否也在用一根想象的锁链束缚住了自己的手脚？

记得刚上初一时，我代表全班同学上台发言，可是却因为紧张而未能流畅地发挥，那是我最失败的一次演讲，那以后的很长一段时间我都生活在失败的阴影中，甚至连在课堂上读课文的勇气都没有。可是现在的我却能从容自如地站在这里面对大家，这不就足以证明一切了吗？只有超越自我、战胜胆怯，用一个良好的心态去正视失败，才能从失败的阴影中走出来。朋友们，不要让失败的体验定格，那么我们就一定会走向成功！

演讲训练材料4-5 大学生求职——不选贵的，只选对的

“不选贵的，只选对的”，这曾是一句广告词，而今是当代大学生择业的一种新的观念。

“不选贵的”就是不要盲目追求眼下收入高、社会地位高、很热门的职业，不要鼠目寸光。“只选对的”，就是要选择适合自己的职业，这种职业暂时可能并不热门，但有上升的趋势和发展前景，要有长远眼光。

看到过这样一条消息，21世纪初期，北京市最难找工作的是司机和财会人员，而历史倒回10年，这个结果是谁也不会想到的。那时候有本会计资格证或驾照的人都往南方和大城市跑，而且都能拿到高工资。谁能想到，10年后情况已发生了巨变，经济发达地区私家车越来越多，司机的工资一降再降，而财会人员竟然多得没人要。

对于正面临求职和就业的大学生来说，选择职业要看准它的发展前景。某职业眼下吃香，但并不意味着今后还能继续吃香，发展前景如何，是一个职业值不值得选择的关键。如果只是盲目跟风，是很容易陷入困境的。

1992年，张明、刘亮和胡嘉三位高才生同时从某高校毕业，张明毕业后进入了当地的政府部门，成为一位颇让人羡慕的公务员；刘亮进了深圳的一家外企，工资高一些，但竞争压力大，总是感叹：累，真想停下来歇一歇；胡嘉在浙江一家民营企业中当了一名技术员，工资低不说，还没有保障，因为这家民企创立的时间不长，给职工交社会保险的钱都拿不出来。

10年后，张明提了副科，工资加奖金只有几千元，而且当地机构改革已拉开序幕，如果要裁员，严重超编的政府机关肯定是改革的重点；刘亮好不容易坐上了部门经理的位置，每月工资上万元，但自感已摸到了“天花板”，没有升职的可能性；再看胡嘉，从普通的技术员干起，现在已干到了企业副总的位置上，别墅、私车都有了，而且“野心勃勃”等待更大的发展。不是胡嘉有特别的能耐，主要是这家民企原来一直不被人看好，几乎没有什么大学生问津，企业老板特别重视胡嘉，努力培养，工资越给越高，职位越提越高。因为有一个项目取得了突破，他还获得技术股，他个人股票市值已超千万元，他骄傲地说，我现在既为老板打工，也为自己打工。

如果说他们三个人选择的偶然因素较大，那么让我们来参考一下在别的国家是如何择业的吧。

美国职场的规则是，见习工的工资不受最低工资额保障，收入远远低于一般的工资水平。很多美国人不看重眼前能拿多少工资，而是关注职业选择是否对自己的人生设计有益。对他们来说合适是第一位的，收益是第二位的。人首先要认识到自身的价值，然后找到合适的职业来体现自身的价值。而且，在美国人的择业观中，还有“先就业再择业”的思想，他们反对“一择业定终身”，认为“骑马找马”更好，因此，美国人才的流动性很大。

相比之下，我们的一些大学生毕业后非要找赚钱多的“贵”职业，有时甚至改行换

道，干起与自己所学专业风马牛不相及的职业。虽然收入高了，但是自己的专业都荒废了，这显然是一种人才浪费。

正在求职择业的大学生们，不妨参考一下别人的择业观念，让“不选贵的，只选对的”这一全新的择业观念成为我们职业生涯的指南针！

演讲训练材料4-6　永不放弃

放弃，是一个念头；而永不放弃，则是一种信念。现实生活中，我们往往会自觉不自觉地选择前者，因此我们极易成为普通得没有一点棱角的人；而有些人却坚定得近乎倔强地选择了后者，这种人虽然是少数，但他们却往往能赢得大多数人的掌声。

我不知道在爱迪生发明钨丝电灯前，面对一千多次惨痛的失败，他是怎样想的。但有一点我是知道的，那就是在他聪慧的大脑中始终屹立着一个不倒的信念：即使下一次仍旧失败，我也永不放弃。

一位美国的画家哈里·莱佰曼，在他80岁时，才第一次摆弄画笔和颜料，提起画笔后，莱佰曼不因年岁已高而灰心，把绘画当作一项单纯的消遣活动，他全身心投入，进步很快。81岁那年，老人参加了专为老年人开办的补习班，第一次系统学习绘画知识。从此，莱佰曼更加发奋了，对绘画倾注了全部的热情。4年后，老人的作品先后被一些著名收藏家购买，并被不少博物馆收藏。

1997年，莱佰曼101岁了。这年的8月，洛杉矶一家颇有声望的艺术陈列馆举办了第22届展览，题为“哈里·莱佰曼101岁画展”。400多人参加了开幕式，其中不少是收藏家、评论家和新闻记者。在开幕式上，莱佰曼对嘉宾们说：“我要向那些到了60、70、80或90岁就自认为上了年纪的人表明，这不是生活的暮年。不要总去想还能活几年，而是想你还能做些什么。着手干些事，这才是生活！”的确，在我们这个世界上，有许多美好而难得的东西，是值得我们去孜孜追求、永不放弃的！

实训资料4-5

我的财富就是“贫穷”

太阳因为永不放弃，才最终冲破重重迷雾光耀万里。江河因为永不放弃，才奔泻千里，到达浩瀚无边的海洋。小草因为永不放弃，才不计星星点点的渺小，最终连成一片，绿满大地！

如果我们曾一千次地对自己的理想说：“永不放弃”，那么，我们有什么理由去抱怨第一千零一次失败的遭遇？我们又怎能在一千零几次的时候，轻易与苦苦期盼的成功失之交臂呢？

抓住梦想，这一生我们唯一要做的是——永不放弃！

演讲训练材料4-7　母亲的脚和父亲的腰

各位老师，同学们：

今天我演讲的题目是“母亲的脚和父亲的腰”。

我听过这样一个故事，一位名牌大学学生到一家公司应聘，经理问他：“你帮父母擦过身子吗?”“从来没有。”“明天这个时候，请你再来一次吧！不过有个条件，来这之前，你一定要为你的父母擦一次身，能做到吗?”这个家境贫寒的孩子，从小就丧失了父亲，靠母亲打工挣钱生活。青年回到家，看着劳累一天的母亲，决定要为她洗脚。母亲很奇怪，说：“脚，我还是能洗的。”在儿子的坚持下，母亲坐下了。儿子端来水盆，把母亲的脚放进水盆里。当他手握母亲的脚时，却发现母亲的脚像木棒一样僵硬，他不由得潸然泪下：在读书的时候，我心安理得地花着母亲的钱，现在才知道这些钱是母亲用什么换来的！第二天，青年来到公司，对经理说：“如果不是您的指点，我还从来没握过母亲的脚，谢谢经理，我要照顾好母亲，再也不让她受苦了。”经理点头说：“你明天到公司上班吧！”

然而，在每年9月高校报到的时候，校园内肩扛手提大包的，是学生家长；在领取生活用品处，挤成一堆的是学生家长；甚至在新生宿舍里，忙着擦洗门窗桌椅的，还是学生家长。一位头发斑白的父亲从上衣口袋里掏出儿子的一份份证件，向一个报到处问清楚情况后，抬手抹抹额头的汗，提起一个大行李箱，弯着腰，在炎炎的烈日下吃力地走向另一个报到点。儿子却拿着一件小包裹，轻松地跟在后面……

一个给母亲洗脚，一个让父亲弯腰，多么鲜明对比啊！

在开学之时，我祝愿各位学有所成；我更希望大家牢记“母亲的脚”和“父亲的腰”这两件事，因为“人最适宜修读的学科就是做人”。学生要懂得体贴别人——体贴父母抚养儿女的艰辛，体贴教师培养学生的辛苦。教师也应该具有这家公司的真知灼见，要重才，更要重德，这样，在工作中就能面向全体学生，包括学习吃力的学生。

请让我和各位一起记住：要给母亲“洗脚”，不让父亲“弯腰”。这里说的母亲和父亲，包括生身父母，更包括老师在内的许许多多人，也就是人民，我们都是人民的儿女，人民是我们的父母，我们也要给他们“洗脚”，不能让他们“弯腰”啊！

演讲训练材料4-8　用绿色装点祖国山河

同学们，当你坐在环境幽雅、窗明几净的教室里学习；当你漫步在倒影婆娑的湖畔，注目波光粼粼的湖水；当你徘徊在桃红柳绿之下，倾听着那悦耳的莺声燕语的时候，也许会感到很惬意。此时此刻，你绝不会相信，这秀丽的山川、美妙的景物有一天会离你而去。

谁不想生长在一个富强安定的国度，谁不希望有一个舒适优美的环境。然而，目前我们却面临着严重的绿色危机！

实训资料4-6

完成一次独立的行走

据统计，目前我国沙漠、戈壁及沙漠化土地共149.6万平方千米，占全国土地面积的15.5%，其中约有16万平方千米是人为造成的，现在仍以平均每年1 560平方千米的速度扩展。而中国最大的长白山林区的森林主体，正以每年3.5万公顷、500万立方米的速度消失，其他地方的林区同样砍伐过量，我国目前砍伐量已超过生产量的50%。全球森林覆盖率现为22%，而我国森林覆盖率为12.7%，居第120位。

多么触目惊心的数字！

多么鲜明强烈的对比！

多么冷峻严酷的挑战！

沙漠不断扩大，森林逐渐减少，如果听之任之，一味地乱砍滥伐下去，葱葱郁郁的森林会被茫茫无边的沙漠所代替，这将危及人类自身的生存。难道不是吗？绿色是生命的象征，破坏绿色就是抹杀生命；保护绿色，就是保护生命、发展生命。

大家知道，森林就是大自然的总调度室，是人类的宝贵财富，它不仅能够调节气候、美化环境，而且可以提供大量木材，保证农牧业生产的稳定发展。国内外经验表明：如果一个国家或地区的森林覆盖率达30%以上，而且分布比较均衡，那么这个国家或地区的生态环境就比较优越，畜牧业生产就比较稳定。反之，如果森林遭到破坏，环境就会恶化，会招致多种自然灾害的发生。可见，森林对人类来说何等重要！

作为祖国未来的建设者，面对沙漠化的挑战、绿色的危机，岂能无动于衷、袖手旁观、坐以待毙！植树造林，造福后代，是我们每一位同学义不容辞的责任。值此植树节到来之际，同学们，行动起来吧，从我做起，用绿色装点祖国山河，筑起一道新的绿色长城，去创造一个“千里莺啼绿映红”的新环境！

演讲训练材料4-9　请珍惜拥有

实训资料4-7

尝试·拼搏·成功

同学们、朋友们：

近年来“珍惜拥有”成为谈论的焦点，那么怎样算“拥有”，又怎样才算“珍惜”呢？

视障女作家海伦·凯勒在《假如给我三天光明》的结尾处留给人们一个问题：假如只有三天光明，你将如何度过？生活在光明中的人们，有多少人能想到，又有多少人能回答？因为光明对他们来说太容易获得，从未想过珍惜，而黑暗将至时才突然明白“曾经拥有”的分量。拥有时并不珍惜，失去了才觉得宝贵，这是许多人的共同点。凯勒的话使我懂得：当我们拥有时应当珍惜。

有的人在拥有时并不珍惜。他们认为一切所得都是理所当然、顺理成章的。这或许是拥有太多而麻木了的缘故，那么失去后的感觉会使你明白拥有的宝贵。当你在黑暗中勾勒黎明的天空时，才明白已从眼前过去的东方朝霞有多美；当你人过中年时，才明白年轻时荒废了多少光阴；当你默数浑浑噩噩的往日时，才明白该干而没干的事情太多；当你踽踽独行在人生路上时，才明白曾经同行的幸福……如果认为一切都是自然的给予，那么失去也将是必然的惩罚。世间没有什么“理所当然”，时光不会返，青春不再来，多少一瞬即逝的东西在你不知不觉中与你永别……珍惜拥有的，一生中会少许多遗憾，多几分坦然。即便有朝一日也将失去，你也会无悔无憾地说：“我珍惜了我曾拥有的。”与其慨叹“曾经拥有”，不如珍惜“今日拥有”。

珍惜拥有的，不仅因为它宝贵、容易失去，而且因为它来之不易。

与其失去了才醒悟拥有的宝贵，不如在得到时就好好珍惜。用眼睛好好看世界，用爱感受世界。“珍惜生命的人会把每一天都看成最后一天。”不让每一刻荒废，每一天都要有紧迫感，该干的就去干，属于自己的就好好把握。每时每刻你都可能得到些什么，也可能会失去些什么，但只要努力，只要不放弃，在你将走完人生路时会坦然地说：无悔今生。

让我们来珍惜拥有的一切吧！

演讲训练材料4-10　目标与奋斗

同学们：

大家好！我先给大家讲个故事。

在非洲的一片茂密的丛林中，有四个皮包骨头的男子，他们抬着一只沉重的箱子，踉踉跄跄地往前走。他们本来跟随队长进入丛林探险，可是，队长却在任务即将完成时患急病不幸长眠于林中。临终前队长把他亲手制作的箱子托付给他们，并十分郑重地说：“如果你们能把这个箱子送到我朋友手里，你们将得到比金子还贵重的东西。”

实训资料4-8

祖国——母亲

埋葬了队长之后，他们便抬着箱子上路了。道路越来越难走，他们的力气也越来越小，但他们仍然鼓着劲往前走。

终于有一天，绿色的屏障突然拉开了，他们历尽千辛万苦之后，终于走出了丛林，找到了队长的朋友。可是那个朋友却说：“我不知道这件事啊！”于是他们打开箱子一看，里面竟是一堆无用的木头……

这个故事，看起来队长给他们的只是一箱无用的木头，其实，他却给了他们行动的目标，使他们获得了比金子还贵重的东西——生命。从哲学角度上讲，人不同于其他动物之处，就在于人是有高级思维能力的。所以人不能像其他动物一样浑浑噩噩地活着，人必须有明确的行动目标和奋斗的动力。

同学们，我们都是当代的大学生，每个人都应有自己的目标，而且也应该从小为之奋斗。有这样一个例子，说给大家听一听。

李海卓出生于黑龙江省一个普通的家庭，6岁那年，父亲买回了一台14寸的黑白电视机，就是这个小小的屏幕给他带来了一个神奇的、丰富多彩的世界。每次看到文艺节目的时候，他都会马上静下来，坐在小板凳上如痴如醉，也就在这时，他喜欢上了唱歌。

刚刚开始的时候，他都是偷偷摸摸地在小树林里练习，父母虽然知道，也没怎么在意，但后来看他真的着迷了，父母就不让他唱了，怕耽误了学业。即使父母坚决反对，他还是做出了一个重大的决定——离家去拜师学艺。他一个人来到了哈尔滨，找到了哈尔滨师范大学的杨伯亚教授，说出了自己对音乐的喜爱和一路上的艰辛。杨教授被他的真情打动了，让他免费旁听，而且推荐他参加了黑龙江省青少年歌手大赛。没想到他竟获得了第一名。父母不再反对了，从此他走上了音乐的道路。

他于1998年考上了沈阳音乐学院附属艺术学校，并以优异的成绩毕业。2001年，他被奥地利最好的音乐学院录取了。在这陌生的国度，他经受了诸多艰难困苦，但他为了远大的目标，忍受了一切。在这段时间里，他做过服务员、调酒师，打过杂……最后他成功了，受到了时任奥地利总统克莱斯蒂尔、国际奥委会名誉主席萨马兰奇、著名指挥家小泽征尔等人的接见。之后他又考入了世界著名的芬兰国立某音乐大学，攻读硕士学位，成为该校音乐系的第一位中国人……

李海卓只是一个普通人，之所以能取得成功，就在于他能坚持自己的目标，并为此而孜孜不倦地努力奋斗。

大学生朋友们，目标和奋斗是分不开的，作为当代大学生，应该充分地把目标和奋斗结合起来，只有这样才能到达理想的彼岸。

同学们，让我们共同努力，为自己的目标奋斗吧！

演讲训练材料4-11　普通话——世界上最美的语言

朋友们：大家好！

我一向自诩会讲一口流利标准的普通话。但没想到不久前，一个外国人竟当了一回我的普通话老师。

那天，我们学校来了几个外国人，我想趁此机会练练英语口语，便自告奋勇地给他们当导游。谁知这几位外宾摆摆手说：“小姐，咱们说普通话吧，中国话很美！”我听了有点失望，但更多的是自豪。于是我非常尽心地用普通话为他们介绍学校的环境和学生的课余活动。然而当我用“剽（biāo）悍”一词来形容我们的运动员时，一位外宾一本正经地纠正道：“不对，不对，小姐，这个词应该念‘剽（piāo）悍’，而不是读‘长膘’的那个‘膘’的音。”我听了大吃一惊——这个蓝眼睛、高鼻梁的外国人竟想充当我的普通话老师？真可笑！但我不愿扫他的兴，便不置可否地朝他笑了笑。回到家，当我翻开词典时，居然发现真的是我的错。现在想来，真是惭愧极了。我暗下决心，一定要学好普通话，绝不让这样的事情再次发生。

实训资料4-9

赎回文明

也许有人会说，一个字说错了算什么？那些不会说普通话的中国人不是照样干活、照样吃饭？我可不这样看，普通话是我们国家的通用语言，每一个中国人都应该讲好它。我们要告诉五湖四海的朋友，在这里，你处处都能听到世界上最美的语言——标准的普通话！

语言是一个民族的声音，从大处讲，推广普通话、说好普通话，是我们祖国屹立于世界民族之林的需要，从小处说，它是不同地域、不同文化背景的人沟通交流的媒介。请大家想一想，在我们身边，在一些郑重的场合，那些因普通话不标准所闹的笑话、所造成的麻烦还少吗？

现在，普通话在国际上占有越来越重要的地位——它成了联合国六种工作语言之一，成了外国人争相学习的热门语言。普通话，在这个时候，它的意义已不仅仅是沟通的需要，它还代表着中华民族的繁荣昌盛！它让我们骄傲，它让我们自豪！它让我们扬眉吐气了！

当我们讲一口标准的普通话时，那些音符，那些节奏，似乎在与我们的血脉一起跳动。此时，我们的心中时常会涌起一种无比亲近的感情，那是对祖国和民族的感情！我想，当我成为一名真正的教师时，先教孩子的一定不是方言，也不是外语，而是最标准的普通话！

在中学时，我们曾学过都德的《最后一课》，在国土沦陷、人民就要做亡国奴的时候，小弗朗士的老师冒着生命危险，用激动的母语，给大家上了最后一课。在这里，我也要说：让我们讲好普通话吧！它是我们中华民族的声音，也是世界上最美的语言！

演讲训练材料 4-12

换一种眼光

朋友，当你遇到困难和挫折时，不妨换一种眼光！换一种眼光可以使人狭路逢生；转换视角需要有知识的积累。逆光与顺光看起来是两个不同的世界，只需要你换一种眼光。

无论什么人，一生都不可能一帆风顺，所以，当我们遇到困难时，要换一种眼光，相信你会发现它更闪光的一面。就拿我自己来说吧！当重点高中的大门向我紧闭时，我气馁了、沮丧了，我灰心了、失意了。后来，在老师的指点下，我迈进了师专的大门。说实话，我并不满意。我想，一个专科学校，能怎么好？将来的前途，还不是一片暗淡？但是，在这里学习和生活的三年中，我的收获击退了那些想法。换一种眼光来看，在这里我不仅和别的高中同学一样学到了知识，而且在学习和生活中得到了性格的磨炼、能力的提高，谈吐和仪表都有了明显的提升。幸运的是我们还有两次升入高等学府的机会，无论能否升学，我都相信，从师专走出来的每一位学生，在社会中，都会找到自己的位置。当我坐下来，回想这一切的时候，我发现：原来，换一种眼光，不仅可以改变一个人的心态，更重要的是，可以改变一个人的生活。

实训资料 4-10

汉语情 爱国心

有人说："关注点的转移，也是一种眼光的转换！"不知道大家是否同意这个观点，那么下面我给大家举一个小例子：老师在黑板上挂了一张"画"，白纸中画了一个黑色的圆点，"你们看见了什么？"老师问。全班同学一起回答道："一个黑点。"老师失望地摇了摇头，说："同学们，你们只说对了其中很小的一部分，这幅画中最大的部分是空白。只见小，不见大，就会束缚我们的思维，为什么有成千上万的人不能突破自己，我想其原因正在这里。"所以，我认为，关注点的转移，也是一种眼光的转换，传统的思维定式会束缚我们的想象力，而当你换一种眼光去看时，我相信，你一定会有新的发现！

在现实生活中，逆与顺是看起来完全不同的两个世界，关键是看你用哪种眼光来看世界、看生活。有这样一个小故事：在炎炎烈日下，沙漠上没有一点生机，太阳像个巨大的火炉，炙烤着大地，两个焦渴的旅人，取出唯一的水壶，其中一个旅人摇了一摇，说："哎呀，天哪，真是太糟糕了，我们只剩半壶水了！"另一个旅人却高兴地说："是吗？真幸运！我们还有半壶水！"其实，人生的好多事，就像那半壶水一样，换个角度，换个眼光，就有了不同的心情、不同的答案。

所以，朋友们，同学们，当你身处逆境，遭受困难和挫折时，换一种眼光，换一种心态，相信你一定能看到更光明的世界。生活中不缺少美，而是缺少发现，就让我们成为这发现美的第一人吧！

演讲训练材料 4-13 自信，让你成功

人生的旅途上处处长满了荆棘，而自信，会让你成功。

那么究竟什么是自信呢？其实，自信就是相信自己的愿望或理想一定能实现的一种心理状态。

我们在学习中或事业的攀登中，总要越过险峻的高山、渡过茫茫的阔水，而自信就是登山的云梯、渡水的飞舟。经不起风浪的鱼儿永远不能跃出水面；只会躲在安乐窝中的雏鹰终究无法在苍穹中翱翔。

只有自信，才能使人自强不息，才能使人为自己的愿望或理想努力奋斗；只有自信，才能使人在艰难的事业中保持必胜的信念，才能使人有勇气攀登人生的高峰。

人如果缺乏自信心，就会对自己的美好理想放弃争取，就会浑浑噩噩、碌碌无为；人如果缺乏干成一番事业的自信心，通向成功之路的航船就要在沙滩搁浅。

在现实生活中，自信是大力之神，它能使弱者变强，使强者变得更强。镭的发现者——居里夫人，当初穿着沾满灰尘的工作服，翻动矿石，搅动冶锅，从堆积如山的含铀沥青中寻觅镭的踪迹时，条件非常艰苦，但她却信心百倍，毫不动摇。成功之后她对朋友们说：“无论做什么事情，我们都应该有恒心，尤其要有自信。”爱迪生为发明电灯曾试验过一千多种灯丝，屡次失败，他从不气馁。当有人嘲笑他时，他却自豪地说：“我发现有一千多种物质不适合做灯丝。”这是怎样的勇气和自信啊！由此可见，事业上的成功固然由很多因素促成，但自信是成功者的必备特征。朋友，困难在强者面前只能是纸老虎。

当然，自信是受社会条件制约的，要了解社会需要，要了解自己能为社会贡献些什么，要正确评估自己的能力。如果一个人连图纸都不会画，却对众人大嚷：“我是著名工程师，我能为社会建起许多高楼大厦。”这岂不是狂妄、吹牛吗？

自信的基础应是丰富的知识和科学的态度，而不是野蛮、狂妄。不怕暴露自己的短板，敢于正视自己的不足，才是自信的表现，成功正是从这里起步。不要让美好的青春在一片“不行”声中蹉跎过去，莫让一生碌碌无为，举步踏入长满荆棘但也充满阳光的大路吧，让生命散发出光彩！

朋友！自信，会让你成功！

演讲训练材料 4-14 美的感悟

同学们：

你美慕倚栏望月的貂蝉吗？美慕溪边浣纱的西施吗？美慕醉卧深宫的玉环吗？美慕

轻抚环佩的昭君吗？

的确，她们都是美的化身，她们的一颦一笑倾国倾城，用“沉鱼落雁”“闭月羞花”之类的辞藻来形容她们一点也不为过分。那么，在羡慕之余你会因此而自惭形秽吗？

我想这完全没必要。“芙蓉覆水”自然有它的风情，“桐剪秋风”也别有韵味。万物都在自己的位置上展示着生命的光华，何必刻意追求那份外在的美呢？真正的美是源于心灵深处的，这种美经得起岁月的洗涤，是其他单一的美无法比拟的。

如果美是专指那些与“娉婷”或“婀娜”相匹配的人或事物，那么张海迪算不上一个美貌女子。但是，面对病魔，她不屈不挠，笑对死神，用血和泪谱写着生命的篇章。面对磨难，她屡败屡战，坚韧不拔地迎接厄运，从不轻言放弃。

你能说，她不美？你能说，像她这种与逆境抗争的精神不美？你能说，勇于挑战命运的人生不美？

大家都还记得《纪念白求恩》那篇文章吧，对白求恩的事迹一定都耳熟能详吧！一个加拿大人，把毕生精力和整个生命都投注到医疗事业上——为了中国人民的解放事业，他把满腔的热情连同最后一丝微笑永远留在了异国的土地上……

你能说，他不美？你能说，这种无私奉献的精神不美？你能说，心系天下的博爱心灵不美？

我们不是常说“人不是因为美丽才可爱，而是因为可爱才美丽”吗？同学们，只要你擦亮眼睛敞开心灵，便会发现：美是无处不在的。“一只脚踩扁了紫罗兰，它却把香味留在脚跟”，这是宽容的美；“樵夫的斧头向树要斧柄，树便给了它”，这是敢于牺牲的美。美是花的尊贵，是叶的谦逊，是根的执着，是果实的成熟……

“僵卧孤村不自哀，尚思为国戍轮台”的陆游是美的；“壮志饥餐胡虏肉，笑谈渴饮匈奴血”的岳飞也是美的；那些赤胆忠心驰骋疆场、奋勇杀敌视死如归的无名战士是美的；那些铁骨铮铮，蘸着碧血、挥毫泼墨激浊扬清的文人墨客也是美的。

这种美，是胸怀国家心系天下雄浑豪壮的美！

一个工人，在自己的岗位上兢兢业业地工作；一个农民，在自己的田地上勤勤恳恳地耕作；一个退休的老人，将受伤的小鸟放回巢内；一个天真的孩子，将路旁的果皮扔进垃圾箱……

这也是一种美，是尽职尽责不求回报的美，是隐藏在人性深处的美……

灯红酒绿、丽屋霓裳、宝刀骏马的生活方式未必就是真正的美，简简单单、朴朴素素、充充实实的人生态度也未必就不是美。旭日喷薄而出，月光皎洁如水，流星划过夜空是自然之美；真诚、善良、信任、宽容是人生之美；无私、大度、兼爱、奉献是心灵之美……

爱美之心人皆有之，美的事物需要我们用心去呵护，美的心灵需要我们用行动来升华。同学们，如果把人生比作一艘航船的话，那么就让我们用积极主动的进取精神扬起风帆；用吃苦耐劳的牺牲精神奋力划桨；用孜孜不倦的务实态度掌舵，用百折不挠的坚强意志搏击生活的风浪吧！当我们成功地到达彼岸时，我们最美！

谢谢大家！

演讲训练材料 4-15　绿色——生命之源

朋友，你看过美国著名小说家欧·亨利的小说《最后一片叶子》吗？其中有一句话让我记忆犹新："当最后一片叶子落下时，生命就都结束了，我也得离开这个世界了。"

初读此句，我不以为然。可是，在人类的环保意识需要提高的今天，回味这句话才领悟到，这分明是警世之声啊——绿色的毁灭也预示着人类的消亡。

绿色对人类来说太重要了，它维系着人类生存的命脉，是人类发展的摇篮，是生命之河的源泉，更是我们过去、现在、未来赖以生存的保障。

但是，千百年来人类对绿色的破坏，曾留下了多少难以弥补的遗憾！

朋友们可否知道，四大文明古国之一——古巴比伦王国，曾是世界上最早建立王朝制的国家，却也是最早由于人为因素而灭亡的国家。古巴比伦人民创造了绚烂辉煌的文化，却违背了人类生存的法则，他们滥伐森林、破坏植被，最终激怒了大自然，无情的水土流失葬送了这个鼎盛一时的国家。这，就是由于人类极端的自私和无知而走向毁灭的最早佐证。

再看看同样是四大文明古国之一的中国。500年前，我国西北、中原地区还树木茂密，500年后已消失殆尽！50年前，我国东北原始森林十分繁茂，50年后的今天还剩下多少呢？当冬春季节，西伯利亚冷风南下时，狂风卷起失去植被庇护的沙土，形成沙尘暴，袭击我国东北地区。沙尘暴所到之处，人们纷纷蒙面盖眼，不敢呼吸。可是我要说，我们的眼睛容不下沙子，我们怎么能看着地球被践踏而熟视无睹呢！

我曾经在报纸上看到过这样的数据：一亩树林，一天可吸收67千克二氧化碳，放出49千克氧气；一亩树林，一个月可吸收有毒气体4千克；一亩树林，一个夏季可蒸发42吨水分；一亩树林，一年可吸收各种灰尘22～60吨……一亩树林的作用如此巨大，而地球上的绿色面积却在急剧减少，将来，我们面临的灾害岂止是沙尘暴！

朋友们，你可曾想过，如果有一天，绿色变成了远古的回忆，世界上最后一片绿叶是人类作的画，我们的子孙后代在无边的沙漠中挣扎，他们看不见绿洲，找不到水源，幸福就像被锯断的树木一样轰然倒塌……你，会后悔吗？

是的，坐以待毙从来就不是我们中华民族的选择，可持续发展战略的推行和环境保护法的颁布就是最好的例证！朋友们，现在采取措施弥补和挽救还来得及！只要我们行动起来，保卫绿色，保卫我们共有的家园，中国就不会成为第二个巴比伦！

演讲训练材料 4-16　也谈"走自己的路，让别人说去吧"

"走自己的路，让别人去说吧！"

这是但丁的名言。数百年来，它一直鼓舞着志士仁人探索真理、追求光明，如今它又成为青年一代自立自强的响亮口号。

可是，也有一部分青年人以但丁这句话为挡箭牌，拒谏饰非，这就违背了但丁的本意了。但丁面对中世纪的封建专制，面对教会势力的高压，宣扬自由民主，倡导文艺复兴，必然要招致重重围攻，遭受种种迫害，因而他才发出"走自己的路，让别人去说吧”的铮铮誓言。这是对光明世界的追求，是对腐朽势力的蔑视，但不是一意孤行的固执，更不是沉沦堕落的借口。

诚然，当代青年是独立思考的一代，是开拓创新的一代，我们理应走自己的路，倘若跟在前人后面一步一步爬行，哪里还有开拓？哪里还有创新？

走自己的路，就是标新立异，别人难免评头品足。其中，既有善意的批评指导，也有恶意的嘲讽诽谤。对于别人的议论应采取什么态度呢？我认为：一要看自己的路子走得如何，二要看别人议论的性质。将二者参照比较一番，才可决定自己的取舍。

首先要看你走的是正路，还是邪路。如果是正路，那就要坚持下去，闲言碎语，不必理睬——“让别人去说吧”。张艺谋被称为“开创中国电影新时代”的著名导演、著名摄影师。倘若拍完《黄土地》后，便屈服于喧嚣一时的非议和责难，停下脚步，哪里还有冠誉柏林国际电影节的《红高粱》？中国的电影又怎能走向世界、震动全球？著名企业家、制药大王贝兆汉倘若随波逐流，又怎会闯出改革之路，哪里会有今天的白云制药厂？

但是，如果你走上了歧途，就更应欢迎别人指点迷津，如果执迷不悟，终会跌入深渊。迟志强在电影界崭露头角后，便恣意享乐，虽然师友领导多次苦苦规劝，但他仍固执地“走自己的路”。终于触犯了法律，锒铛入狱，倘若他听从劝告，悬崖勒马，又何至于此？

在我们青年中，学习无方，钻牛角尖者有之；目无纪律，我行我素者有之；贪图享乐，追求低级趣味者有之……如果老师、家长、同学善意规劝，他们便甩出一句话——走自己的路，让别人去说吧！这种一意孤行的态度，不是无知，就是愚昧！我奉劝这些朋友迅速觉醒，改弦易辙！

独立思考是成功的阶梯！

固执己见是失败的先导！

有鉴于此，我将但丁的话修改一下，与青年朋友们共勉：

走自己的路，也让别人指导！

巩固训练

下面是一段演讲的开场白设计，请你分析这样开头有什么好处。

有一个四年级的小学生，每天要带父母亲手剥了壳的鸡蛋到学校吃。有一次，父母忘了给鸡蛋剥壳，差点儿憋坏了孩子，他对着鸡蛋左看右看，不知如何下口，结果只好原样带回家。问他怎么没吃，回答很简单：“没有缝，我怎么吃？”（一个关于重视孩子独立生活能力培养的演讲）

模块五

即兴演讲

学习目标

★ 学习即兴演讲的特点，掌握即兴演讲的技巧，培养学生的即兴演讲能力。

素养目标

★ 树立学生的自信心；勇于将所学知识运用到生活中，培养学生的口语交际能力。

任务一　即兴演讲概述

一、即兴演讲的定义

即兴演讲是演讲者在眼前景、情、物、事的触动和诱发下，自发或别人要求下立即进行的演讲，是一种不凭借文字材料进行表情达意的口语交际活动。

二、即兴演讲的特点

即兴演讲与平时的演讲区别较大。平时的演讲主要依靠演讲者的表现力，演讲稿既可以是自己撰写的也可以是别人代写的，准备的时间也较长，可以反复修改，还可反复演练，请高手指导。而即兴演讲除演讲者自身的表现力以外，还必须在规定的时间内(而且往往规定的时间都很短，多则几十分钟，少则几分钟)，由自己独立完成演讲稿。平时演讲的题目基本是框定的，而即兴演讲的题目则是现场临时抽取，无法事先拟就演讲稿，也不允许反复修改、反复试讲、反复排练。因此，即兴演讲对演讲者的综合素质要求更高。可以说，即兴演讲是演讲水平的最高体现。

即兴演讲与命题演讲相比，有如下特点：

(一) 即兴发挥

即兴演讲大多只有两三分钟的时间打腹稿，是靠“临阵磨枪”即兴发挥，故而得名。至于即兴演讲比赛，更是当场抽签得题，临时作演讲准备，马上进行比赛的。

（二）篇幅短小

由于临时准备，即兴发表的讲话很难构思出长篇大论来，所以即兴演讲一般是主题单一、篇幅短小、时间短暂的演讲。有的两三分钟，有的甚至只有寥寥几句。

（三）语言生动形象

即兴演讲强调口语化，应少用或不用书面语。即兴演讲通常句式短小、灵活，不用难以理解的长句子。

（四）使用面广

即兴演讲在日常生活中使用面很广，如小范围社交聚会中的欢迎、欢送、哀悼、竞选、就职、答谢、婚礼、寿庆等场合的发言或讲话。对于教师而言，在主题班会、迎新仪式、毕业典礼、节日联欢等场合下，即兴演讲也有广泛的运用。因为在这些场合，演讲者只要言简意赅，当场表达某种心意即可，不宜作过于冗长的演讲。改革开放以来，随着社会生活节奏的加快，即兴演讲越来越受到各方面的欢迎。

三、即兴演讲的构思方法

微课 5-1

即兴演讲的关键——准备篇

（一）快速构思法

即兴演讲综合训练包括选题、立意、切入、事例、语言、态势、心态、时间等诸多方面，有些技能在命题演讲中已进行训练。即兴演讲成败的关键因素是快速构思的方法。

1.模式构思法

模式构思法是以一个基本模式框架作为快速构思的依据，使即兴演讲既符合人们的思维习惯，又能把信息传达清楚，话题集中。

“三么”框架构思模式。在即兴演讲前短暂的准备时间里，快速思考三个最基本的问题，即“是什么”“为什么”“怎么办”。“三么”框架构思法在实际运用中要注意两点：一要注意分辨即兴演讲竞赛题的类别，是“论点式”还是“论题式”。论点式题目（如《珍惜青春》《人生的价值在于奉献》）规定了演讲的主题，演讲者要调动自己的知识积累和生活经验，从“三么”的角度来构思；论题式题目（如《青春使命》《人生的价值在哪里?》）只规定了演讲的论述范围，演讲主题的“三么”框架只是演讲前和演讲中的思维模式，而不是口语表达模式，表达时要选准“切入口”，不暴露“三么”的痕迹。

例如：有关注意交通安全的即兴演讲。

“是什么”：今天，我要讲的问题是交通安全问题。我们要保障交通安全，减少交通事故。

“为什么”：交通安全很重要，它关系到人民生命财产的安全。这不是一个可讲可不讲的问题……造成交通事故的原因有以下几点（从各个角度举几个典型事例）。

“怎么办”：我们要……

例如，湖南师范大学党委副书记戴海同志在一次大学生晚会上即兴演讲了《矮子的风采》：

这话题之二嘛，是“矮子问题”。（哄笑）由我当众提出这个问题，岂不惹火烧身？（鼓掌）这也要点勇气呢！老实说，在我年轻的时候，我并不觉得“矮”有什么问题，直到20世纪80年代，在舆论压力之下，才感觉成了问题。（哄笑）其实，白鹤腿长，鸭子腿短，都是生来如此，何必自寻烦恼！现在要问，矮子能有风采吗？答曰：“高个儿不见得都有风采，矮个儿不见得都不风采。”（鼓掌）那么，矮个儿怎样才能也具有风采呢？我有几点心得可供参考：第一，是要有自信。论个子，我比他低一头，但论觉悟、学识、才能，可能比他更胜一筹！这也叫“以长补短”吧？（鼓掌）第二，不要犯忌讳，大凡麻子怕说麻子，秃子甚至怕说电灯泡，其实越犯忌讳越尴尬，自己说反而没事。我常跟北方汉子们在一起开会或聊天，我跟他们开玩笑：我不如你高，你可别怪我，怨只怨我们那山上的猴子就个子小些！（鼓掌、哄笑）第三，把胸脯挺起来，但也用不着踮脚尖，衣着讲究适当，比方不穿横条、方格的衣服，但也用不着老穿高跟鞋，我主张矮要矮得有骨气，还是脚踏实地好！第四，最重要的还是本人的德学才识，有修养，有风度，对社会有贡献，自然受人爱戴。趁着晚会的高兴劲儿，解开这个“矮子问题”，不知台下的某些同学心里是否踏实些？（长时间热烈鼓掌）

2.“三点归纳式”构思模式

这种方法的特点是参加各类活动时养成边听边想的习惯，随时注意用“三点（要点、特点、闪光点）归纳”的方式进行思考，随时做好即兴演讲的准备——如果现在让你讲话，你讲什么、怎么讲。这三点是：①归纳前面所有讲话人的要点；②提取前面某个或某些讲话人的特点；③捕捉前面某个或某些讲话人的闪光点。

运用时，一般总结性即兴演讲可综合运用“三点”，中场性即兴演讲可选用其中某一点（如特点、闪光点）。例如，教师节即兴演讲比赛（节选）：

说到师德，许多选手都引用了一个传统的比喻：教师像蜡烛一样，照亮了别人，燃烧了自己。这种崇尚奉献的“蜡烛精神”固然可贵，但如果我们当老师的都把自己烧尽了，毁灭了，何以继续照亮别人呢？新世纪的教育不仅需要“蜡烛精神”，更呼唤“路灯精神”：像路灯一样不断“充电”，给每一个黑夜带来光明；像路灯一样忠于职守，见多识广；像路灯一样不图名利……

3.链条形构思法

链条形构思法又称演讲的“线形结构”，它是延展性思维的体现。特点是先确定演讲的主旨，以此为“意核”，作为导向定势，通常为“开篇首句”；然后，句句紧扣意核（首句），单线纵向发展，形成一条环环相扣的链条。

例如，即兴演讲《当你遇到挫折的时候》结构主线：挫折是一种宝贵的经历——小时候极想将来成为一名巴金式的大作家——中考失误，录取到一所职业学校，为此而哭过，感到失望、痛苦——去年暑假到山区考察，那里环境可爱、人可爱，但落后现状令人痛心——在现实生活启迪下觉悟，摆脱了理想受挫的痛苦。

4.辐射形构思法

辐射形构思法又称演讲的“扇形结构”。它是以一个说话焦点（话题中心）为“扇柄”，以多个论据（事例）并列构成“扇骨”，发散开来，组成“扇面形”（或辐射形）

结构的演讲。训练时要注意有放有收、有散有聚，不要偏离话题中心。

例如，一位演讲者所作的《嫉妒是一种卑劣的心理》的演讲结构：首先，以“嫉妒”为话题，列举工人、农民、战士、大学教授等各职业常见的嫉妒现象；其次，引出论点，即嫉妒不仅严重地挫伤了人们的积极性，而且影响了国家、民族发展、前进的步伐；再次，多角度阐述嫉妒是一种心理现象，一种思想意识，一种社会意识；最后，亮出中心论点（扇柄），嫉妒是一种卑劣的心理。

（二）几种常见的选点方法

（1）以“物”为点，抓住某物在特定场合、特定时间下的象征意义，借题发挥。

（2）以“环境”为点，以会场的环境或某种氛围为点，点明其象征意义，从而表现演讲主题。

（3）以“前者讲的内容”为点，此法要求当场从前面演讲者的演讲里，捕捉话题，加以引申、发挥，讲出新意来，从而给人以启迪，所以难度相当大。

（三）几种常见的连缀方法

就即兴演讲的构思而言，一般常用“连缀”法。所谓“连缀”，就是通过联想，把已经选好的点——看似孤立的人、事、物有机地联系起来，并设法将这种“联系”上升到某种高度，以表现演讲的主题。当然，这种“连缀”（即联想）绝不是点与点的简单罗列、相互关系的简单陈述、华丽词句的简单堆砌，而应有严密构思、创造性思维、有机联想，从而把它们组织在一起，形成一个和谐统一的整体。

1.并联式

将各点并列在一起，排比成篇，分析其中的关系，得出有意义的认识。

2.对比式

将对立的两个点并列在一起，形成强烈的反差，从而深刻地揭示演讲的主题。例如：马克·吐温在纽约勃·克莱博物馆公共教育协会上所作的即兴演讲——《我也是义和团》，就采用了对比连缀法：

尊敬的主席刚才说，曾在巴黎博览会上获得赞扬的有关学校的图片已经送往俄国，俄国政府对此深表感谢。这对我来说，倒是非常诧异的事。因为一个小时之前，我在报纸上读到一则新闻，一开头便说“俄国准备实行节约”，我倒是没有料到会有这样的事。我当即想，要是俄国实行了节约，能把眼下派到满洲去的三万军队召回国，让他们在和平生活中安居乐业，那对俄国来说是多大的好事。

外国人不需要中国人，中国人也不需要外国人。在这一点上，我任何时候都是和义和团站在一起的。义和团是爱国者。他们爱自己的国家胜过爱别的民族的国家，我祝愿他们成功。义和团主张把我们赶出他们的国家，我也是义和团，因为我也主张把他们赶出我们的国家。

我把俄国的电讯再看了一下，这样，我对世界和平的梦想便消失了。电讯上说，保持军队所需的巨额费用使得节约非实行不可，因而政府决定，为了维持这个军队，就必须削减公立学校的经费。他们不会省下什么钱，因为每关闭一所学校，就得多修造一座监狱。

这如同把一条狗身上的尾巴用作饲料来喂养这条狗，他肥不了。我觉得，支持学校要比支持监狱强。

在这段演讲中，马克·吐温以会议主席刚才说的“有关学校的图片已经送往俄国”为话题，引出了“一个小时之前”见到的一则有关俄国的新闻。连缀这两个点的“明线”是“俄国”，“暗线”则是辛辣的对比：俄国政府对“在巴黎博览会上获得赞扬的有关学校的图片”“深表感谢”，同时又为维持侵略“军队所需的巨额费用”而“削减公立学校的经费”，从而强烈地讽刺了沙俄对外侵略扩张的虎狼之心，对内残酷镇压的狰狞之貌。

3.宝塔式

用递进深入的方法把各点连缀起来，使之成为步步高、层层深的整体。

（四）设计好开头和结尾

好的开头是成功的一半。对于演讲，好的开头尤为重要。怎样才是好的开头呢？犹如文章的写作那样，文无定法，但大体要求就是新颖、开门见山。这是由即兴演讲本身的特点决定的。开头要新颖，要抓住听众、评委，要积极向上，给人鼓舞、给人力量、给人感召力。其实演讲就是一种宣传鼓动，一种个人对社会、对人生、对理想、对事物的看法和评价。当然即兴演讲不可千篇一律，应该灵活多样。

一是借名言、警句、典型事例开头，可以是先哲怎么说、文学家怎么讲、领袖人物如何论述，也可以是一个历史故事、一段神话传说、一则身边典型案例。

二是借当时的场景、主题来发挥。如在一对青年的婚礼上，主持人便以结婚青年的所在地名为话头：“他们这一对，一个在海南，一个在河南，可算是‘南南合作’。各位来宾都知道，国际上有一个‘南南合作’，那是世界经济发展的共同体。而他俩‘南南合作’，可称为爱情发展的融合体。他俩南南相望、南南相吸、南南相追。现在他们正式南南合作，结成秦晋之好。”这种借引很有趣味性。

三是以听众所熟悉、易理解的事物为媒介，以激发听众的共鸣，迅速沟通演讲者与听众的心灵。

演讲结尾也是很讲究的，或给人以力量，或提出问题让人深思，或展示自己的观点，或指出奋进方向。总之，结尾应余音杳杳，留下回味的余地。让听众有一种“言已尽而意无穷”之感。

思政之窗 5-1

微课 5-2

即兴演讲——思政案例篇

演讲稿具有宣传、鼓动、教育、欣赏等作用，它可以把演讲者的观点，主张与思想感情传达给听众以及读者，使他们信服并在思想感情上产生共鸣。那么我们写演讲稿要注意什么呢？引导学生运用专业知识和创新意识，在社会主义核心价值观的引领下，以高度的文化自信、深沉的家国情怀，讲好中国历史文化、风土人情、时代发展的故事，彰显新时代中国青年学子开拓进取的创意精神，涵养德艺双馨的艺术人生。通过欣赏优秀的作品、分析案例，不仅能够使学生熟悉优秀演讲稿的思路，而且能够了解在历史长河中，中华民族形成的伟大民族精神和优秀传统文化，以及当今时代在改革开放和追求中华民族伟大复兴道路上形成的守正创新、不断进取的时代精神，从而树立文化自信、培养审美情趣、塑造价值信念。

任务二　即兴演讲技巧

一、即兴演讲的技巧

即兴演讲的最大挑战就是在短时间内准备好演讲内容。准备的时间短，往往导致选手紧张，即使一个才思敏捷的人，这时也可能发生思维短路的情况。其实，只要是比赛，都是有技巧的，即兴演讲也一样，需要技巧开路。如果能很好地运用即兴演讲的技巧，就会取得事半功倍的效果，就能在同样短暂的时间内比其他选手有更充分的准备。如何在短时间内准备好一篇较高质量的演讲稿呢？

微课5-3

即兴演讲的金钥匙

（一）演讲稿框架——三段式

即兴演讲的内容是可以按照一定的框架模式来准备的，如此，在拟定演讲稿时，就会从容不迫。我把即兴演讲的框架模式总结为三段式，即三大部分：

第一部分：揭题。简单地对演讲题目内涵做出解释，或对其意义作用进行阐述。揭题要简洁明了，旗帜鲜明地亮出演讲的主题和观点。

第二部分：案例+观点。根据演讲的时间要求，用典型事例论证自己的主题和观点。

第三部分：呼应，即演讲的结尾，或发出倡议，或表达决心，或展望未来，再次呼应第一部分的主题。

此三段式，虽然僵化了一些，但在赛场上却是非常实用的。

按照三段式格式，写即兴演讲稿就像做填空题一样简单，可缩短演讲者谋篇布局方面的时间。即兴演讲的准备过程中，分分秒秒都十分宝贵，将节约出来的时间用于实质内容的思考、语言的组织与推敲，就比别人多了一筹胜算。

（二）写作顺序——先两头，后中间

由于即兴演讲的准备时间一般都比较短，不可能写出完整的演讲稿，因而只能拟定一个简要的提纲。

拟写提纲的顺序应当是先两头后中间。

首先完成第一部分和第三部分，即想好开头和结尾。这两部分非常重要。好的开头，会给评委留下好的第一印象，会让评委先从心理上接纳和喜悦，带着欣赏的心情来听后面的演讲；如果开头讲砸了，评委恐怕就会用挑剔的眼光看你后面的演讲了。后面的演讲即使很好，也会被打折扣。结尾也是相当重要的，因为评委打分就是在你演讲结束之时。这时的评委也许已经有些疲劳了，对你前面的演讲可能印象已不是很深了。一般情况下，比赛都是现场亮分，评委也不可能有更多的时间来推敲你的演讲，他依靠的主要是一种感觉、一种印象。因此，结尾部分将直接影响评委下笔打分的心情和对整个

演讲的评判印象。此时如果用一段精彩的语言再次呼应主题，让评委再次兴奋起来，评委的给分极有可能会上涨。因此，本书认为，即兴演讲的选手拿到演讲题之后，应首先写好开头和结尾，力争这两部分的语言一定要生动，有感染力，开头能吸引评委，结尾能打动评委。如此，你的演讲就成功了一大半。

第二部分是演讲的主体。一方面，演讲不能空洞无物，只喊口号，你的观点必须用论据来论证。因此，演讲必须有事实论据来支撑。另一方面，即使允许只喊口号，在短暂的时间内，要想出占满演讲时间的口号式语言，也是相当困难的。此时最好的选择就是讲故事（案例）。讲故事符合演讲的要求，使内容有血有肉；讲故事不必刻意推敲语言，只需在心里想一下故事梗概，在纸上写几个关键词，不必将故事全部写出来，上场后临时发挥就行了。这就可以节约出更多的时间来构思整个演讲，并对重点部分进行语言润色。

（三）案例——以叙事画龙，以议论点睛

第二部分主要是案例，案例以叙事为主，但切忌叙而不议。故事讲完，应立即针对故事谈感想、谈体会，且感想体会必须与主题相照应。议论的语言不在多，即兴演讲不宜长篇大论，时间不允许你讲那么多，你也难在短时间内准备那么多。只要能对故事所蕴含的思想、所给予的启示、所带来的思考予以总结、提升，起到点睛作用就行了。这里需要特别强调的是，议论必须与主题切合一致，要通过案例照应你的主题，证明你的观点。如一位老师的演讲题目是“责任”。他在演讲中讲到了孟尔冬教授，说“孟尔冬教授最后倒在了自己的工作岗位上”。然而演讲者接下来的议论却是对孟尔冬教授崇高伟大之类的歌颂，对“责任”只字不提，使如此感人的案例似乎与责任挂不上钩。有的选手说，责任二字已经隐含在案例之中了，何必一定要点明呢？错也。案例的主题思想一定要点明，要不然，就成了你在考评委。评委在听你的演讲时，不可能有时间来细细琢磨你的案例背后所隐含的东西，不可能像评阅高考作文那样反复推敲。因此，你的案例到底要表达什么观点，需要明确地说出来。演讲不同于散文诗歌，观点必须鲜明，不能搞隐喻。刚才那位选手如果用这样一段话来对孟尔冬教授献身事业的案例发表议论的话，效果就不一样了：“孟尔冬教授用他平凡而伟大的一生，履行了一个人民教师的责任。孟尔冬教授倒下了，但孟尔冬教授的精神却永远伫立在人们的心中，永远激励着千千万万个孟尔冬进行着他未竟的事业。孟尔冬教授倒下了，但孟尔冬教授的精神却为我们铸立了一座永恒的丰碑。在这座丰碑上，镌刻着两个醒目的大字：责任！”

在即兴演讲时，因即兴演讲时间紧迫的特点，最多讲两个案例就行了，而且到底讲一个还是两个，要视具体情况而定。一是看演讲时间，如果要求演讲的时间很短，比如3～5分钟的演讲，一个案例就行了；如果较长，比如10分钟以上的演讲，则可讲两个案例。二是看自己的语言组织能力，如果你的语言丰富，可以只讲一个案例；如果你的语言比较贫乏，则可多讲一个案例，多讲一个案例要比准备相同时间内的其他演讲语言要容易得多，如此可以弥补你语言贫乏的缺点，且观众和评委还不能从中发现什么破绽。三是看案例本身的长短，如果案例本身就比较长则一个案例就够了；如果案例短小，则可能需要两个案例。

（四）遭遇陌生演讲题——找准切口，偷换主题

有时，选手抽到的演讲题是自己不熟悉的，或者题目太大，无从下手。这种情况，可以对主题进行偷换。从演讲题中找出某一个自己熟悉、有利于自己演讲的“题眼”，从中切入，把演讲主题偷换为自己想要讲的主题，变陌生为熟悉，变宏观为微观，从而变被动为主动。但偷换而来的主题必须与给定的主题相符合，相关联，且要偷换得巧妙，不露痕迹。如一个选手抽到的演讲题目是“感动”，该选手感觉这个题不好讲，于是把主题换成了“寻找感动”。但是，这位选手采用的不是偷换而是直换，她是这样说的：“我抽到的演讲题目是感动，但是今天，我要将这个题目改一下，改为寻找感动。”如此直截了当地改变演讲题目是要避免的，这会让评委和观众觉得你的演讲与主题不符。如果这位选手加上这样一段过渡语：“感动无时不在，无处不有。但感动必须用心去体验，用心去寻找。”这就很巧妙地将演讲主题切换到了“寻找感动”，评委和听众被你牵着走了而丝毫不觉。

（五）案例来源——怀揣案例，巧应主题

很多选手在即兴演讲中的案例生动感人，你以为这些案例真是选手临时想出来的？其实不然，多数人还是有备而来的。

即兴演讲比赛虽然是现场抽题，但大的主题、大的方向一般而言是规定了的，这就给我们一个可乘之机。我们完全可以事前准备几个与演讲主题方向相关的、比较典型的案例，揣着案例上场，用不变的案例来应对变化的演讲题。一个案例可以多角度解读，提炼出多种主题，得出多种观点。从中找出能对应演讲主题的观点，这个案例就成为演讲的论据了。

如教师的演讲比赛不管什么主题，都与教师的职业相关，与教师的职业特点、职业道德相关，围绕这些准备几个案例，并对这些案例从多种角度予以分析解读，进行发散性主题观点的提炼，就可以从容应对即兴演讲。如一个反映“师爱”的案例，可以衍生出诸如责任、伟大、奉献、师德等演讲主题。因此，无论抽到什么样的演讲题，怀中揣着的案例都可以派上用场。只不过，同样的案例，要针对不同的演讲题提炼出不同的对应主题而已。这之中，一方面案例必须典型，越典型的案例其蕴含的思想内容越丰富，可提炼的主题越开放多样，便越能应对更多的演讲题目。另一方面，要善于挖掘提炼案例的思想内涵，特别要善于巧妙地运用过渡性语言将案例与演讲主题切合起来。因为事前准备好的案例，其主要内涵极有可能与演讲题目不太吻合，它们之间的关联不是直接的而是间接的。如果没有巧妙的过渡，案例与主题之间就会很生硬、很牵强。过渡语言如果用得巧妙，即使案例与演讲题目之间本来有些牵强，评委和观众也不易察觉。

如一位选手的演讲题目是《我与学生同成长》。选手讲了自己上的一堂公开课，课堂上一位男生在谈幸福时说出“我对幸福的理解就是占有权力和美色”。选手巧妙地处理了这一“突发事故”。然而，选手在讲完这个案例后却直接来了一句“我感受到与学生同成长的幸福”。这个幸福来得实在是太突然了，让听众感到莫名其妙。应该说，这

个案例的本意要表达的并不是“与学生同成长”，而是爱护学生、尊重学生以及教师的教学机制之类的主题。也许正因为如此，这位选手没有能够精准地找到案例与主题之间的切合点，才使得其在演讲中非常生硬地将案例与演讲主题结合起来。如果这位选手这样说就好了：“通过这堂课，我感受到学生思维的活跃、观点的新颖，我从他们的身上学到了很多东西；通过这堂课，我的教学理念得到了进一步更新，教学能力得到进一步提升。我强烈而深切地感受到，我正在与学生共同成长。这种成长，是多么幸福，多么美好啊！”

（六）以抒情为写作重点

如果我们做到了怀揣案例，且对怀揣的案例已十分熟悉，那么在进行即兴演讲的准备时，重点就不是对案例的叙述，而是抒情了。抒情的重点是开头、结尾和案例之后的感想三部分。准备时，只要案例一选定，所有的时间就应当放在这三部分。应当尽可能将这三部分的语言较详细地写下来，并尽可能地熟悉，能够熟读成诵就更好了。这样，上场之后就可少看或不看稿子，演讲起来就十分流利。内容的熟悉、语言的流利，有利于情感的抒发和展现。注意，这里说的重点是指现场准备时，详细写作的重点，而不是演讲内容的重点。前提是，事前已有熟悉的、能应对演讲主题的案例。

当然，技巧只能是技巧，它必须以深厚的知识内涵为基础。所谓“台上一分钟，台下十年功”，没有深厚的知识、情感的积淀，技巧再熟练、再高超，也只能是空架子。因此，技巧只能是开路先锋，真正的较量还是演讲者的内涵。

二、生活中的即兴礼仪演讲技巧

生活中的即兴礼仪演讲包括在节日、纪念日、庆典（庆生、婚礼、校庆、开业、落成等）、聚会等场合中的演讲，以及迎来送往时的欢迎、欢送、答谢演讲。这类演讲的具体要求有以下几点：

（一）有非常浓厚的礼仪色彩

生活中的即兴礼仪演讲十分注重称呼语（尤其是各种尊称）的使用，各种祝福语不厌其烦地堆积，各种感谢言辞反复罗列。

例如，2008年4月胡锦涛会见国民党主席连战致欢迎辞的开头的称呼：“尊敬的连战主席和夫人，尊敬的吴伯雄副主席、林澄枝副主席、江丙坤副主席，尊敬的中国国民党大陆访问团的全体成员”；中国驻俄罗斯特命全权大使刘吉昌，2008年10月3日在他的母校——江苏射阳中学，参加母校60周年庆典时的即兴演讲中说：“一是感谢射阳中学老师对我的培养。二是感谢家乡人民对我的哺育。三是感谢射阳领导对我的支持。”

（二）注重吉祥、喜庆、和谐、快乐、幸福、美满、成功氛围的渲染

语言上的修饰充满热情，充满激情，充满感染力。例如《老师们，节日好》的演讲开头：走过了夏天，迎来了秋天。在这金风送爽的季节，就像花蕾盼望绽放，就像孩子盼望过年，我们终于盼来了教师节。在这个让人仰慕的日子里，请允许我向全体老师表达我心中最最热诚的问候和祝愿——问候一声：“辛勤培育我的老师们，你们辛苦了！

祝愿一声：无悔奉献人生的老师们，你们节日好！”

（三）简要概述主题意义

以精练的文字、简要的概述将这类演讲主题的由来，它蕴含的意义，与现实的联系，与现场观众和当事人的关系等讲明讲透，并借题发挥，对演讲主题作延伸性的阐述和拓展。

例如，在纪念中国人民抗日战争和世界反法西斯战争胜利50周年的演讲——《胜利的日子，我们祈盼明天》的开头就讲明了“由来”：“公元1995年，对中国人民和世界人民来讲，注定不是平凡的一年，因为它是中国人民抗日战争和世界反法西斯战争胜利50周年。”

又如，《紫阳县庆祝老人节大会上的祝词》表达了对老人们的赞美与景仰，讴歌了老人壮心不已、老有所为的品格：“在跨世纪的历史进程中，你们老骥伏枥，志在千里，余热生辉，壮心不已。三通建设有你们的足迹，企业复活有你们的卓识。你们的行动给人以力量，你们的精神给人以鼓舞，你们理当受到全县人民的爱戴与尊重。”

生活礼仪类的演讲常常要借题发挥，拓展现实意义。生日可以引申出对人生的思考，婚庆日可拓展出对未来生活的向往，聚会可回顾过去，展望前程等。譬如庆祝“五四”青年节的演讲，一定要认识到：虽然我们和“五四”运动时的青年不属于同一时代，但处在今天这样的新形势下，我们同样“今天是桃李芬芳，明天是社会的栋梁”，同样肩负着振兴中华、振兴祖国、振兴民族的重任，因此我们也必须具有“五四”青年那样的风采，也必须让奉献者的赞歌中有我们的音符，让奋斗者的进程中有我们的足迹，也要把我们的全部深情都献给这一方纯净的土地。

（四）用词应色彩明亮鲜活

风格或轻松，活泼，幽默；或庄重，深刻，富有哲理。但不论是哪种演讲风格，用词用句都应色彩明亮鲜活，力戒沉闷灰暗，格调要昂扬向上，热烈奔放。

例如一段婚礼主持的借题发挥：“朋友们，新郎的名字叫海泉，新娘的名字叫涛。‘海’‘泉’‘涛’三个字都与水有关，所以我们可以说，两位新人的名字就蕴涵着一种缘分。此外，水还孕育了生命，蕴涵着生机，凡是有水的地方都会呈现出一派蓬勃的景象。这两个名字的结合，预示着他们的爱情，会像大海一样深厚与深沉；预示着他们的婚姻，会像泉水一样的清澈与甘甜；预示着他们的家庭，会永远充满着生机与欢乐！”

拓展训练5-1

党的二十大指引我成长演讲比赛策划案

微课5-4

即兴演讲——案例

一、演讲主题

党的二十大指引我成长。

二、活动目的

本活动旨在在同学们中掀起学习党的二十大精神的新高潮，加深对党的二十大精神的认识、理解和体会，学会用党的二十大精神指导学习、工作、生活实践。

三、赛前准备工作

（一）比赛流程制定及通知

1.确定比赛时间：11月16日晚7：15—9：30。

2.确定参赛团队：××学院下属各系，以年级为单位参赛，即此次参赛团队有：××，××，××3个参赛团队。

3.参赛人数要求及时间限制：每个代表队必须派4～6名选手参赛；每位选手演讲时间限定为3～5分钟。

4.制定评分细则：参考上届演讲比赛评分标准（略）。

5.奖项设置：

个人奖项：一等奖（1人）、二等奖（3人）、三等奖（4人），视情况定优秀奖人数。

6.比赛场地：××报告厅。

7.向各个参赛单位印发通知，内容包括演讲比赛目的、主题、比赛时间、地点、人数要求以及时间限制，如有需要，可附比赛评分细则。

（二）比赛活动准备

1.聘请评委、老师：聘请××学院领导、团委老师、校宣传部老师、校马列部老师以及中文系老师担任比赛评委，同时请1～2名老师在比赛后作总结点评。

2.报名工作：各参赛队须在10月30日前提交报名表至××办公室。

3.活动主持人：×××。

4.挑选学生裁判若干名：其中计时裁判一名（负责计时，到时间时敲钟提示）、分数统计裁判2～3名（统计所有评委分数）、礼仪小姐若干名（负责收评委打分表、颁奖）。

5.场地布置：由本年级学管会宣传部负责。

6.音响：需4支麦克风（主持人2支，评委席1支，演讲台上固定1支）。

7.组织观众：由本年级同学组成固定观众群到场观看。

8.摄影：由×××负责。

（三）比赛过程

1.比赛前一天，由各个参赛队参赛选手抽签决定上场顺序。

2.开场：介绍领导、比赛规则、计时提示（3分钟敲钟1声，5分钟敲钟2下。若在3分钟前就结束演讲或者在5分钟后仍无法结束演讲，则进行扣分处理）。

3.选手逐一上场演讲，主持人介绍选手姓名，所在参赛单位。演讲结束后评委立即打分。并由计分裁判统计，在下一位选手演讲结束后公布此选手成绩。

4.比赛结束后，请领导颁奖。

赛后事宜：清理场地，由本年级班委共同负责。

拓展训练5-2 “燃烧青春激情、构筑和谐校园”即兴演讲比赛策划案

一、活动宗旨

为了激发团员青年的热情和潜力，积极投身岗位实践，带头弘扬创新精神，争当践

行社会主义荣辱观的楷模，我校团支部决定于五四期间举行“燃烧青春激情、构筑和谐校园”三分钟即兴演讲比赛。该比赛是纪念“五四”运动105周年的一种方式，弘扬“五四”精神的重要举措。

二、演讲主题

本次演讲活动主题为“燃烧青春激情、构筑和谐校园”，结合实际，讲述发生在单位内部良好的精神风貌、道德品质和敬业精神。

三、参赛对象

全体团员在团小组内交流的基础上，每组推荐五至六名选手参赛。

四、活动安排

1.4月22日，召开团支委、团小组长会议，安排即兴演讲事项。

2.4月25日，各团小组将参赛者选手上报至学校团支部。

3.4月30日，学校团支部准备10套参赛选手即兴演讲题目。

4.5月4日下午4：00，在××会议室进行比赛。

五、注意事项

1.参赛者按抽签决定的顺序上台，进行脱稿演讲，每人限时3分钟。

2.参赛者按抽签顺序再抽取即兴演讲题目，准备时间5分钟。

3.评分：演讲比赛由现场的评委评分，评分采用十分制，去掉一个最高分和一个最低分所得的平均分为该选手的最终成绩。

4.评分依据：①紧扣主题，内容充实，立意新颖（4.5分）②表述清楚，语言流畅，声情并茂（2分）③声音洪亮，普通话标准流利（2分）④仪表端庄，穿着得体，落落大方（1分）⑤用时恰当，时间在2～3分钟之间（0.5分）。

六、奖项设置

一等奖1名，二等奖2名，三等奖3名，优秀奖若干名。

七、组织机构（略）

演讲训练材料5-1　善待别人　善待自己

学会从别人的角度去考虑问题，那么你便能和周围的人相互接纳而免于陷入封闭和孤独之中，这一点是我们融入社会和逃避孤独的最佳途径。

有这样一个例子，在一个茫茫的沙漠两边，有两个村庄，要想到达对方，如果绕过沙漠走，至少需要马不停蹄地走上二十多天；如果横穿沙漠，那么只需要三天就能到达。但横穿沙漠非常危险，许多人迷失在沙漠中。

有一天，一位智者经过这里，让村里人找来几万株胡杨树苗，每500米一棵，从这个村庄一直栽到了沙漠那端的村庄。智者告诉大家说：“如果这些胡杨有幸成活了，你们可以沿着胡杨树来来往往；如果没有成活，那么每一个行者经过时都将枯树苗拔一拔，插一插，以免被流沙给淹没了。”

果然，这些胡杨苗栽进沙漠后，全被烈日给烤死了，成了路标。

沿着"路标"这条路大家平平安安地走了几十年。

一年夏天，村里来了一个僧人，他坚持要一个人到对面的村庄化缘去。大家告诉他说："你经过沙漠之路的时候，遇到要倒的路标一定要向下插深些，遇到就要被淹没的路标，一定要将它向上拔一拔。"

僧人点头答应了，然后就带了一皮袋水和一些干粮上路了。他走啊走，走得双腿酸软、浑身乏力，一双草鞋很快就磨穿了，但眼前依旧是茫茫黄沙，遇到一些就要被尘沙彻底淹没的路标，这个僧人想："反正我就走这一次，淹没就淹没吧。"他没有伸出手去将这些路标向上拔一拔，遇到一些被风暴卷得遥遥欲倒的路标，这个僧人也没有伸出手去将这些路标向下插一插，但就在僧人走到沙漠深处时，沙漠里蓦然飞沙走石，许多路标被淹没在厚厚的流沙里，许多路标被风暴卷走，没有了踪影，僧人像没头的苍蝇似的东奔西跑，再也走不出大沙漠了，在气息奄奄的那一刻，僧人十分懊悔：如果自己能按照大家吩咐的那样做，那么即使没有了进路，还可以拥有一条平平安安的退路啊！

是的，给别人留路，其实就是给我们自己留路，当然，我们在悦纳别人的时候也要保持一份积极健康的心态，承认和拥有自己的一片天空，唯有如此，我们的心灵才不会"无枝可依"，也才能够与自己所处的现实建立一种和谐的关系。

"你站在桥上看风景，看风景的人在楼上看你。明月装饰了你的窗子，你装饰了别人的梦。"这并不是互为装饰的悲哀，反而是互相补足、互相服务的双赢画面。正是这样，世界上才有了如此多彩的梦，生命旅途中才有了如此绚丽的风景。

成功的方法就是——善待别人，因为善待了别人，也就善待了自己，如果你想对自己好一点，那就赶快去关心别人吧！记住：爱他人就等于爱自己。

演讲训练材料 5-2　　人生需要挑战

每个人都有自己的强项与弱项，有的人显现得较早，有的人显现得较迟，有的人潜藏得很深，有的人很快就表现出来，有些人的某些才能能够得到很好的开发，有些人的才能可能受到压抑，甚至一生都没有开发出来。开发自己的潜能，可能会在某一方面创造奇迹。

许多名人因为发现了自己的潜能，并真正找到了挖掘自己潜能的方法，才走向了成功。宇宙中只有一个角落你肯定能完善，那就是你自己。当你能够运用自己的潜能去争取地平线上可能出现的光彩夺目的东西时，你为什么要坐在自己的角落里？你要相信：自己是一只鹰。

一个人在高山之巅的鹰巢里捉到了一只幼小的鹰，他把幼鹰带回家，养在鸡笼里。

这只幼鹰和鸡一起啄食、散步、嬉闹和休息，它以为自己是一只鸡。幼鹰渐渐长大了！羽翼也丰满了。

主人想把它训练成鹰，可由于终日和鸡在一起，它已经和鸡一样，不知道自己还能飞，主人尝试把它扔起来，这只鹰像块石头似的，直掉下去，慌乱之中它拼命地扑打翅膀，居然飞了起来！这时，它终于认识到自己生命的力量，展翅高飞翱翔天空，成为一只真正的鹰。

相信自己是一只鹰，你就能展翅高飞。

这时有同学也许问：“那我学习很差，能成鹰吗？”

那就请你们再听下去，同学们你们也许知道，有很多名人在学校时，也都学习成绩不佳，甚至有人在学生时代还是个“笨蛋。”

比如：哲学家黑格尔学习成绩不好，在杜根大学发给他的毕业证书上有这样一句话：“此学生成绩中等，不擅长哲学。”

还有达尔文在校时，成绩也是很差，在中学时，由于学习不努力，成绩不良，多次遭到校长训斥，他在日记里写道：“不仅老师，连家长都认为我是一个平庸的儿童，智力也比一般人低下，有时，父亲对我说的话，听后令我大失所望。”

我曾被人认为是没有出息的笨女孩，但经过我的努力，我迈进了高校，我用行动证明了我的能力。所以，没有任何一种单一的测试能够衡量或预测一个人的智力水平和成功的概率。每个人都是独一无二禀赋各异的个体，即使出生就有身体障碍的人，也会有特殊的才能及天赋。甚至你会发现最使你感到挫败的东西，其实就是你最大的优点和才能。

只要有机会和恰当的方法，每个人都能够表现出自己的聪明才智，每个人都能够取得成功，就看你以何种方式点燃自己智慧的亮点。就像外行人难以看出一堆貌不惊人的石头有何特别之处，但眼光独到的珠宝商人一眼就能看透其中藏着价值百万的珠宝。我们要像珠宝商人认识他们的宝石一样了解我们自己。

大文豪司特在班级里是成绩最差的，可是他离开教室后显示出了自己卓越的活动能力。

达尔文虽然学习不好，但善于观察动植物。

智慧和能力总是潜藏在我们的生命之中，一个人只有面临巨大压力的时候，才能将潜能召唤出来。永远发现不了蕴藏在自己体内无穷无尽的财富，那是人生最大的不幸。当你发掘自我，利用自己巨大的潜能时，你的价值才能实现。

无论我们处于什么位置，都要看到自己智慧的亮点，编织一个童话，然后一步一步地去实现它。

高尔基说：“人的天才只是火花，要想使它成熊熊火焰，那就只有学习！学习！”名人也曾当过“笨蛋”，正是不断地挑战自我加上有效的学习方法，才使他们脱颖而出。人脑天生为了挑战，相信自己就有非凡的潜能！

实训资料 5-1

青春无悔

最后，让我们记住这句话：没努力地试过，怎么知道自己不行呢？

演讲训练材料 5-3　志气

志气，一言蔽之，是一种能使人忍受磨难、自强不息的向上精神。

春秋时期的孔子说：“人无志，非人也。”而宋代文学家苏轼留下了这样一句名言：

“古之成大事者，不惟有超世之才，亦必有坚忍不拔之志。”由两句流传至今的古训不难看出，古人是极为推崇志气的，认为志气是人类品质中最基础、最重要的，没有志气，甚至不能算是人；成大事者的身上必有坚忍不拔之志；反之，有坚韧不拔之志者必成大事，由此可见，志气真的很重要，因为它能促成大事。

综观古今中外，志气成就了无数人，如西汉的司马迁，在受尽戏弄嘲讽之后，在狱中完成了《史记》；美国的海伦·凯勒，虽然她听不见，看不见，不能说话，但她却成为一名作家和翻译家；还有中国的张海迪等，这类身残者尚能凭着志气、毅力等成大事，成功地在这个社会中生存，甚至还成为人们心中的楷模，而我们这些四肢健全的人就比不上他们，宁愿躺着哀叹生活的困苦而不愿站起来拼搏一番？我不相信。

幸好，有人站了出来证实了我的想法，她就是上海市的“金爱心学生”之一、被誉为“卖花姑娘”的吴春梅同学。17岁的她在父亲因遭受车祸而瘫痪、母亲又下岗在家的生活困难面前，不退缩、不低头，没有向社会寻求援助，而是凭着志气和自己的辛勤劳动，以卖花赚取学费。吴春梅同学的志气换回了成功，同时也帮助她得到了在这个竞争激烈的社会中的生存之本——志气。

但是，有一些人躺倒了，这些人就是——我们。

作为独生子女，在改革开放日益经济化的社会中长大的我们，自小而大的生活由父母安排着，因此养成了依赖的习惯，长大后我们还是乐于享受，乐于接受父母的帮助，甚至于结婚这类人生大事，用的也许还是父母的钱，我们有没有想到过父母的艰辛？没有，我们正心安理得地接受这一切，是什么让我们如此？是传统，还是从小养成的习惯，抑或是我们还未想过我们已长成，已能去拼搏闯荡一番？

21世纪的竞争是激烈的，这就意味着我们需要更加努力。知识文化，是生存的必要条件；与他人共处、理解、信任他人等，是生存的辅助条件；志气，是生存的根本。

演讲训练材料5-4　在新生开学典礼上的欢迎辞

2023级的新同学们：

在金色的秋风吹送着丰收喜讯的季节里，你们来了，你们从辽宁各地汇聚到这里，成了学校的新主人，我代表铁岭师专全体教师和同学，向你们——未来的阳光下最光荣的人，表示最热烈的欢迎和最衷心的祝贺！

同学们，年年九月有迎新，年年情景不相同，相比之下，要数今年最令人感动。因为今年是本校招收专业最多的一年，也是在校学生容量最大的一年，更是学校改革迈上新台阶将成为铁岭大学的一年。而这一切都源于你们——你们在林立的大专院校中，选中了这里；你们给学校带来了勃勃生机；你们为它注入了新的活力。这里，我代表辛勤培养我们的老师向你们表达最真挚的谢意：同学们，谢谢你们了！

实训资料5-2

给自己希望

朋友，此时此刻，我想你们的心情一定很激动，也很复杂，有迈进大学校门的欣喜，也有不尽如人意的无奈，甚至有的同学前脚跨进大学校门，后脚就想退出大门。不过，这不要紧，因为过不了多久，你就会深深地爱上你脚下的这片土地。的确，你所在的这个校区并不如你梦中想象的那样美丽，各方面条件也不是无可挑剔，这和我刚来时的心情一样，但是现在我要对你们说，这里有你们还没有看到的东西，那就是这里有爱你们如爱自己孩子一样的领导；有课上带你们在知识的海洋里遨游，课下待你们如朋友一样的老师；有给你们热情帮助和鼓励的师兄师姐；更有其他院校不及的，那就是有足够让你们伸展肢体的运动场和健身房，还有举目便可望到的龙首山。形体室虽不大，但是能让你把身体锻炼得更苗条健美；舞台虽不华丽，但却可供你演出无数精彩的剧目。总之，这里是你们实现梦想的摇篮，是你们由幼苗长成参天大树的好地方。

青年朋友们，人生就是一曲奋斗的乐章，只要你挺起胸膛朝着理想目标奋进，那么，你心中无奈的乌云就会散去，升起一轮充满希望的朝阳。

同学们，朋友们，让我们手拉手共同唱一曲与时俱进的歌，把我们的校园生活搞得红红火火；让我们共同填完一份优秀的答卷，把它献给我们亲爱的妈妈——伟大的祖国！

演讲训练材料 5-5　谈学习

尊敬的领导、老师，亲爱的同学们：

大家好！

今天我要和大家谈一谈学习。现在的青年人——尤其将毕业的学生们，总爱用幻想的画笔给自己的前途抹上绚丽灿烂的色彩。有人希望成为作家，用足以熔化天地万物的热情，尽情讴歌伟大祖国；有人希望成为科学家，从华灯初上工作到东方欲晓，把自己的全部心血都献给人民；有人急不可待，想投入教育事业，去哺育那些饥渴的知识渴望者……这是一卷多美的图画！每个人都有自己不同的志愿，但最后只有一个共同的理想，就是成为国家的栋梁之材，为实现人类最美好的社会而努力奋斗。

同学们，你们想过没有？怎样才能成为一个有用的人呢！列宁曾教导我们：“只有用人类创造的全部知识财富来丰富自己的头脑，才能成为共产主义者。”这是放之四海而皆准的真理啊！他为我们指明了方向，要成为名副其实的栋梁，担起时代重任，那就得真才实学，就得始终不辍地去学习，学习，再学习！

谈到学习，我不由想起那一碧万顷的海洋，同学们，假如你到过海滨，一定能想象到那幅壮观的图景！我们要学习的知识就像大海般浩瀚啊！没有一个人敢大胆地宣称：我掌握了世界上所有的知识。正如俗语所说：“活到老学到老。”在巨大的知识宝库面前，我们应该抱有学而不厌的态度。

“学而不厌”就是要我们勤勤恳恳地去学习，不厌其烦地去学习。勤学就要勤读书，读书是摄取知识的重要途径。

对我们学生来说，“勤”还意味着不能有所偏废地学，而要学得全面些。有的学生打算考理科，就忽视了文科学习，认为上语文课枯燥无味，于是上语文课也在底下埋头苦攻数理化。有的打算考文科的学生甚至提出要求不上数理化课。要知道，知识尽管有类别之分，但它们却是不可偏废的一体。有一件事我一直没有忘记，法拉第提出的电磁学说，起先之所以没引起重视就是因为语言晦涩，说理不明，后来麦克斯韦用数学方法，主要是用通俗语言经过证明才为世人公认，数理化和语文就像孪生兄弟一般息息相关。

有人会说，这样岂不成了死读书吗？“勤”必须严防“死”。其实在我们学生中就有这样的同学，平时除了看书就是做题，累得面黄肌瘦，结果成绩却不佳，这就说明他学得太“死”。其实我是要通过“勤”这样一条“死”的途径达到“活”的目的，而且勤学还须勤用，我们学到的书本知识只有经过实践才能真正掌握。

勤学必定还要好问，学与问相辅相成。提倡“好问”是提倡思而后问，是自己能力确实不能解决再去发问，绝不是有疑不思就问。在我们当中就有这样的学生，自己不动脑筋，只是想依赖他人去解决，其实这样获得的知识是不巩固的，还有的同学主观不努力客观找原因，总是强调自己“天资差”“思维能力差”，这些都不是理由。勤能补拙，问题不在于主观条件好坏，而在于是否愿意去付出长期艰苦的劳动，正所谓“锲而舍之，朽木不折，锲而不舍，金石可镂。”我们在学习上都应像蚯蚓那样用心专一，虽无爪牙之利，筋骨之强，却能上食尘土，下饮黄泉。不要去学那虽八足二螯，非蛇鳝之穴却无可寄托的螃蟹。

同学们，我们如早晨九点钟的太阳一样朝气蓬勃，将来的世界是我们的，党和人民寄予我们殷切的期望，也交给了我们艰巨的学习任务，我们应该不折不扣地完成它。我坚信我们能做到。

演讲训练材料 5-6　付出与回报

大家好：

我的题目是《付出与回报》，许多人认为在当今社会，付出与回报是不成正比的，这是因为这些人在给予别人帮助的同时就已经想到了回报，预期的回报一旦不能实现，便耿耿于怀。这样帮助将失去本身的意义，也就不称为帮助。

相信大家听了我这个故事后，一定会相信“付出总有回报”的，一只蚂蚁被涧水冲进河流之中，无论怎样努力都不能摆脱河水爬上岸，死神一步步向它逼近，一只站在岸边喝水的天鹅见此情景，赶忙啄住脚爪下的一根枯枝扔进河里，蚂蚁得救了，一位猎人来到河边，见到天鹅举起猎枪瞄准，蚂蚁见此情景万分焦急却无法告知天鹅，便急中生智冒着生命危险爬到猎人的脚上咬了一口，猎人分散了注意力，没打到天鹅，天鹅飞上了蓝天。

动物之间都能懂得付出与回报的关系，难道我们人类就该逊色吗？在别人需要帮助时，我们付出的一点儿帮助可能会改变其一生的命运，朋友们，难道我连这样的一点儿帮助都不愿意付出吗？更何况会像故事中那只天鹅一样也许你的付出会在某天帮助你摆脱困境，甚至改变你的一生。当然这都是站在一个付出者的角度来讲的，反之，我们站在一个需要帮助者的角度来看待“付出与回报”吧！

人在陷入困境时候得到的某种意外的帮助会格外刻骨铭心，如果我是一个亿万富翁，也许你给我十万元换走的不过是一个微笑；而假如我是一个连温饱都不能解决的人，你给我的一顿饱餐会使我感激不尽。对艰辛跋涉在人生之路上的人来说，那一丁点儿付出将是多么关键啊！在经历过屈辱和欺骗的痛苦煎熬以后，在经历过挫折和失败的沉重打击之后，我们对于一些事情也许已经习惯于冷漠甚至麻木不仁，我们甚至理解了落井下石、墙倒众人推的某种人性的含意。但是，亲爱的朋友们，这不是生活的全部，不是生命的本质和本质意义。我们要知道，这种对别人生存状况的无动于衷最终也是对自己生命的无动于衷。如果这样，朋友们，我们将永远走不进姹紫嫣红芳香四溢的明媚季节，然而生活的历练，会使我们更加深刻地体会到别人真诚帮助的珍贵，也更加深刻地感受到给予别人真诚帮助的欣慰。其实这些帮助并不需要很多，只需要一点儿甚至一丁点儿。

我相信，我们在座的每一位都一定是或曾经是帮助过别人、为别人付出的人，也一定是需要过帮助的人，我要告诉大家的是，善良的人对别人给予帮助，其出发点是不建立在预期回报上，而是建立在一种善良愿望的满足上的，也只有这样的人才会得到付出的回报，才会相信“付出总有回报”。

朋友们，让我们对那些需要帮助的人给予一点儿帮助吧！哪怕只是一点儿一丁点儿。这样，我们的人格才会完善而健康，我们的心灵才会得到提升而光芒四射，我们的生命才会丰润，我们的生活就会注满甘甜而绚丽多彩！

演讲训练材料 5-7　命题演讲题目

1. 让青春飞扬
2. 信念的力量
3. 告别昨天，把握今天，创造明天
4. 读书好，读好书，好读书
5. 风雨四十年
6. 信心留给自我
7. 做一个持之以恒的人
8. 让青春在实践中飞翔
9. 一分耕耘，一分收获
10. 用青春吹响奋进的号角
11. 自我命运的行动英雄

实训资料 5-3

今天我十八岁

演讲训练材料 5-8　即兴演讲练习题目

1. 我们常说，这是个看脸的社会，以貌取人，真是肤浅。其实有时候，以貌取人也是公平的，你同意吗？

2. 可爱的刀刀狗曾经有这样一句话：“对于不会飞的蛤蟆来说我们飞得越高，它看我们就越渺小。”你怎么看待刀刀狗的这句话。

3. “蚕是被自己的丝裹住的”。谈谈你对这句话的理解。

4. 你心中对“朋友”的定义是什么？具体说说朋友对你生活的影响。

5.现在我们所看的每场晚会都经过精心的彩排。然而人生却没有彩排，每天都是现场直播。请说说你对这句话的理解。

6.关于“生命的价值”这一主题，谈谈你的看法。

7.常有人说：单独思考往往会创造奇迹。请针对“智慧总是在孤独中生根”这句话，谈你的见解。

8.有人总是把梦想留在未来，旅行留在下次，想做的事情留在以后。总被“没时间”打败。请以“没时间”为题，做一段即兴演讲。

9.幼儿时，我们会常常好奇——家门前的那条小路，到底通向了什么样的远方呢？然而当我们长大成人了……请以“消失的好奇心”为题，做一段即兴演讲。

10.人生的困境，人生的绝境，生命里那些让你过不去的境遇，都是未来让你成长蜕变的养分。请以“你最绝望的时刻”为题，做一段即兴演讲。

巩固训练

1.根据下列标题，迅速构思即兴演讲的主题，设计好开头和结尾。

（1）十六岁的花季。

（2）步入成年人的行列。

（3）新班级的第一堂课。

（4）毕业典礼上的讲话。

2.根据下列材料，运用“选点”“连缀”法作即兴演讲。

如果你毕业后被分配到一所学校任教，在“欢迎新教师座谈会”上，校长请你即兴演讲，你会说些什么？

第三篇

口才训练

模块六

讲故事训练

学习目标

★ 明确讲故事的意义与准备内容；把握讲故事的技巧和方法，能够绘声绘色讲故事。

素养目标

★ 通过编讲故事，发挥学生的主观能动性，有效培养学生的创新精神，培养和发展学生勤于思考、勇于创新的思维习惯和敬业精神，引导学生讲好中国故事，传播好中国声音。

任务一　讲故事的意义与要求

一、讲故事的意义

故事是人类独有的也是人们最容易接受的语言形式。每个人都有丰富的经历，人人都有可以讲述的故事，我们都喜欢聆听故事，也都渴望讲述故事。讲故事就是用通俗易懂的口头语言把一件事情绘声绘色地讲给别人听。故事可以是真实的，也可以是虚构的，但一般是听众感兴趣的或能够感染人的。近几年，“故事”的重要性在各种场合被反复强调。

微课6-1
讲故事的意义

（一）优秀的教师一定是善于讲故事的人

讲故事是教育学生的好方法。美国故事家吉姆科认为，听故事能够打开那些直接教育无法触及的区域，无论是成人还是儿童，都可以从故事中找到解决自己问题的稳妥办法。这表明，故事的内涵不仅反映生活，揭示世界，而且故事对人的塑造施加着积极影响，有教育性。讲故事是课堂教学的一种辅助手段。若想增强课堂教学的趣味性，讲故事是最有实效的方法之一。讲故事是在众人面前的一种表演，要做到亲切、自然、吐字清楚、感情丰富，模仿对话要力求逼真，动作神态要惟妙惟肖，要体现不同的角色的性格特点，使听众如临其境、如闻其声、如见其人，要说得准确、说得生动、说得自如，所以说讲故事是训练口头表达能力的有效途径。

（二）智慧的父母一定是讲故事的高手

无论是照着绘本读故事，还是根据孩子的情况编写出鲜活的符合情境的故事，孩子一听到故事往往都会安静下来，在故事中好奇地聆听，无意识地探索，学习道理。用责备、命令、禁止等方式来教训孩子，要求其更正不合期盼的行为，往往都只能收到暂时性效果；相反地，用故事来引喻或让孩子思考，常令孩子印象深刻且有助于他们自律。有研究发现，童年听过的故事，会在人们长大后，特别是35岁后面临人生迷茫、困惑、转型时发挥出巨大的价值和影响，帮助人们度过生命中重要又艰难的时刻。

（三）卓越的演讲者一定乐于通过故事传递思想

如果问听众对演讲中的什么内容印象最深刻，答案无疑是故事。我们熟知的TED演讲，在观众中影响力巨大，里面的演讲无比精彩。这些演讲嘉宾为什么都演讲得那么好，仔细体会就会发现他们都有一个共同点：会讲故事、能讲好故事。作为TED的掌门人和演讲教练——克里斯·安德森在《演讲的力量》一书中说过："与观众建立联系的最佳方式就是讲故事。"在演讲过程中加入一些精彩适合的故事，会让演讲的生动性极大增强，增加演讲对台下听众的吸引力。美国总统林肯曾经说过："演讲就是讲故事，能通过故事来说明观点的演讲才是好演讲。"可以说讲故事是成功演讲的必备元素。在演讲中，我们常常需要运用故事来阐述自己的主张，抒发自己的情感。运用故事，不仅可以充实演讲内容，使演讲的主题变得更深刻，还能增强表达效果，故事能够激发出听众情感的强烈共鸣。

故事在演讲中的作用有以下几点：

加深理解——故事是人们最乐于接受的方式。当你要讲一个话题时，故事可以作为实际的案例支撑，让听众更深理解演讲内容。

突出重点——支撑演讲核心的是观点，支持观点的是案例。一个演讲只有一个核心，但是围绕支持这一个核心的却可能有很多观点，当需要突出重点观点时，配合故事效果会更好。运用故事阐发哲理，也就是先讲述一些典型的故事，再阐发其中蕴含的哲理。这样情理交融的表述，往往会让听众获得深刻的人生感悟。

渲染感情——故事能够传达其他语言传达不出的感情。故事带来的感受远比其他形式要真切，也最能打动人。

想要成为一个卓越的演讲者，就一定要努力成为会讲故事的人。

思政之窗 6-1

习近平总书记多次强调要讲好中国故事，传播好中国声音。让中国故事成为国际舆论关注的话题，让中国声音赢得国际社会的理解和认同。讲故事，是国际传播的最佳方式。要讲好中国特色社会主义的故事，讲好中国梦的故事，讲好中国人的故事，讲好中华优秀文化的故事，讲好中国和平发展的故事。讲好中国特色社会主义的故事，就是要从历史和现实、国内和国际的联系比较中，充分说明只有社会主义才能救中国、只有中国特色社会主义才能发展中国，展示我国的道路自信、理论自信、制度自信、文化自信。讲好中国梦的故事，就是要准确解读中国梦的本质和内涵，讲清楚中国梦是和平、发展、合作、共赢的梦，与各国人民的美好梦想息息相通，最大限度争取世界各国对中国梦的理解和支持。讲好中国人的故事，就是要全面介绍中国人民依靠勤劳、勇敢、智慧，开创了美好家园，培育了优秀文化，展示当代中国人的良好道德情操、朴素生活理念、宽厚包容品质，使中国人形象更加可亲可信。讲好中华优秀文化的故事，就是要深入挖掘中华文化精髓，展示中华文化魅力，积极介绍当代中国文化的创新发展和良好风貌，弘扬社会主义核心价值观，展示中华文化与各国文化交流互鉴成果。讲好中国和平发展的故事，就是要准确解读我国的外交理念和方针，把正确义利观、合作共赢发展观、命运共同体、人类共同价值、新型大国关系等更好地传播出去，深入阐释中华民族是爱好和平的民族，中国始终不渝走和平发展道路。

在讲好中国故事、传播好中国声音方面，习近平总书记身体力行，为我们树立了最好的榜样。党的十八大以来，习近平总书记在国事出访的公开演讲中，讲述了很多温暖人心的故事，拉近了中外民众的心理距离，向国际社会形象地传递出中国立场、中国观点、中国态度。同学们，我们都是追梦人，我们都在努力奔跑，新的中国故事、新的中国声音，将由我们去讲述、去传播！让我们共同努力，讲好中国故事，传播好中国声音！

二、讲故事的要求

故事可能是最古老的艺术形式。早在农耕时代以前，原始人的一大社交活动就是一群人围着篝火讲故事；保存到现在的古老壁画，也往往通过连环画的形式讲一个故事。我们每个人从睡前故事、连环画、动画片、电视剧、电影、杂志、小说、广播、日常聊天中听到成千上万个故事，却一点儿也不觉得厌倦。人们为什么对故事如此热衷，讲故事到底有什么特征呢？

（一）讲故事的特征

说到讲故事的特征，首先就是寓教于乐。听众最容易接受的就是故事，讲故事既有娱乐性，又有教育性。生动的故事讲述，可以使听众增长知识、开阔视野，并从中受到感染与教育。

其次，讲故事常常是声情并茂的，是“讲述”与“表演”的结合。

“讲”是有声语言的表达，“表”是态势语言的运用。故事不仅是用动听语言来讲述，也常常用极富特征的态势语言“表演”故事，讲演结合、声情并茂。

最后，故事一定是常讲常新的。

我们都知道经典，其核心思想是永恒的。但随着时间环境的迁移，人们会赋予它不同的新的诠释，这就叫常讲常新。讲故事也是这样。我们常常听到同一个故事，不同的讲述者讲述的都不相同，因为讲故事时讲述者根据听众对语言内容做了合理的加工调整。

（二）讲故事的要求

首先，结构完整是对故事的基本要求。情节曲折的故事往往更加富有张力，更能吸引人的兴趣。

其次，故事中的人物形象要力求鲜明，人物之间的关系要清晰。因为人们是用耳朵来聆听故事，如果人物形象不够鲜明便不会给听众留下深刻印象，而复杂不清晰的人物关系会让人感觉混乱，从而失去对故事的兴趣。

再次，讲故事是口语训练的重要内容，讲述故事的时候一定要使用普通话，发音准确，自然流畅。讲故事须凭借通俗生动的语言、丰富的表情、形象的动作，绘声绘色地展现故事情节和人物性格，讲演结合、声情并茂。

另外，讲述者还要根据听众的实际情况，对故事所表达的内容进行加工，融入听众感兴趣的元素。因此，在讲述故事之前，讲述者应对故事的语言设计和价值倾向仔细研读与审视，进行适当改动与创造。

任务二　讲故事的准备

从小到大，故事一直伴随着我们成长，神话让我们有一双飞翔的翅膀，寓言让我们懂得了生活的道理，童话让我们有一颗善良的爱心，历史故事让我们有一双穿越时空的眼睛。而我们更是常常在身边人的故事中找到自己的影子，从而启发自己，疗愈自己。

一、精心挑选好的故事

（一）好故事的特点

好故事有三个特点：听得进、记得住和传得开。我们反感高高在上的告知和训话，我们讨厌听大道理，因为它们毫无吸引力，一点都不可爱。故事看似平凡，却能在瞬间创造连接，每个人都能在其中找寻属于自己的意义，那些真实、容易理解的故事很容易吸引人；而那些生动、有意思的小故事让人难以忘怀；那些适合大众口味、容易引起共鸣的故事更是广为流传。

（二）好故事的要素

1.富有意义

有意义的故事才是好故事。人们听了故事不是简单地一笑而过，不是听听了事，而是感觉意犹未尽，感觉似乎给自己的人生带来了某种深远的影响和积极的改变。或许是带来了新的可能性，也可能是一下子想通了百思不得其解的问题，还有可能为自己将来的生命创造了一份独特的意义和使命感……因为每个人的内心都渴望更大的价值，去创造、去改变、去影响他人，而这份意义感常常会让我们发生由内而外的变化。

2.丰富画面感

人们是用耳朵聆听故事，但是好的故事一定充满丰富的画面，让人们不自觉地在头脑中构建画面。而这种画面感往往是通过故事中的适当的细节来构建的。

3.创造体验感

好的故事一定是能够让人有体验、有触动的。人们在聆听故事时仿佛和主人公一样置身其中，似乎可以完全体会到其中人物的遭遇及内心感受。

4.引发共鸣感

好故事总是让人们感同身受，产生共鸣。人们在聆听故事的时候，会与故事中的人物产生共鸣，而且发现自己也陷入了他们的思想和情感纠葛中。事实上，人们会真切地感受到他们的喜怒哀乐，这使得人们关注故事的结局，注意力被牢牢抓住。

（三）好故事的原则

1.浅显易懂

我们平时讲故事，特别是演讲中的故事一定要力求简单，短小精悍，易于理解。

2.立意清晰

故事的立意一定要清楚、能准确传达意义，一个故事只为表达一个主题服务。

3.富有张力

没有张力的故事清淡如水，容易让人失去兴趣，而好的故事往往情节曲折，富有张力。

4.主题高雅

故事的题材可以通俗，但不能庸俗，要力求高雅。

二、选择好的故事展开方式

想要讲好故事，首先得拥有好故事；而要获得好故事，一定要多听、多看、多查、多想，从而得到自己想要的故事。拥有了好故事，还要选择好的故事展开方式。

演讲中讲述故事常用的方式有三种：概括叙述、详细叙述、夹叙夹议。概括叙述就是对故事中的人物、事态做粗略叙说，着眼于全貌，忽略局部细节。详细叙述着眼于人和事态的局部和细节，形象生动，有画面感。夹叙夹议是在叙述过程中表明叙说者对人物、事态的立场、观点、态度，比前面两种叙述方式更具感染力和穿透力。

有这样一篇优秀的演讲稿《人格是最高的学位》，它被用于中央电视台著名节目主持人白岩松参加“演讲与口才杯”全国新闻界“做文与做人”演讲比赛时所作的演讲。这篇演讲稿一共讲述了三个人的四个故事。演讲者以本世纪最伟大的提琴家卡萨尔斯告诫前来讨教的年轻人的故事为开场白，采用的是概括叙述的方式，旨在引出论题——做人与做优秀大提琴家的关系。第二个故事是北大教授、副校长季羡林先生帮外地学子看管背包的故事。作者采用了详细叙述的方式，详细讲述报道学生的疲惫不堪，老人答应学生时爽快的神情，看守行李的时间，以及学生发现看守行李老人真实身份时的惊讶神情，这些细致的讲述，生动形象地描绘了一个充满人文关怀的老学者形象。演讲者在讲述第三个故事即冰心的故事后，随即发表议论，抒发对冰心老人宽广爱心的赞美和敬仰之情。第四个故事是北大刚进校的学生拜访季先生又担心打扰先生，用竹子在土地留言问候之事。故事之后，作者也发表议论，认为“这该是怎样美丽的一幅油画！”这篇演讲稿对上述故事的讲述采用了不同叙述方式。不同叙述方式交叉使用，不仅在材料运用上详略得当，主次分明，同时还使得演讲稿叙述线索清楚，结构上也显得张弛有度，富于变化。

选择好故事展开方式，接下来就要不断练习讲。可以从复述故事开始，比如查到一个短故事，先通读一遍，然后讲给自己或别人听，还可以任选一个关键词，给自己三分钟的时间准备，然后用好的方式来讲一个故事，也可以看图讲故事。只要坚持下来，你一定会把故事讲得很好！

三、根据不同的故事内容做好充分的准备

故事的种类有许多，按故事的体裁可分为童话故事、寓言故事、成语故事、民间故事等。按故事的题材可分为人物故事、动物故事、神话故事、科幻故事等。要想讲好一个故事，必须根据不同的故事内容做好充分的准备。我们常常听到有的人讲的故事生硬、不吸引人；在讲故事中出现结巴、前言不搭后语或者缺乏必要的表情动作甚至中途停顿、讲不下去等。这都是讲前准备不充分的结果。那要如何准备呢？

首先要明确目标，选择故事。每个故事都有其教育价值，要选择适合学习的主要内容作为整个故事的重点及高潮，要明确讲故事的目的是什么，想让听者得到什么样的教育，一定不要为了讲故事而讲故事。

其次要看清对象，选择方法。面对不同的人，故事内容的选择和讲述的方法是不同的，讲故事一定要有针对性。如给小学生讲故事，尤其是低年级学生，就要选择通俗易懂、趣味性强的短故事，讲述时要适当夸张一些，以吸引学生的注意力。

准备过程中一定要反复研讨，熟悉内容。故事中的主要人物、地点（背景）、时间变化及人物对话等，熟悉这些能帮助我们在讲故事时有更丰富的变化及联系。

准备时要对内容适当加工，多用短小的句式。“讲”故事不是“读”故事，也不是“背”故事，不必一字不差，对于故事内容可做合情合理的修改。尤其是故事的语言，一般都需要加工，使故事的语言口语化，让人一听就明白。而口语化的主要方法是把复杂的书面语改成口语化的短句，多用形象化的语言。

例如：故事《老虎与青蛙》。

原文：“深山里，一只老虎几天没有吃东西了，非常饥饿，到处找吃的。”

改为：“深山里，一只老虎几天没有吃东西了，饿得呀，肚子‘咕咕’叫。它从这山跑到那山，又从那坡跳到这坡，到处找吃的。”

最后要熟记试讲，查找不足。试讲故事时一定要熟悉故事人物，记清故事情节，反复体会人物的思想感情，使自己真正进入角色，这样讲起来才能既从容不迫又以情动人。反复试讲并录音，然后听录音查找问题与不足之处，及时改进。在试讲的同时要注意眼神与动作。对故事越熟悉，准备得越充分，讲的时候才越有自信，才能把故事讲得越好！

任务三　讲故事的技巧

一、讲故事的技巧

简单来说，讲故事的技巧可以用四个字概括：绘声绘色。

（一）绘声

“绘声”指语言表述生动逼真。讲故事的语言表述分为“表”和“白”两个方面。“表”指讲述，也就是除人物对话的讲述部分。“白”就是故事中的对话。“表”要生动，条理清楚、层次分明。“白”要形象，使“人物”性格化、角色化。

1.声音

讲述要规范，说普通话，禁用方言，要以清晰、准确、规范的语言为学生做好学习语音的楷模。讲故事有时候需要用到不同的声音，像鸡、鸭等动物的声音，生气的声音，欢喜的声音，紧张的声音等，要处理好声音的粗细、高低，要有恰当的模仿，使人物性格化、角色化，这样才能使故事生动传神。一般习惯上，大象、老牛、老虎等声音要粗一点，狐狸、小鸟、狼的声音就细一些。

2.语气

语气，就是说话的口气，在不同的环境里，不同的人物、不同的性格说话的口气都会不一致。在讲述故事时选择准确的语气对表达故事的含义尤为重要。语气是在思想感情支配下的声音形式，用不同的语气说话，表达的思想感情就有很大的不同。讲故事的时候，要准确把握思想感情，声音抑扬有致，注意情、声、气完美统一。讲述人的语气很重要，要真实、自然、流畅。故事中“人物”的对话要根据各种形象的特点，讲得夸张一些，使学生们从声音中感受到具体形象。

如《猴子捞月》，当看到井里有个“月亮”时，小猴、大猴、老猴、一群猴都有一句近似相同的话：“糟了！糟了！月亮掉在井里了！”讲述时，小猴的话可以用高而尖的声音，语速稍快；大猴的话可以用扎实有力的声音，语速适中；老猴的话可用低而沉的声音，语速较慢，甚至可以夹些气音或加上上气不接下气的停顿来处理；一群猴的话可用高而放的声音，每句结尾稍稍拉长。这样处理，形象感强。但不管怎样处理，都要念出焦急、担心的语气来。

3.语调

在讲故事的时候，声音有轻重快慢、高低长短的变化，这些就是声音的语调。讲故事时语调可分为四种：高升调、降抑调、平直调、曲折调。高升调是句子的语势由低到高，一般表示惊讶、疑问、呼唤、号召等。降抑调是句子的语势由高到低，一般表示肯定、感叹、恳求、自信等。平直调的句子语势平稳发展，没有明显的高低变化，一般用于陈述。曲折调的句子语势曲折变化，有起有伏，一般用来表示夸张、讽刺、幽默等。语调富于变化，才能声情并茂地传递故事的内容，会对故事效果的提升有很大帮助。讲故事，尤其是讲童话故事时语调一定要有起伏变化，通过富于变化的语调来塑造出鲜明的人物形象，吸引学生的注意力，达到很好的故事传递效果。讲故事的语调要比朗读时夸张一些为好。

如《乌鸦与狐狸》中，狐狸为了吃到肉，用肉麻的话吹捧乌鸦。在讲述时，应用柔和的、细声细气的声音和呈弧形的语调突出其“媚”和狡猾。

如《小蝌蚪找妈妈》中，小蝌蚪每找一次，都有一句“妈妈！妈妈！”的称呼，随着小蝌蚪的长大，要找到妈妈的心情越来越强烈，所以，每一次呼喊除了表达急切的心情以外，还应加上欣喜的成分，语调越来越高。前一个“妈妈”两个音节相连，后一个“妈妈”的“妈”拉长且语调上扬，成一个弧形，再下来，轻轻说出第二个“妈”字。

4.停顿

停顿自然，便于情绪转换。人们经常用一个词语来形容讲故事的状态——娓娓道来，所以，讲故事的时候切忌太流畅，这样就会给听众一种背书的感觉，需要在适当的地方运用停顿的技巧。停顿应受感情的支配，不应受标点的束缚。

例如，《老虎与青蛙》这个小故事：“一只青蛙正在草丛中酣睡，突然被老虎的吼叫声惊醒，吓得慌忙奔出草丛，想找个地方躲起来，谁知迎面正好碰到了老虎，老虎瞪着铜铃般的大眼，眼珠子滴溜溜直转，嘴张得像一个大血盆，好像要把眼前的一切都给吞掉。（停）要是别的动物见到它那副凶相，早就吓晕了，小青蛙可不一般，它意图压住内心的恐惧，装着一副十分镇定和安详的样子，当老虎要扑过来的时候，它急中生智，飞快地蹦呀蹦，躲到老虎背后去了，老虎扑了空，转身又扑第二次，青蛙又蹦了几下，躲到老虎背后了。”

（讲这个故事时，在“……好像要把眼前的一切都给吞掉”后，可稍长时间停顿，增加悬念，以吊起听众胃口。）

因为人们说话的速度比大脑处理的速度要快。如果你在故事的关键时刻停下来，就会让听众有机会思考刚刚获知的信息。不要害怕停顿，特别是在紧张的时候。流行的电视节目常常使用戏剧性的停顿（或悬念），吸引观众回到故事中。恰当的停顿可以帮助听众理解内容，可以增加神秘感，甚至一个突然、适当的停顿反而会更好地吸引听众的注意力。当停则停，方可传情达意，这就是停顿的技巧。

（二）绘色

“绘色”指神态、表情、动作惟妙惟肖，使听众如闻其声，如见其人，如临其境。

（1）“表”时，眼睛要尽量看着观众，用眼神、表情传达故事的喜怒哀乐等感情，把观众带入故事情节中，使观众随着讲述者的表情、眼神而情绪波动。

（2）“白”时，什么角色说话，讲故事者的表情、神态、动作就应符合那个角色。无论老人、小孩儿，男人、女人，还是老虎、狮子。讲故事者角色要到位，按故事角色形象的个性及特点来寓情于境。

例如《骄傲的大公鸡》中：“大公鸡在草地上散步，看到两只蛐蛐在吹牛皮，一只蛐蛐说：‘我明天要吃掉一棵大柳树，你相信不？’另外一只蛐蛐说：‘这有什么了不起，瞧我明天一口吞下一头大驴子！’”

（提示：模仿第一只蛐蛐说话时，要瞪大眼睛，身体前倾，表现怕别人不相信的样子。模仿第二只蛐蛐说话时，要用不屑一顾的表情，如撇嘴、斜视等，并且身体后仰，用手拍胸脯，表现自以为是的样子。）

二、综合训练

（1）仿说评话。“……说时迟，那时快，武松眼看老虎扑了过来，只一个闪让，就到了老虎背后；那老虎呢，一下子转不过身来，就把前爪搭在地上，腰胯向后腾空一掀，只见武松抽身一缩，躲在一边。老虎眼见掀不到武松，大吼一声，就像是天空响起了一个炸雷，震得山冈也摇晃起来。老虎圆瞪双眼，尾巴倒竖起来。像一根铁棒，又直又硬，嗖的一声，只一剪，顺地抽了起来。武松又一闪，噔！跳过一边站定。这老虎见一扑、一掀、一剪抓不住人，气性先自没了一半，仰天怒吼一声，树叶儿给震落了一大片，又一步一步将身子兜转过来。武松见老虎冲着他转身掉头，双手抡起哨棒，大喝一声，用尽平生力气，从半空中，对准老虎的脑袋劈了下来……”（节选自《武松打虎》）

（2）每人改编一个故事，课外试讲，然后在课堂开“故事会”，讲过以后进行评议。

（3）每人准备一则内容健康的笑话，课外试讲，课堂上自由登台讲述，然后评议，并讨论讲笑话应注意些什么。

（4）描述生动故事的一个诀窍是，避免使用反映事物某一特征的同一惯用词语。例如，讲一段话表达天气很热，偏不出现“热”这个字；表达天气很冷，偏偏不出现“冷”这个字（简称“说x，偏不说x”）。请学生做一下准备，用这个方式作细节练习，说“冷”和“热”等。

思政之窗 6-2

袁隆平先生真正把论文写在了祖国的大地上，真正把功勋建立在了人民的饭碗里，他解决了无数人吃饭的问题，人民也就把他永远记在了心里，把他的名字永远刻在了历史的丰碑之上。重温袁隆平先生的传奇故事，我们更加认识到要节约粮食、珍爱食物，更要学习袁老的实干精神。

微课 6-2

故事欣赏——袁隆平

任务四　讲故事训练

一、如何讲好童话故事

童话故事是儿童文学的一种体裁，童话中丰富的想象和夸张可以活跃人们的思维；那生动的形象、美妙的故事可以帮助人们认识社会、理解人生，引导人们做一个通达事理、明辨是非的人。因为童话故事最初是以口口相传的方式流传下来的，语言通俗生动、情节离奇、人物形象鲜明，适合讲演。

讲好童话故事要调动多种感官进行想象、联想，使故事的情景、人物形象在头脑中形成生动可感的画面。讲故事时讲述者要通过视觉、听觉、嗅觉、触觉、味觉、时空觉、运动觉感受等，对所描述的事物进行具体的体验。讲述者要善于营造色彩感与画面感，使故事中的人物、情节、场面、景物等在脑海里像演电影一样，形成连续活动的画面，伴随着画面引发具体的态度、感情。

例如：《巨人的花园》开篇就给我们展示了一个人间天堂：春天鲜花盛开，夏天绿树成荫，秋天鲜果飘香，冬天白雪一片。（这里用四季及对应季节的重要景物，讲述时脑海中要浮现四幅图画，也可以在每幅图画中添加自己感兴趣的景物。）

要讲好童话故事一定要体现不同角色说话的音色特点。如《猴吃西瓜》中的猴王要用粗声，天真稚气的小毛猴可以用细声，装腔作势的老猴可以用苍老的声音来区分。同时，故事内容中有是非、爱憎对立情感时要确定好褒贬对象，恰当地表现立场情感。

拓展训练 6-1

寒号鸟

微课 6-3

屈原的爱国故事

山脚下有一堵石崖，崖上有一道缝，寒号鸟就把这道缝当作自己的窝。石崖前面有一条河，河边有一棵大杨树，杨树上住着喜鹊。寒号鸟和喜鹊面对面住着，成了邻居。

几阵秋风，树叶落尽，冬天快要到了。

有一天，天气晴朗。喜鹊一早飞出去，东寻西找，衔回来一些枯草，就忙着做窝，准备过冬。寒号鸟却整天出去玩，累了就回来睡觉。

（以上这些内容都是平铺直叙，讲述时宜用平语音、中语速、中力度讲，“面对面”一词可以加重语气以突出寒号鸟与喜鹊比邻而居，但是在行为上迥然不同。）

喜鹊说：“寒号鸟，别睡了，大好晴天，赶快做窝。”

（喜鹊的话可以加重语气，速度要慢一点儿，表现出亲切、关心的口吻。）

寒号鸟不听劝告，躺在崖缝里对喜鹊说：“傻喜鹊，不要吵，太阳高照，正好睡觉。”（讲述时，可以先做做寒号鸟伸懒腰的动作，体会它的慵懒，然后用这种体会来讲寒号鸟所说的话，应懒一点，还应有不耐烦的语气。这样角色语言很容易表现出来。）

冬天说到就到，寒风呼呼地刮着。喜鹊住在温暖的窝里。寒号鸟在崖缝里冻得直哆嗦，不停地叫着：“哆啰啰，哆啰啰，寒风冻死我，明天就做窝。”（寒号鸟说的话要用颤音讲，以显现其严寒情况下的可怜姿态。）

第二天清早，风停了，太阳暖暖的，好像又是春天了。喜鹊来到崖缝前劝寒号鸟：“趁天晴，快做窝，现在懒惰，将来难过。”（喜鹊的话要语速快，语音高，可以提升语调，以示喜鹊的急切与中肯，同时衬托形势刻不容缓。）

寒号鸟还是不听劝告，伸伸懒腰，答道：“傻喜鹊，别啰唆，天气暖和，得过且过。”（“傻喜鹊，别啰唆”要用佯音，较弱的力度快讲，以表现寒号鸟内心的不耐烦。“天气暖和，得过且过”要讲得慢一点儿，力度弱一点，以表现寒号鸟无忧无虑、洋洋自得的样子。）

寒冬腊月，大雪纷飞。北风像狮子一样狂吼，崖缝里冷得像冰窖（这段景象描写要读得慢一点儿，以渲染寒号鸟处境的严酷）。寒号鸟重复着哀号：“哆啰啰，哆啰啰，寒风冻死我，明天就做窝。”（用颤音表现。）

天亮了，太阳出来了，（用平力度讲）喜鹊在枝头呼唤寒号鸟（中音快讲）。可是，寒号鸟已经在夜里冻死了。（用低语音，弱力度，缓慢的语速讲，以营造悲惨的气氛。）

二、如何讲好寓言故事

寓言故事是含有讽喻或明显教训意义的故事，是文学体裁的一种。它的结构简单，多用借喻手法，使富有教训意义的主题或深刻的道理在简单的故事中体现。中国著名的寓言故事如《揠苗助长》《自相矛盾》《郑人买履》《守株待兔》《刻舟求剑》《画蛇添足》《猴吃西瓜》等的可读性很强，无论人们的文化水平高低，都能在简练明晰的故事中悟出道理。

1.讲述要有层次感

寓言故事的特点就在于构思巧妙，层次感强。层次感要通过讲述时的停顿和语气上的转换来体现。备稿时划分好层次，接着考虑怎样讲述才能把层次之间的关系和转换表现出来。一般的逻辑关系有递进、转折，以及悬念等。在不偏离整体基调的同时，讲述者须利用不同的语气和停顿时间的长短来进行展示。

2.要调动丰富的联想和想象

因为寓言中所写的人、事、物等都不是生活中已经有或可能有的，它们是虚拟的，只是用来表达作者某种思想或情感的载体，尤其是以动植物为主人公的寓言，更需要充分发挥想象，以赋予它们人的思想情感和心理。

3.讲述要形象传神

很多寓言故事中角色语言的分量很重，但在不同的故事中，不同的角色有着不同的性格特点、不同的语言行为。表达角色的语言关键在于形象传神，体现角色的个性，个性和声音形式之间是有关系的。尤其是正面和反面角色的声音形式一般有比较明显的差别。

4.讲述的声音形式要富于变化

寓言故事里一般有角色、有情节，故事一般都有高潮、有矛盾。内容丰富多彩、生动有趣。这就要求我们讲述时，声音形式要与之相匹配，把寓言故事的角色特点、冲突表现出来。声音形式的变化，体现在听众的印象中是高低、大小、强弱、虚实、冷暖、远近、轻重的变化。当然，在一篇寓言故事中，不一定要涉及那么多的变化，但在总的基调背景下，应该尽量贴近故事本身。

拓展训练6-2

猴吃西瓜（寓言）

猴王找到一个大西瓜，可是怎么吃呢？

（还未出声，脑海中先得有形象，这是猴子中地位最高、名望最显赫的猴王。在我们生活中，它是属于哪一类人？猴王的形象要清晰。为了体现猴王形象，“猴王”重读，声音粗些，音量大些，用庄严肃穆的语气。“可是怎么吃呢？”采用上扬调，有提起悬念、引出下文的作用，在“?”后面设置停顿促使人们去思索。可设计皱眉思考、瞪大眼睛直视观众等动作。）

这个猴王从来没吃过西瓜。忽然它想出一条妙计，于是就把所有的猴儿都召集来了，对大家说："今天我找到一个大西瓜，这个西瓜的吃法嘛，我是全知道的。不过我要考验一下你们的智慧，看你们谁能说出西瓜的吃法。要是说对了，我可以多赏它一份儿，要是说错了，我就要惩罚它！"

（讲述者的语气要显示对猴王的态度。"这"重读，用气音点缀出对猴王轻蔑的情感色彩和持批判的态度。"从来"重读强调，体现猴王没有实践经验。"忽然""妙""所有""召集"重读，体现猴王自作聪明，滥用权力，发号施令。讲"说"时，语调不能往下掉，这是为了引起听者注意下文。此处可模仿猴王神态，如背着手、挺着胸、仰着头，表情要严肃。

这段猴王的话须把雍容华贵、刚愎自用的猴王形象加以体现，声音虽然有些力度，但不宜太实，要显得空些，这样有利于揭示这位猴王由于"腹中空空"而掩盖不住的内心空虚。"我""全""考验""你们"重读，准确表达猴王自己全知道，考验的是别人这个语意。此处可用右手指向猴们的大范围横扫的动作。在表明对"说对了"和"说错了"的态度时，一个是青睐，一个是恫吓，神态和语调可夸张些，形成鲜明的对比。重音自然地落在"对""多""错""惩罚"上面。此处可设计拍桌子的动作。）

小毛猴儿一听，搔了搔腮说："我知道，吃西瓜是吃瓤儿！"

（率直、天真、稚气的小毛猴儿的形象，生活中又指的是哪种人呢？心中也要清楚。描述小毛猴儿的声音适当细些、稚嫩些。为区分不同的形象，可对声音气息，共鸣腔的运用适当地加以调节。这里的重音是"小毛猴""知道""瓤"。此处可模仿小猴挠腮或高高举手的动作。）

猴王刚想同意。

（这句话要处理为讲述者有意识地进行说明，这样就相对地增加了口语色彩。）

"不对，我不同意小毛猴儿的意见！"一个短尾巴猴儿说："我清清楚楚地记得我和我爸爸到我姑妈家去的时候吃过甜瓜，吃甜瓜是吃皮，我想西瓜是瓜，甜瓜也是瓜，当然应该吃皮啦！"大家一听，有道理，可到底谁对呢？于是都不由自主地把眼光集中到一只老猴子身上。

（短尾巴猴儿，生活里又像谁？其虽有三寸不烂之舌，颇见功力，能说会道，而且论点鲜明，论证有力，层层推进，富有逻辑，更具激情，但是由于思考方法错误，导致认识错误。体现这种典型时，此种话语要说得铿锵有力，字字如珠玑落盘，掷地有声。这样对"短尾巴猴儿"式的人物更具讽刺含义！"不对"和"清清楚楚"重读，体现出它的思维敏捷和清晰。几个"皮"重读，不能儿化，体现其所谓严密的逻辑。这句话最后的"当然"及"皮"重读，能更形象地体现其认识的错误。

讲到"听"，为接下文，调儿不能往下沉，"有道理"后设置停顿，给听者一个对前面小毛猴儿的话追忆的时机。讲到"谁对呢？"时语速由快渐慢，借此惟妙惟肖地体现当时各种猴儿思索的情形，接着又停顿一下，即可把这停歇的时间留给听者用以思考、对比、分析。讲到"一只"时语速再次转变为慢速，有助于形象地体现猴子们思考时动向的变化。“一只”后面略有停顿，突出“老猴子”。“老猴子”虽重读，而“子”仍轻声。）

老猴子一看，觉得出头露面的机会来了，就清了一下嗓子说道：“吃西瓜嘛，当然……是吃皮啦，我从小就吃西瓜，而且一直是吃皮。我想我之所以老而不死，也正是由于吃了西瓜皮的缘故！”

（老猴子的形象与生活中的哪些人相似呢？“出头露面”重读，因为它点出了老猴子说话的动机。老猴子是倚老卖老，装腔作势。因此，尽量用平稳、缓慢的语调，显示自己的见多识广。声音要苍老些。重音落在“老而不死”上。此处可设计拄拐、弯腰、捻须等动作。）

有些猴儿早等急了，一听老猴子这么说，就跟着嚷起来：“对，吃西瓜皮！吃西瓜皮！”

（由于要表达猴儿们的急躁情绪，我们要把语速加快些，强调“嚷”和七嘴八舌。可设计成：第一句轻、细、虚，语调高些。第二句重、粗、实，语调也要高些。以体现猴儿们数量。）

猴王一看，认为已经找到了正确的答案，就向前踏了一步，开言道：“对！大家说得都对，吃西瓜是吃皮！哼，就小毛猴崽子说是吃瓤儿，那就叫它自己吃瓤儿，咱们大家都吃瓜皮！”于是西瓜一刀两断，小毛猴儿吃瓤儿，大家伙儿共分西瓜皮。

（这里须对猴王的神态、动作描绘得生动、形象，猴王越是对吃西瓜皮表示肯定，越显得可笑。对小毛猴儿和对大家的说话语气要形成鲜明对比，以表示奖励和惩罚。“吃西瓜是吃皮”中“是”“吃”“皮”三个字须一字一顿地强调。此处可设计向前跨一步、挺胸仰头、扭头瞪视小毛猴儿等动作。虽然猴王错误判决，而听众正为小毛猴儿将错就错吃上瓜瓤儿感受到高兴！其他猴儿们共分西瓜皮，这正是一伙愚昧者应得的结局。重读“一刀两断”以示裁决开始了。“瓤”重读，以示小毛猴儿直言应得。“共分”重读，虽文字表面意思有庆贺、恩赐之意，一经强调，语意就产生了变化。）

有个猴儿吃了两口，捅捅旁边的猴儿说：“哎，我说这可不是滋味啊！”“咳……老弟，我常吃西瓜，西瓜就这味儿。”

（第一只说话的猴儿，带有怀疑、责备、询问的语气。说话方式是小心翼翼的，害怕被猴王听见，遭受同小毛猴儿同样的待遇。第二只猴儿的谈话则可体现为若无其事甚至麻木不仁。此处可设计成：第一只猴儿用手挡着嘴偷偷说话，第二只猴儿大大咧咧、用手拍对方肩。）

三、如何讲好民间故事

中国是一个幅员辽阔、历史悠久的国家，孕育了无数令人神往的民间故事。我国的民间故事丰富多彩，神话、传说、生活故事等层出不穷。这些故事包含着长期积淀下来的传统文化、生产和生活知识，蕴含着中华民族的道德情操、人生信念和价值观念。

民间故事产生的时代晚于神话和传说，它是人成为客观世界的主宰之后产生并长期存在的文体。故事的内容虽有不同程度的幻想成分，但都着眼于、立足于现实生活，其主题、角色与主要情节都符合故事传播时的生活逻辑，现实性较强。所以演讲者讲述民间故事时一定要注意选取与所表达主题一致的经典民间故事。

民间故事，作为一种集体创作，在情节、主题、人物等方面有显著的类型化倾向。所以故事对人、事物、景物的个性化描写较为缺乏，叙事手法较为粗疏，但是正是这种质朴简约与民众的审美趣味相契合，而且叙述粗疏的不足为情节的强烈趣味性所弥补，使故事成为现代民间叙事文体中影响最广泛的一种。

民间故事的叙述注重的是关键性情节的交代，故事的趣味性、吸引力主要源于生动的情节，而对于细节常常不做面面俱到的描述。所以，我们在讲述民间故事时可以适当丰富故事里的细节，因为一个讲得好的故事，一定要有一个或多个生动的细节，如适当添加人物对话、细致描绘人物形象等。同时讲故事时可以模仿故事人物，配上相应动作与表情。

实训资料6-1

猪八戒吃西瓜

如在讲述《猪八戒吃西瓜》时，可以用动作表现出猪八戒的憨厚、可爱、充满童趣，以及孙悟空的活泼、好动、充满爱和正义感。

思政之窗6-3

习近平总书记曾在不同场合多次提到屈原，赞叹其心忧家国、情牵百姓、勇于探索、清正高洁的人格魅力和思想精髓，并几度引用屈原诗歌中的名句来阐述思想，寄情言志。通过屈原上下求索、九死不悔的故事，培养学生的爱国主义情怀。

拓展训练6-3

××幼儿园青年教师“讲故事”比赛活动策划书

实训资料6-2

××市大中小学讲故事活动实施方案

一、活动目标

1.通过讲故事竞赛，展示青年教师的教学基本功，达到岗位练兵、促进教学的目的。

2.通过公平竞争，为第五届“讲故事”竞赛选拔参赛人选。

3.发扬团队精神，共同参与、资源共享，增强团支部的凝聚力。

二、活动准备

1.邀请校领导参与评选。

2.制定评选标准。

三、活动过程

1.动员阶段：

（1）演讲主题：

① 某位科学家在青少年时期刻苦学习成才或其在探索科学奥妙的活动中鲜为人知的故事。

② 自然界中的“科学奇闻趣事”。

（2）比赛要求：

① 演讲的内容和形式应适合本人所从事工作的对象。

② 故事内容必须是有科学依据的，没有定论的传闻或科幻故事不在其列。

③ 演讲者须提供书面稿件，用普通话脱稿演讲，时间不超过10分钟。

④ 以“讲”为主，可以用多媒体等其他手段作为辅助。

⑤ 演讲的内容要求主题突出，以小见大，声情并茂（在不违背事实的情况下，可进行艺术创造）

⑥ 参赛者年龄在35岁以下。

2.准备阶段：

（1）选择适当的故事。

（2）准备多媒体课件。

（3）准备电子文稿。

3.竞赛选拔阶段：

（1）开展竞赛。

参赛对象：35周岁以下青年教师。

比赛时间：××

比赛评委：××

（2）公布评选结果：优胜者代表幼儿园参加区级比赛。

4.发挥团队力量，资源共享。

① 听取评委意见，群策群力进行改进。

② 资源共享（演讲书面稿件、多媒体课件等），发挥专长。

③ 赛前展示。

5.参与区级比赛。

6.参赛体会：参赛者谈谈整个参赛过程的体会。

拓展训练6-4　“祖国在我心中”讲故事比赛活动策划书

实训资料6-3

第九届校园文化艺术节“讲故事比赛”活动方案

一、活动主题

“祖国在我心中”。

二、活动目的

为庆祝新中国成立75周年，培养我校学生文化自信与爱国情怀，锻炼学生的语言表达能力，特举办“祖国在我心中”讲故事比赛。

三、时间安排

2024年10月至11月，10月12日至22日为本次活动启动阶段，10月23日下午一、二节课为各班预赛时间，10月28日中午12点40分在办公楼一楼会议室举行全校复赛，11月参加全区决赛。

四、比赛方式

各班先在本班进行初赛，全班同学人人参加，选出一名优胜者于10月28日参加全校复赛，学校评委会推荐选手参加全区决赛。

五、参赛范围

全体同学。

六、比赛内容

讲故事内容可从××丛书和××刊中选取，也可以英雄、励志、和谐、文明、勤学、智慧或身边的先进典型为主题自选题目。每位参赛选手讲一个故事，时间在8分钟以内。

七、活动领导工作小组

组长××。

副组长××。

成员××、××、××、××、××。

八、评分标准

（一）故事要求（30分）

1.主题鲜明，内容健康向上。（10分）

2.情节完整，入情入理，构思巧妙。（5分）

3.文辞优美，有较高的艺术渲染力。（5分）

4.校园原创故事酌情加分。（5分）

5.立足教育和具有本校特色的故事酌情加分。（5分）

（二）表演要求（60分）

1.语言表达：脱稿演讲，语言规范，普通话标准，口齿清晰，表达流畅。（25分）

2.表演技巧：表情自然，神态大方，情绪到位。（15分）

3.形象风度：衣着整洁，仪表大方，举止得体。（20分）

（三）时间要求（10分）

每位参赛选手讲故事时间应控制在8分钟以内，超时10秒以内的不扣分，超时10秒以上的，每10秒扣1分，最多扣10分。

××学校团委

××××年××月

附件1：工作组成员安排表（略）

附件2：比赛评分表（略）

讲故事训练材料6-1　　老虎与青蛙

深山里，一只老虎几天没有吃东西了，饿得呀，肚子“咕咕”叫。它从这山跑到那山，又从那坡跳到这坡，到处找吃的，不断发出狂暴的吼叫。

实训资料6-4

小乌贼历险记

这时，一只青蛙正在草丛中酣睡，突然被老虎的吼叫声惊醒，吓得慌忙奔出草丛，想找个地方躲起来，谁知迎面正好碰到了老虎。老虎瞪着铜铃般的大眼，眼珠子滴溜溜直转，嘴张得像一个大血盆，好像要把眼前的一切都给吞掉。要是别的动物见到它那副凶相，早就吓晕了。小青蛙可不一般，它竭力压住内心的恐惧，装作十分镇定和安详。当老虎正要扑过来的时候，它急中生智，飞快地蹦呀蹦，躲到老虎背后去了。老虎扑了空，转身又扑第二次，青蛙又蹦了几下，躲到老虎背后了。

这下小青蛙的胆子可壮了，它暗暗想道："老虎原来是个笨家伙，早知道这样，怕它干什么？"老虎连扑几次都没有抓到青蛙，累得蹲在一边呼哧呼哧直喘气。青蛙想：我毕竟体小力单，要脱身只能智取。

它对老虎说："尊敬的虎大王，您要知道，我并不是怕您而躲您。我本想同您较量一下，又怕让您输了，伤了虎王的面子。""住口！"老虎顿时怒火冲天，它万万没有想到小小的青蛙竟敢在虎口逞能，好奇心驱使它忍住饥饿，决定逗青蛙玩玩，再美美地吃。它说："啊！小东西，你说较量什么呢？""跟我来吧！"青蛙从容地带老虎走了。

青蛙带老虎来到山沟边，对它说："咱俩比跳高，谁输了就当食物，任赢的一方吃。"啊，小小的青蛙，鼓鼓的眼睛，身体还没有我的脚掌大，太自不量力了，老虎满口答应了青蛙的条件。

比赛开始了，老虎一纵身，抢着先跳，小青蛙机灵地一口咬住老虎尾巴，毫不费劲地顺势荡了过去。老虎跳过沟，得意地回头呼喊："喂，小东西。"不料，青蛙在它身边说："我早到这儿了。""怪！怪呀！"老虎很是惊讶，但又不服气，要求再赛一回，第二回，同样输给了青蛙。

青蛙一本正经地说："虎王，刚才讲的条件……""唉！跳高比不出真本事，那个不算数，不算数。""那还要比什么？""比吐东西，看谁吐的东西多，谁就赢了，谁要吐得少，谁就得当点心。"青蛙想了想，也答应了老虎的条件。

比赛开始了，老虎急于取胜又抢先吐开来。它翻天覆地瞪眼翘着舌头，吐呀吐呀，把肚子里没消化完的几块肉都吐了出来。青蛙咬着老虎的尾巴过沟的时候，嘴里还卡着些老虎毛，轮到它吐了，它一点也不着急，故意伸长脖子，吐啊吐啊，把几根虎毛慢慢地吐在地上。

"唉，你、你吐的是什么？""老虎毛！"青蛙见老虎已经中计，拖长着嗓音说："怎么不认识了？"老虎凑近一瞧，果然不假："嗯、嗯，你的嘴里哪来我们虎家的毛呢？"青蛙若无其事地说起谎来："虎头呀，实话告诉你吧，我爷爷吃了一辈子虎肉，我爸爸吃了半辈子虎肉，我从小跟着全家人一起吃，早就吃上瘾了。昨晚那顿老虎肉可香了，连虎毛也挺有味的，嚼到现在还不舍得咽下去呢！"老虎是有名的大笨蛋，一听就信以为真，它看看虎毛又瞟瞟青蛙，再也不敢多待了，"噌"的一声纵身逃跑了。

讲故事训练材料 6-2　　巨人的花园

实训资料 6-5

上课

从前，一个小村子里有座漂亮的花园。那里，春天鲜花盛开，夏天绿树成荫，秋天鲜果飘香，冬天白雪一片。村里的孩子都喜欢到那里玩。

花园的主人是个巨人，他外出旅行已经很久了。花园里常年洋溢着孩子们欢乐的笑声。有一年秋天，巨人突然回来了。他见到孩子们在花园里玩耍，很生气地说："谁允许你们到这儿来玩的！都滚出去！"

孩子们吓坏了，四处逃散。

赶走孩子们以后，巨人在花园周围砌起围墙，而且竖起一块“禁止入内”的告示牌。

不久，北风呼啸，隆冬来临，刺骨的寒风吹起雪花。巨人孤独地度过了漫长的严冬。春天终于来了，村子里又开出了美丽的鲜花，不时传来小鸟的欢叫。但不知为什么，巨人的花园里仍然是冬天，天天狂风大作，雪花飞舞。巨人裹着毯子，还瑟瑟发抖。他想：“今年的春天为什么这么冷、这么荒凉呀？”

一天早晨，巨人被喧闹声吵醒了。他抬头望去，一缕阳光从窗外射进来。好几个月没见过这么明媚的阳光了。巨人激动地跑到花园里，他看到花园里草绿花开，有许多孩子在欢快地游戏，他们大概是从围墙的破损处钻进来的。孩子们的欢笑使花园增添了春意。

可是巨人又发脾气了：“好容易才盼来春天，你们又来胡闹。滚出去！”孩子们听到可怕的训斥，纷纷逃窜。与此同时，鲜花凋谢，树叶飘落，花园又被冰雪覆盖了。巨人不解地看看四周，突然发现桃树底下站着个小男孩。

“喂！你赶快滚出去！”巨人大声斥责。小男孩没有拔腿逃跑，用他那会说话的眼睛凝视着巨人。不知怎么的，巨人看着他的眼神，心里感到火辣辣的。这个小男孩在树下一伸手，桃树马上绽出绿芽，开出许多美丽的花朵。

“噢！是这么回事呀！”巨人终于明白，没有孩子的地方就没有春天。他不禁抱住了那个孩子：“唤来寒冬的，是我那颗任性、冷酷的心啊！要不是你提醒，春天将永远被我赶走了。谢谢你！”

小男孩在巨人宽大的脸颊上亲了一下。巨人第一次感到了温暖和愉快。于是，他立刻拆除围墙，把花园给了孩子们。

从那以后，巨人的花园又成了孩子们的乐园。孩子们站在巨人的脚下，爬上巨人的肩膀，尽情地玩耍。巨人生活在漂亮的花园和孩子们中间，感到无比的幸福。

讲故事训练材料6-3　猴子捞月亮

实训资料6-6

两只羊过桥

在一座山上，住着一群猴子。

一天晚上，月亮又圆又亮，猴子们都下来玩儿，它们蹦蹦跳跳，东瞧瞧，西看看，玩儿得很快乐。

一只小猴子看见一口水井，它趴在井沿上朝井里一看，咦！井里有一个又圆又亮的月亮。小猴子吓得撒腿就跑，一边跑一边大声叫喊：“不好了！不好了！月亮掉到井里了！”

大猴子听见了连忙跑过来，朝井里一看，真的，井里有一个又圆又亮的月亮，大猴子也吓得大声叫起来：“不好了！不好了！月亮掉到井里了！”老猴子听见了，也连忙跑过来，朝井里一看，真的，井里有一个又圆又亮的月亮。老猴子就把大大小小的猴子都喊了来，对它们说：“不得了！不得了！月亮掉到井里了！我们快把月亮捞上来吧。”

小猴子说：“我们爬到大树上去，一个接一个倒挂下来，一直挂到井里，就可以把月亮捞上来了。”

大家说这个主意不错，都爬上了大树。老猴子用两只脚紧紧钩住了树枝，倒挂下来，大猴子从老猴子身上爬下来，用两只脚钩住老猴子的手，就这样一个猴子接一个猴子，一直倒挂到井里，最底下是一个小猴子，它在井里喊：“行了！行了！够得着了！”小猴子把手伸到水里去捞月亮，井水给它一搅，月亮碎成一片片，在水里飘荡，小猴子吓得喊了起来：“唉哟！不好了！月亮给我抓破了！”老猴子听了，生气地说：“唉，这么点儿小事都干不好！月亮被抓破了，这可怎么办呢？”大家都埋怨起小猴子来。一会儿井水慢慢平静了，又出现了又圆又亮的月亮。小猴子高兴地喊：“好了，好了，月亮又圆了！”小猴子又伸手去捞，捞呀，捞呀，捞了半天，还是捞到一把水。小猴子捞不到月亮，急得“吱！吱！吱”地直叫唤：“唉哟！累死我了！月亮一碰就破，再也捞不起来啦！”

小猴子这么一叫唤，上边的猴子也都叫起来了，这个说：“我的腿酸了，挂不住啦！”那个说：“我的手疼了，抓不住啦！”

这时候，老猴子忽然抬头一看，又圆又亮的月亮还好好地挂在天上，就对大家说：“你们看，月亮不是好好地挂在天上吗？井里的月亮是影子。傻孩子，快上来看月亮吧！”

听老猴子这么一说，小猴子、大猴子一个一个都爬上树，大家看着又圆又亮的月亮，“吱吱！吱吱！”地笑了起来。

讲故事训练材料 6-4　小马过河

马棚里住着一匹老马和一匹小马。

有一天，老马对小马说：“你已经长大了，能帮妈妈做点事吗？”小马连蹦带跳地说：“怎么不能？我很愿意帮您做事。”老马高兴地说：“那好哇，你把这半口袋麦子驮到磨坊去吧。”

小马驮起口袋，飞快地往磨坊跑去。跑着跑着，一条小河挡住了去路。河水哗哗地流着，小马为难了，心想：我能不能过去呢？如果妈妈在身边，问问该怎么办，那多好哇！可是它离家已经很远了。

小马向四周望了望，看见一头老牛在河边吃草。小马嗒嗒嗒跑过去，问道：“牛伯伯，请您告诉我，这条河，我能蹚过去吗？”老牛说：“水很浅的，刚没小腿，能蹚过去。”

小马听了老牛的话，立刻跑到河边，准备蹚过去。突然从树上跳下一只松鼠，拦住它大叫：“小马！别过河，别过河，你会淹死的！”小马吃惊地问：“水很深吗？”松鼠认真地说：“深得很哩！昨天，我的一个伙伴就是掉到这条河里淹死的！”

小马连忙收住脚步，不知道怎么办才好。它叹了口气，说：“唉！还是回家问问妈妈吧！”

小马甩甩尾巴，跑回家去。妈妈问它：“怎么回来啦？”小马难为情地说：“一条河挡住了去路，我……我过不去。”妈妈说：“那条河不是很浅吗？”小马说：“是啊，牛伯伯也这么说，可是小松鼠说河水很深，还淹死过它的伙伴呢！”妈妈说：“那么河水到底是深还是浅呢？你仔细想过它们的话吗？”小马低下了头，说：“没……没想过。”妈妈亲切地对小马说：“孩子，光听别人说，自己不动脑筋，不去试一试，是不行的。河水是深是浅，你去试试，就知道了。”

小马跑到河边，刚刚抬起前蹄，松鼠又大叫起来：“怎么，你不要命啦！”小马说：“让我试试吧！”它下了河，小心地蹚到了对岸。原来河水既不像老牛说的那样浅，也不像松鼠说的那样深。

讲故事训练材料6-5　小乌龟找工作

实训资料6-7

不肯冬眠的小黑熊

邮局要招收邮递员。小乌龟想：送信是件有趣的工作，我应该去报名。

小乌龟来到了邮局，正巧小袋鼠也来报名。邮局的鸵鸟主任便给它们每人发了一顶绿色的帽子。小乌龟头小，帽子也小，只有半个苹果大，但戴上也挺漂亮。

第二天一早，小乌龟和小袋鼠就出发去送信了。

小袋鼠蹦呀蹦，一天送了一百封；小乌龟爬呀爬，一天只送了一封。

傍晚，它俩都回到邮局。小袋鼠肚皮上的袋子里空空的，小乌龟背上的背包里还是鼓鼓的。鸵鸟主任说：“对不起，我们只能要小袋鼠。小乌龟，请你再到别处去找工作吧！”

“我一定会找到工作的。”小乌龟把绿色的小帽子还给了鸵鸟主任。

小乌龟走着走着，遇见了小猴子。小猴子告诉小乌龟，消防队正在招收队员，它是去报名的。小乌龟说：“当一名消防队员也不错。”它就和小猴子一起去了。

消防队的熊队长见它俩来报名，就给它们每人发了一个红色的小水桶。小乌龟个子小，水桶也小，只有一个酒杯大，不过提着也挺神气。

突然，消防警报响了。院子里的乌鸦窝失火啦！熊队长命令小乌龟和小猴子马上上树救火。

小乌龟越急脚越滑，围着大树转圈圈；小猴子轻轻一蹿就上了树，马上把火浇灭了。

熊队长说：“考试结束。对不起，小猴子可以留下，小乌龟请你再到别处去看看吧！”

“我一定会找到工作的。”小乌龟把红色的小桶还给了熊队长。

从这天起，谁也不知道小乌龟到哪里去了。

过了不久，城里来了一个杂技团。鸵鸟主任、小袋鼠、熊队长和小猴子都来看表演。

紫红色的大幕拉开了，出现在舞台上的是一头大象，大象背上站着大老虎，大老虎身上骑着黑猩猩，黑猩猩头上顶着小狐狸……嗬！真棒！观众们都看呆了。突然，眼睛最亮的小猴子叫了起来："哎！你们看！那不是小乌龟吗？"

大伙儿仔细一瞅，可不，趴在最下面，背上驮着大象的，正是小乌龟。原来它当杂技演员啦！

小乌龟终于找到了工作。驼鸟主任、熊队长、小猴子、小袋鼠都为它高兴，大家拼命鼓掌，使劲地喊："小乌龟，好样的！"

讲故事训练材料 6-6　　晏子使楚

春秋末期，齐国和楚国都是大国。有一回，齐王派大夫晏子去访问楚国。楚王仗着自己国势强盛，想乘机侮辱晏子，彰显楚国的威风。楚王知道晏子身材矮小，就叫人在城门旁边开了一个五尺来高的洞。晏子来到楚国，楚王叫人把城门关了，让晏子从这个洞进去。晏子看了看，对接待的人说："这是个狗洞，不是城门。只有访问狗国，才从狗洞进去。我在这儿等一会儿。你们先去问个明白，楚国到底是个什么样的国家？"接待的人立刻把晏子的话传给了楚王。楚王只好吩咐打开城门，迎接晏子。

实训资料6-8
十二生肖的故事

晏子见了楚王。楚王瞅了他一眼，冷笑一声，说"难道齐国没有人了吗？"晏子严肃地回答："这是什么话？我国都城临淄住满了人。大伙儿把袖子举起来，就是一片云；大伙儿甩一把汗，就是一阵雨；街上的行人肩膀擦着肩膀，脚尖碰着脚跟。大王怎么说齐国没有人呢？"楚王说："既然有这么多人，为什么打发你来呢？"晏子装着很为难的样子，说："您这一问，我实在不好回答。撒谎吧，怕犯了欺骗大王的罪；说实话吧，又怕大王生气。"楚王说："实话实说，我不生气。"晏子拱了拱手，说："敝国有个规矩：访问上等的国家，就派上等人去；访问下等的国家，就派下等人去。我最不中用，所以被派到这儿来了。"说着他故意笑了笑，楚王只好赔着笑。

楚王安排酒席招待晏子。正当他们吃得高兴的时候，有两个武士押着一个囚犯，从堂下走过。楚王见了，问他们："那个囚犯犯的什么罪？他是哪里人？"武士回答说："犯了盗窃罪，是齐国人。"楚王笑嘻嘻地对晏子说："齐国人怎么这样没出息，干这种事情？"楚国的大臣听了，都得意扬扬地笑起来，以为这一下可让晏子丢尽了脸了。哪知晏子面不改色，站起来，说："我听说，淮南的柑橘，又大又甜。可是橘树一种到淮北，就只能结又小又苦的枳，还不是因为水土不同吗？同样道理，齐国人在齐国安居乐业，好好地劳动，一到楚国，就做起盗贼来了，也许是两国的水土不同吧。"楚王听了，只好赔不是，说："我原来想取笑大夫，没想到反让大夫取笑了。"从这以后，楚王再也不敢不尊重晏子了。

讲故事训练材料 6-7　　曹冲称象

给大家讲一个小孩子称大象的故事。这个小孩子名叫曹冲。

实训资料6-9

减肥腰带

曹冲的父亲曹操是个大官，外国人送给他一只大象，他很想知道这只大象有多重，就叫他手下的官员想办法把大象称一称。

这可是一件难事。大象是陆地上最大的动物，怎么个称法呢？那时候没有那么大的秤，人也没有那么大的力气把大象抬起来。官员们都围着大象发愁，谁也想不出称象的办法。

正在这个时候，跑出来一个小孩子，站到大人面前说："我有办法，我有办法！"官员们一看，原来是曹操的小儿子曹冲，嘴里不说，心里在想：哼！大人都想不出办法来，一个五岁的小孩子，能有什么办法？

可是千万别瞧不起小孩子，这小小的曹冲就是有办法。他想的办法，就连大人一时也想不出来。他父亲就说："你有办法快说出来让大家听听。"

曹冲说："我称给你们看，你们就明白了。"

他叫人牵了大象，跟着他到河边去。他的父亲，还有那些官员们都想看看他到底怎么称大象，便一起跟着来到河边。河边正好有一艘空着的大船，曹冲说："把大象牵到船上去。"

大象上了船，船就往下沉了一些。曹冲说："齐水面在船帮上划一道记号。"记号划好了以后，曹冲又叫人把大象牵上岸来。这时候大船空着，大船就往上浮起一些来。

大家看着曹冲一会儿让人把大象牵上船，一会儿又让人把大象牵下船，心里想："这孩子在玩什么把戏呀？"

接下来曹冲叫人挑石头，装到大船上去，挑了一担又一担，大船又慢慢地往下沉了。

"行了，行了！"曹冲看见船帮上的记号齐了水面，就叫人把石块又一担一担地挑下船来。这时候，大家明白了：石头装上船和大象装上船，那船下沉到同一记号上，可见，石头和大象是同样的重量。再把这些石块称一称，把所有石块的重量加起来，得到的总和不就是大象的重量了吗？

大家都说这办法看起来简单，可是要不是曹冲做给大家看，大人还真想不出来呢。曹冲真聪明！

讲故事训练材料6-8　刘罗锅智告贪官

一天傍晚，乾隆皇帝来到午门散步。抬头一望，只见午门至正阳门那段御道由于年久失修，不少处已磨损得坑坑洼洼，觉得有失皇家体面，非整修一下不可。于是他便令和珅承办此事，让他造出预算，限两月之内竣工。和珅深得皇上宠信，但贪婪成性，是个雁过拔毛的角色。他奉旨之后非常高兴，觉得又得了个发财的良机。

三天后早朝时，和珅就带本奏道："皇上，这段御道确实有碍观瞻，必须全部换新。由于所需石料要从数百里外的房山采办，石匠精雕细刻，故而工程浩大，即使从紧开支，至少也需白银十万两。"乾隆皇帝二话没说，立即批准。

此后，御道旁立即搭起了不少工棚，并将御道两旁用草苫遮住，数百匠人叮叮当当地干了起来。结果，不足一月，御道就提前竣工了。

乾隆皇帝在和珅陪同下一看，果然见御道平坦，焕然一新，不由龙心大喜，连声赞好。

次日早朝时，乾隆皇帝就当众宣旨："和爱卿这次主修御道，夜以继日，既快又好，提前一月完工，劳苦功高，朕赏你白银一万两，再升官一级。"和珅得意洋洋，名利双收，连忙谢恩。

谁知过了没几天，此事的真相被刘墉无意中发现了：原来和珅根本没有去房山采办石料，只是将原来的石块撬起来，令石匠在反面雕刻了一下，把下面的路基平整后，一铺上便跟新的一样。因此，工期缩短，成本又省，总共只花了一万两银子。

刘墉便决心将它揭露出来，让和珅当众出丑。

第二天上早朝时，刘墉待大家进太和殿后，飞快地将身上的朝服脱下，反过来套上，然后悄悄跟了进去。

乾隆皇帝端坐在九龙椅上，居高临下，抬头一看，忽见群臣后面站着个衣着与众不同的人，觉得奇怪，再细一看，却是协办大学士刘墉。心想：他向来十分注重仪表，办事小心谨慎。今天怎么昏头昏脑地将朝服也穿反了，这是怎么回事？

这一细节很快被向来看着皇上眼色行事的和珅发现了。因当时明文规定：上朝时朝服不正是要判罪的。他心想：刘罗锅，这下你有好果子吃了。便故意幸灾乐祸地说："刘大人，你今天怎么啦？"

和珅这么一咋呼，群臣见了都为刘墉捏了一把冷汗。

奇怪的是，那刘墉却低着头置若罔闻。

要是换个大臣，乾隆皇帝早就发火降罪了，但念及刘墉一向忠心耿耿，便改用责备的语气问："刘爱卿，你怎么将朝服穿反了，快出去穿好了再来见朕。"刘墉这才恍然大悟地出去，穿好了又进来，跪地奏道："启奏皇上，微臣今日将朝服反穿了，确实不该，请皇上恕罪。不过，朝服穿反显而易见，可如今有人将御道仅仅翻了个面，再略加修饰，就侵吞公款，大肆渔利，虽发生在大家的鼻子底下，恐怕就不易察觉了吧？"

刘墉话音一落，刚才还趾高气扬的和珅，顿时脸色大变。

"什么？你说这御道是翻个面铺的。"乾隆皇帝一听，连忙追问，"刘爱卿，这到底是怎么回事？快细细奏来。"

刘墉大步向前，伏地奏道："万岁，此事为臣偶然听说，并已去现场查勘。不过，还是请皇上先问和大人为妙。"

乾隆皇帝暗吃一惊，便问和珅："你还不实说？"

和珅见东窗事发，再也无法隐瞒，忙跪倒在地，说："微臣该死，确实未去房山采石，只是将原有的石块翻转过来雕刻了一下，重新铺上。"

乾隆皇帝顿时怒形于色："你好大的胆，那么你总共花了多少银子？"

"一万两。"

"那其余的九万两呢？"

"这——"和珅光是拼命叩头，再也答不出话来。

刘墉奏道："皇上，这还用问，其余的早落入了和大人的腰包。嘿，想不到这么一项小工程，和大人竟能变出大戏法，望皇上明断。”

直到这时，群臣才知道刘墉反穿朝服的用意。乾隆皇帝早已怒气满胸，可和珅与自己情投意合，凡事又离不开他，只得高高举起，又轻轻放下：“大胆和珅，竟敢欺君罔上。朕命你速将贪污和赏赐给你的银两退回国库，并降官职一级。而这段御道须按你原来方案重新建造，所需银两则罚你出。下不为例，否则严惩不贷！”

和珅只得自认倒霉，表示认罚，并连连谢罪。纪晓岚奏道：“皇上，刘大人参奏有功，理该有赏。”

乾隆皇帝朝刘墉笑道：“好，朕赏刘爱卿朝服三件。不过，下次你切勿将它再穿反了。”

刘墉忙道：“谢主隆恩。如今御道之案已正，微臣岂会再将朝服反穿！”

讲故事训练材料 6-9　　丑女救父

实训资料 6-10

小红帽

河北昌黎赵家庄有个赵员外，夫人早早谢世，撇下一对双胞胎女儿，姐姐叫桃儿，妹妹叫杏儿。都说双胞胎模样长得一样，可这姊妹俩长得差出了格：姐姐花容月貌，让人不敢直眼瞅；妹妹奇丑无比，也让人不敢直眼瞅。老话说，女人就是靠个模样儿吃得开，赵员外被杏儿可真就活活愁煞啦！这样的丑妮子，日后可怎么嫁得出去呢！上门求亲的踢破门槛，都是冲姐姐来的。赵员外放出风去：哪个娶了他家杏儿，嫁妆丰厚。大伙背地里嘲笑说：“宁吃鲜桃一口，不吃烂杏一筐。谁个要她。”爹爹发愁，杏儿却大大咧咧不当回事，她说：“什么人，什么命，绊不倒，尖尖腚。我就这命了，愁是愁不好的。”她也不像个小姐样子，跟放猪的上山抓鸟，跟打鱼的下河摸虾；人家上学，她也吵着念书，爹爹管不住，只好由她，就是不学针线。姐姐劝她：“你自来就长得不如人，还不好生练一手活儿，哪个肯要你？”杏儿笑笑：“人无远虑，必有近忧。别看你一副好模样儿，整天对着镜子搽啊抹啊，人是要老的，该不顶用时照样不顶用。”姐姐听她说得丧气，恼得不屑理她。

赵员外家门前种了一片桃子，这桃子味道十分鲜美，只是熟得太迟，卖不上大价钱，因此也不当回事儿，没指派专人侍弄它们。这一年秋涝天寒，桃子熟得尤其慢，直到砍了高粱，果子还吊在树上呢。杏儿割去了高粱头儿，剩下秆子怕下雨淋了，便贪黑扛回来，立在一棵桃树上，围了一大圈儿。这事也就忘记了。可是到了冬天，赵员外拿开那堆高粱秆儿要喂牲口，一看，赵员外眼都直了：里面包住的那棵桃树没下果子，果子是鲜的，寒冬腊月吃鲜桃，赶上王母娘娘啦！赵员外大喜过望，有这样的好东西，自己可舍不得吃，这儿离京城不太远，得献给皇上。找个算卦的问问吉凶吧！得爻是上上大吉卦，道是能大富大贵呢！

满家子高兴，唯独二小姐杏儿不同意：“那天不过是我一时突发奇想，弄了这么个把戏，有福咱自己享，凭什么孝敬皇上，恐怕不祥。”赵员外和桃儿如何听得进这话去！鲜桃送到京城，果然龙心大悦，皇上当时降旨封赵员外为“桃千户”，没什么职权，可到底是皇上封的，当地父母官也不敢慢待。听说明年皇上还要派钦差到赵府考察，说是有选大小姐进宫的意思。听到这风声，地方官员如何不巴结？车来轿往，赵府立时风光起来。

赵员外乐得不知天高地厚了，他问杏儿："如何？"杏儿道："爹爹呀，人无远虑，必有近忧。古人半句没说差。现在我们小民乍富，不少人妒忌咱，您老人家千万多栽花，少种刺，别弄到墙倒众人推那一天。"员外没料到她有这么堆难听话等着，恨恨地说："死妮子，貌丑话凶，没治了！"只是可怜她没娘，又没长上副好模样，也就赌气不屑理她了。

赵府热热闹闹地过了一年。第二年腊月，一骑快马跑到赵府门前停住。原来是皇上到了冬天又想吃鲜桃，问怎么还不按时进贡，打发人催取来了。赵家今秋也想像去年那么存放桃子，可是，天气不比去年，不等霜至，桃子熟透落果，如何存放得住？如实告诉了钦差，皇上发了火，降旨把赵员外满门捉拿，交刑部问欺君之罪。到了这时候，赵员外才想起杏儿的良言，后悔也迟了。再说杏儿，一到大堂，高呼"冤枉"，声言如果面见皇上，定可让皇上吃到鲜桃。三审官不敢隐瞒，杏儿就得到了面君的机会。

杏儿跪在金銮殿下，对皇上说："奴本农家一丑女，死无遗憾。我料定皇上今年必然还想那鲜桃，已经悄悄在后山坡留下了几个果儿……"原来，杏儿知道天气不能总如去年那么反常，就根据桃子生长的条件，选后山背阴处移栽了几棵，果然有当年开花的。她就守在山上，织了不少草帘子，日头毒了时，挡住日光，让桃树多见雨水，少受日晒，秋后果然晚熟，又如法用草盖住，又怕虫咬鼠盗，好不容易才保存下来几个鲜桃。

皇上派人带杏儿取得鲜桃，这才转怒为喜，不但赦全家无罪，还要给杏儿个封号。杏儿说："民女死过一回的人啦，更不怕皇上怪罪。今冒死进一言：桃子是天生之物，它有自己的规律。天子硬要逼它改变，兴师动众地为几个鲜桃又是抓人，又是动刑，百姓知道，会很伤心的。我今年贡桃免罪受封，明年再贡不来呢？这样下去，谁还敢想到万岁呢？"皇上听了，沉默半晌后说："真是难得的人才。当今天下多事，急需用人。朕不能以貌取人，误了江山。"皇上立刻降旨，选赵杏儿进宫，当了娘娘。

丑女有远虑，好学多问，救了爹爹、全家，也成全了自己；而她的姐姐呢，空有一副好模样，高不成，低不就，在家中整日对着镜子发呆。一听到外面有热闹声音，马上说："皇上派钦差接我进宫当娘娘来啦！快开大门。"直到老还这样，用如今的话说，就是得狂想症啦！

讲故事训练材料 6-10　一碗腊八粥

上海浦东杨家宅里有个老人叫杨桂花，每年冬天烧一锅腊八粥是她的老规矩。可事不凑巧，这一年的冬天特别冷，十二月初五，杨桂花已经卧病在床，腊八粥叫谁来烧呢？女儿远在上海西郊，来不了；媳妇，又看不顺眼，不想理她。因为，媳妇刚过门时，做什么事情都不像样，是个马大哈，常常把事情给办糟了。例如，叫她去自留地里打除草剂，她却把菜苗给打死了；叫她给阳台上的花浇水，她却把晒的被子也给浇湿了；叫她烧蹄髈汤，结果烧穿了砂锅……为此，婆媳俩口角不断，昨天晚上还为了是否叫女儿或女婿到家里来喝腊八粥而拌过嘴。现在，又怎么好意思开口呢？

俗话说，船到桥头自直。好在已过门五年的媳妇辛丽艳却不想坏了老规矩，丢了老传统，也不想一直与婆婆僵着关系。她一边瞒着婆婆，一边给西郊的姐夫打电话，让他务必在腊月初八到浦东来一次；她一面照料好婆婆，一面准备烧腊八粥。又是买砂糖，又是剥枣核；又是淘糯米，又是去莲心。一直忙到初八早上，总算熬成了一锅腊八粥。

辛丽艳一看墙上的钟已走到八点，再一听婆婆的房里还没有动静，晓得婆婆的病还没有好，连忙像前几天一样，端水、拿药来到婆婆房里。

辛丽艳亲切地叫了一声："姆妈，你好点了吗？"杨桂花像没听见一样，没有反应。

辛丽艳又很亲切地说："姆妈，我给你洗个脸，然后把药吃了好吗？"这次杨桂花动了一下，却只是摇摇头。

辛丽艳又转身端来一碗热气腾腾、又糯又香的腊八粥，更加亲切地问道："姆妈，请你喝一口我烧的腊八粥，看看我的手艺怎么样？"只见杨桂花身体朝里一翻，头向里一转，不理媳妇了。

可是，辛丽艳仍在一个劲地劝婆婆："姆妈，你不是说腊八粥很补的吗？你多少喝一点，给身体加一点营养，病就会好得快一点。你说是不是？"

突然，杨桂花转过脸来，用足了力气，就好像对着媳妇在开机关枪："你给我走远点好不好？人家都说，丈母娘看女婿，叫越看越欢喜，不过女婿还没来。而我越看你这个媳妇，真是越看越惹气。你烧的是什么腊八粥？一看心里就讨厌，一闻就想吐。你还不赶快给我把腊八粥端走？"

辛丽艳一看苗头不对，连忙不再说话，悄悄地把腊八粥端了出去，轻轻地掩上房门。

杨桂花还在嘀咕："不想见的，天天在；想看见的，却没到。"

这真是：说到曹操，曹操就到。女婿尤小忠正巧赶到，看到弟媳妇从丈母娘房里出来一副闷闷不乐的样子，马上就问："哎呀，丽艳，这到底是怎么回事呢？"

辛丽艳一看是姐夫来了，也知道瞒不过去，就一五一十地把刚才的情景讲给他听。尤小忠听了以后，马上安慰了几句，接着又说："这样吧，你把腊八粥给我，我来给姆妈吃。你看如何？"

辛丽艳心想：你要去，就再好不过了。只要姆妈能吃了这一碗腊八粥，我的心意也就达到了，不管谁送去，都是一样的。想到这里，就说："好的，姐夫，这碗腊八粥，就让你去端给姆妈吃吧。"

尤小忠接过辛丽艳手中的腊八粥，先到灶间里洗干净了随身带来的保暖杯，然后，把粥倒在保暖杯里，再拎了随身带来的补品，推开杨桂花的房门叫了一声："姆妈，我来了。"

杨桂花一听是女婿的声音，顿时像是吃了人参补药一样精神十足，马上翻身坐了起来，又看到女婿一手拎着补品，一手端着一保暖杯腊八粥进来，连忙自己披上外衣，笑眯眯地说道："喔哟，说到底还是宝贝女婿好，逢年过节总是买长买短来孝敬我。今天一大早，又从上海西郊来到浦东乡下，看看我这个丈母娘。"

"姆妈，这是我们做小辈的应该做的。"女婿边说边把补品放在梳妆台上，把腊八粥端到了床前："姆妈，现在趁热把这杯腊八粥喝了吧。"

丈母娘连忙双手接过腊八粥，眯起眼，闻了闻，喝了一口说："真不错，小忠啊，这杯腊八粥又香又甜，又糯又软，这味道就像是稻田里的青蛙——呱呱叫。"说完后，一杯腊八粥一下子就没了。

杨桂花还在一个劲地舔着杯子口和调羹，好像要把杯子和调羹也吃下去。

女婿看见丈母娘吃完了腊八粥，就问："姆妈，腊八粥好吃吗？"

"好吃得不得了，太好了。"

女婿又说："姆妈，你知道吗？你吃的这杯腊八粥，就是刚才你的媳妇端来的那一碗。只不过是，碗换成了保暖杯而已。"

"啥？小忠，这是真的？"

"没错。"女婿加了一句："姆妈，如果你觉得好吃，我让丽艳再给你送一碗腊八粥过来，你看怎么样？"

"这？"杨桂花一听，顿时脸上红一块，白一块，真是想哭哭不出，想笑也笑不出。

这时，辛丽艳走进房间。尤小忠打破尴尬的场面说："我知道，以前你们俩是有些小矛盾，但俗话说得好，牙齿跟舌头总有磕磕碰碰的时候。在一起过日子，哪家婆媳不吵几句的？问题是，吵过以后是否还记仇？我想，只要双方都谦让一点，不就家和万事兴了吗？"

辛丽艳连忙接着说："姐夫说得对，以前是我做事马虎，婆婆责怪我，我还顶嘴，是我不好。现在，我向婆婆道歉。"说到这，丽艳转脸向着婆婆连声说："对不起"。

杨桂兰也连忙摇摇手说："不用，不用，我也有错，一直用老眼光看你这个媳妇。其实刚才是我故意不理你，是我的错，我也对不起你。你是一个很孝顺、很贤惠、很能干的媳妇。你烧的腊八粥比我烧的还好吃，我还想吃一碗。"

辛丽艳点点头说："姆妈，你等着，我去盛。"尤小忠也说："丽艳，等等，既然味道这么好，我也想吃一碗，我们大家一起吃。"辛丽艳接口说："好的，姐夫，我们一起去盛腊八粥。"

望着两人离去的背影，杨桂花自言自语地说："看来媳妇跟女婿一样好。"

讲故事训练材料 6-11　狐狸和鸭子

一天傍晚，一只鸭子从河里上岸往家走。快走到村口，正碰上一只狐狸在找东西吃。

"啊，一只又肥又嫩的小鸭子！"狐狸看见小鸭子，口水滴滴答答直流。

它猛地朝小鸭子扑过去，两只尖尖的爪子，一下子按住了小鸭子。小鸭子抬头一看，啊！狐狸张着血红的嘴巴，露出两排尖利的牙齿，多可怕呀！

小鸭子望了望村子，想出一个办法来。小鸭子急忙对狐狸说：“你是不是很想吃掉我？”

“那当然，我的肚子饿得扁扁的。”

“我被你抓住，反正是逃不掉了，不过我很喜欢狐狸叫，让我学一学你们的叫声，你再吃掉我，好吗？”

“什么，鸭子学狐狸叫，哈哈，哪能有这样的事？”

“你不信，就把我放开，我叫给你听听。”

“反正你是逃不掉的，我倒要看看这件稀奇事。”

狐狸说着，就把鸭子放开了，鸭子拍了拍翅膀，大声叫了起来：“嘎！嘎！！嘎！！！”

狐狸说：“不对！不对！你听我叫。”

正在狐狸张嘴叫时，从村子里窜出一只大猎狗来。原来大猎狗是小鸭子的好朋友，小鸭子知道大猎狗的耳朵最灵，听见它的叫声，又听见狐狸的叫声，一定会马上来救它的。

狐狸呢，最怕大猎狗了，它看见大猎狗扑过来，吓得丢下小鸭子，逃走了。

小鸭子和大猎狗看见狐狸逃走了，高高兴兴地回家了。

讲故事训练材料 6-12　狮子照哈哈镜

有一天，狮子抓住小猫，张开大嘴巴，想把它一口吞下去。

小猫喵喵叫：“你为什么吃我呀？”

狮子听了哈哈大笑：“那还用问，因为我大你小。”

小猫说：“什么，什么，你大？我小？你一定是眼睛花了，明明是我大你小。”

狮子听小猫这么一说，糊涂起来了。

小猫说：“你呀，眼睛只看见自己的爪子，你看不见自己的身子，怎么知道自己有多大呢？”

“对呀！”狮子想了想说：“我看不见自己的身子，怎么知道自己有多大呢！”

小猫说：“我家有面镜子，你照一照，就知道自己有多大了。”

狮子从来没有照过镜子，它想，照镜子一定很有趣，就跟着小猫走，走呀走，终于走到小猫家了。

小猫家的镜子可真奇怪，正面可以照，反面也可以照，正面鼓起来，反面凹进去，电钮一按就转一转。

“狮子，狮子，快来瞧一瞧。”

“瞧瞧你自己，是大还是小？”

狮子走进屋子，在镜子前面一站，正好鼓起来的一面朝着它，它往镜子里一瞧，看见自己又矮又小，像只小老鼠。

小猫说：“你看明白了吧，你的个儿有多大？现在你站到旁边去，让我照镜子。”

小猫偷偷地把电钮一按，镜子转了一转，凹进去的一面朝着它，嗬，不得了，这镜子里的小猫比狮子还大呢！

“狮子，狮子，你快瞧一瞧。我是比你大呀，还是比你小？”

狮子站在旁边偷偷地瞧了一眼，看见镜子里的小猫这么大，这么高，嘴巴一张一张的，真吓人，狮子以为小猫要吃它了，转过身子就跑，一直跑到树林里，再也不敢出来了。

你们见过小猫家的镜子吗？这种镜子叫哈哈镜，你们在凹进去的一面照一照，就会变成个巨人，可是在鼓起来的一面照一照，恐怕要变成一只小跳蚤了。

讲故事训练材料6-13　狗、公鸡和狐狸

狗和公鸡是一对好朋友，它们总是一块儿玩耍，一块儿用餐。一天，它俩到村边的树林里去玩，不知不觉天黑了下来，公鸡看不见路，回不去了。

“狗大哥，我们在树林里过夜吧，等明早天亮了再回去。”公鸡对狗说。

“好吧。”狗爽快地答应了，就这样，公鸡栖上了树枝，狗趴在了树洞里，不一会儿，它俩便进入了梦乡。

黑夜慢慢地过去了，天快要亮了，公鸡“喔喔喔”地啼叫起来：“起床了，起床了。”

一只狐狸被吵醒了。它来到树下，看到一只漂亮的公鸡，心里想：多好的早餐啊！狐狸对公鸡说：“啊，你的歌声多么美妙呀，听得我都入迷了，你能下来和我一起高歌一曲吗？我将感到万分荣幸。”

公鸡不动声色地说：“哦，我多么愿意满足您那善良的愿望啊！请你叫醒树下的看门人，让它把门打开吧！”

狐狸伸头向黑乎乎的树洞里探去，狗这时已醒了大半了，看见狐狸伸进了头来，便对准了它的脖子狠狠地咬了一口。

“啊——”狐狸鲜血直流，倒在地上折腾了几下，便断了气。

公鸡跳下树来：“嗨！我的朋友，你是多么的勇敢啊！谢谢你救了我，现在，咱们回家吧！”

公鸡和狗快快乐乐地向村庄走去，太阳出来了，地上洒满了金色，又是美好的一天。

讲故事训练材料6-14　小兔乖乖

兔妈妈有三个孩子，一个叫红眼睛，一个叫长耳朵，一个叫短尾巴。

有一天，兔妈妈对孩子们说：“妈妈到地里去拔萝卜，你们好好儿看着家，把门关得紧紧的，谁来叫门都不开，等妈妈回来了才开。”

兔妈妈说完话，就提着篮子到地里去了。小兔子记住妈妈的话，把门关得紧紧的。过了一会儿，大灰狼来了，它想拿小兔子当点心吃，可是门关得紧紧的进不去啊！

大灰狼坐在小兔子家门口，眯着眼睛，正在想坏主意，突然看见兔妈妈回来了，连

忙跑到一棵大树背后躲起来。

兔妈妈走到家门口，推了推门，门关得紧紧的，它一边敲门，一边唱歌："小兔子乖乖，把门开开。"小兔子一听是妈妈的声音，一齐叫起来："妈妈回来喽！妈妈回来喽！"它们抢着给妈妈开门，抢着帮妈妈提篮子，嗬，妈妈拔了好多胡萝卜回来。

兔妈妈亲亲长耳朵，亲亲红眼睛，又亲亲短尾巴，夸它们是好孩子。

那只大灰狼呢！躲在大树背后，偷偷地把兔妈妈唱的歌学会了。它说："哼，我有办法了，我有办法了，明天我再来。"说完，它就回老窝去了。

第二天，兔妈妈到树林里去采蘑菇，小兔子们把门关得紧紧的。过了一会儿，大灰狼来了，一边敲门，一边捏着鼻子唱歌："小兔子乖乖，把门开开。"

红眼睛一听，以为妈妈回来了："妈妈回来喽，妈妈回来喽。"

短尾巴一听，也以为妈妈回来了："快给妈妈开门呦，快给妈妈开门呦！"

长耳朵一听，拉住红眼睛和短尾巴："不对，不对，这不是妈妈的声音。"

红眼睛和短尾巴往门缝里一看："不对，不对，不是妈妈，是大灰狼。"

小兔子一齐唱："不开，不开，我不开，妈妈不回来，谁来也不开。"

大灰狼着急了："我是你们的妈妈，我是你们的妈妈。"

"我们不信，我们不信，要不你把尾巴伸进来，让我们瞧一瞧。"

"好吧，我就把尾巴伸进来，让你们瞧一瞧。"

小兔子把门打开一点儿，大灰狼就把自己的尾巴伸了进来。嘿，一条毛茸茸的大尾巴。"一、二、三，砰——"小兔子们一使劲儿，把门紧紧关上，大灰狼的尾巴被夹住了。

大灰狼痛得哇哇叫："哎哟，哎哟，痛死我了……"

这时候，兔妈妈回来了，它放下篮子，捡起一根木棍，朝着大灰狼的脑袋狠狠地打。

大灰狼受不了啦，使劲一拉，把尾巴拉断了。它扔下一大段尾巴，逃到山里去了。

兔妈妈这才松了一口气，扔下木棍，捡起篮子，一边敲门，一边唱歌："小兔子乖乖，把门儿开开。"

讲故事训练材料 6-15　狡诈蝙蝠的下场

一天，百鸟之王凤凰召集鸟儿们开会，商量搭建鸟窝的事。各种鸟儿都到了，唯独缺少蝙蝠。

凤凰去找蝙蝠，对它说："你为什么不来呢？难道造窝与你无关吗？"

"你找错人啦，我怎么能跟你们鸟儿去造窝呢？"蝙蝠回答说："你看，我有一双脚能走路，我属于兽类"。说完蝙蝠扭过头就走了。

又过了几天，长颈鹿发出邀请，召集兽类们商量栽种果树的事。所有的动物都到了，唯独缺少蝙蝠。长颈鹿找到它，问它："今天地上跑的兽类都到齐了，你为什么不来呀！"

"真是乱弹琴，凭什么拉我去跟你们兽类干活呀？"蝙蝠怪里怪气地说："你瞧瞧，我有一对美丽的翅膀，能在天上飞翔，是飞禽类呀！”说完它掉头飞走了。

转眼到了秋天。一天，蝙蝠飞过树林，看见鸟儿们都住在自己温暖的窝里。蝙蝠便去找凤凰，说：“尊敬的凤凰大姐，天真冷啊，您能不能分给我一个鸟窝住，我也有一对翅膀，也算飞禽呀！”

“真不害羞。”凤凰冷冷地说道：“你不是说自己属于兽类吗？哪有兽类住鸟窝的，快滚吧！”

蝙蝠十分狼狈地走了，它飞过果树林，看见长颈鹿正带领大家采果子，它跑去央求长颈鹿：“尊敬的长颈鹿大哥，我又冷又饿，请您分给我一些果子吧，我有脚，是属于你们兽类的……”

“我查了兽谱，查实你确实属于哺乳动物，属兽类。”长颈鹿严肃地说：“可是，你好逸恶劳，哪边有便宜向哪边，我岂能把大伙的劳动果实白白送给你！”

蝙蝠羞得无地自容，“唉，到哪去好呢？”它漫无目的地飞啊飞，最后钻进一个阴暗潮湿的山洞里住下，靠捕捉小虫子充饥。直到现在，蝙蝠还是住在那些见不着阳光的地方。

讲故事训练材料 6-16　　骄傲的大公鸡

有一只大公鸡，头上有个红冠子，身上披着红羽毛，长得又漂亮，又神气。

一天，大公鸡在草地上散步，看到两只蛐蛐在吹牛皮。一只蛐蛐说：“我明天要吃掉一棵大柳树，你相信不？”另外一只蛐蛐说：“这有什么了不起，瞧我明天一口吞下一头大驴子！”

它们说得正高兴，一抬头，瞧见了大公鸡，喊着说：“嗨！一只大公鸡，咱们吃掉它！吃掉它！”说完它们就朝大公鸡冲去。大公鸡气坏了，它“笃笃”地啄了两下，就把两只蛐蛐吞肚子里去啦！

这件事被一个孩子看见了，就编了一首儿歌，唱道：

两只蛐蛐好神气，
碰在一起吹牛皮，
吹牛吹得正起劲，
看见一只大公鸡，
蛐蛐想去吃公鸡，
落进公鸡肚子里。

这首儿歌传开，大公鸡以为自己很了不起，再也不捉虫子吃了，尽想一下子吃两只蛐蛐。过了几天，大公鸡又看到一只小蛐蛐，自个儿在一棵小草旁边跳着玩儿。大公鸡把头抬得高高的，大步走过去，对小蛐蛐说：“你怎么不吹牛皮呀？你去找个伙伴来吹牛皮，好让我一口把你们吃下去。”

小蛐蛐听了，不明白是什么意思，便问：“你说的是什么呀？我可没有吹牛皮啊！”

“你不知道吗？前几天你的爸爸妈妈在这吹牛皮，被我一口吞到肚子里去了。”

小蛐蛐想了一想，想起来了："啊，你说的是那两只蛐蛐呀，那不是我的爸爸妈妈。那两只蛐蛐老是磨牙，见到谁都要吹，后来听说被一只大公鸡吃掉了，原来那只大公鸡是你呀！"

大公鸡的脑袋这下子抬得更高了，瞪着眼睛对小蛐蛐说："你知道吗？我是最勇敢的大公鸡。那就好啦，你就乖乖儿跳到我的嘴里来吧，省得我来啄你。"

小蛐蛐听了很生气，对大公鸡说："你太不讲理啦，我才不跳到你的嘴里去呢！"

大公鸡才瞧不起小蛐蛐呢，喊着："你这个小家伙，有本事，你就跟我斗一斗。"

"斗就斗，我才不怕你呢！"小蛐蛐知道自己的力气小，大公鸡要比它强得多，可是它一点都不怕。它一下跳到大公鸡跟前，等着跟大公鸡斗。

大公鸡拍拍翅膀冲过去，对准小蛐蛐狠狠地啄了一下。它想："这下子可让我吃到了。"可是，它仔细一瞧，只啄到一块泥，小蛐蛐不见了。原来，小蛐蛐跳到它的背上去了，张开一对大牙，像钳子似的紧紧咬住它的红冠子。大公鸡痛得乱蹦乱跳，咯咯地喊叫。

小蛐蛐说："你说再也不骄傲了，我就放了你。"

大公鸡怎肯说这样的话啊，它和很多公鸡斗过，从来没有求饶过，现在向一只小蛐蛐求饶那多丢脸啊。可是它的红冠子快要被小蛐蛐咬破了，它痛得"喔喔"地哭，只好对小蛐蛐说："我再也不骄傲了，你放了我吧！"

这件事也被那个孩子看到了，它又编了一首儿歌，唱道：

大公鸡，真骄傲，
要叫蛐蛐往它嘴里跳，
小蛐蛐，跟它斗，
斗得公鸡来求饶，
哎哟哟，放了我，
以后不敢再骄傲。

大公鸡听到这首儿歌，很难为情，它想："别看蛐蛐个子小，可真厉害啊！"以后，大公鸡一想起那只小蛐蛐，就觉得冠子痛，再也不敢骄傲了。

讲故事训练材料 6-17　兔子英雄

森林里有一只非常凶狠的老虎，所有的动物都非常怕它，因为它是兽中之王。

有一天，一群小动物们聚在一起玩耍，有小兔子、小刺猬、小羚羊、小山羊等，小兔子对小伙伴们说："你们说，森林里谁是英雄？"

"当然是老虎了，因为它是兽中之王！"小羚羊说。

"再也没有谁能打得过老虎了！"小山羊补充说道。

"是啊，老虎可凶了，谁见了它都会远远地躲开！"小刺猬说。

兔子一本正经地说："要是有人能制服老虎，它算不算比老虎还英雄呢？"

"那当然算了，可是森林里有谁能制服老虎呢？"小伙伴们问。

兔子一挺胸脯说："我就能！"

小伙伴们“轰”的一声笑了起来。它们说兔子不自量力，说大话不知脸红。

“我如果真把老虎制服了怎么办?”兔子和大家打赌说。

“我把最珍贵的礼物送给你!”小羚羊不甘示弱地说。

“算我一个!”小山羊说。

“如果你制服不了老虎，那该怎么办?”小刺猬将了兔子一军。

“我当然也要送给你们每人一份珍贵的礼物。”兔子说。

“既然是这样，那也算上我一个!”小刺猬说。

“我很快就会有很多礼物了!”兔子胸有成竹地找老虎去了。

兔子找到老虎，说:“我敬爱的主人，我愿成为您的仆人，永远地侍候您老人家!”

老虎相信了兔子的话，再说它也缺少一个人来侍候它。

第二天，兔子跟着老虎一起出去找食物，当来到一座悬崖边上时，兔子停了下来。它对老虎说:“敬爱的主人，从前我伺候您的父亲，它非常勇敢，经常从这里跳下去，然后带回来许多好吃的东西。每次我走到这里，就会想起您那勇敢的父亲来!”

听了兔子的话，老虎心里美滋滋的，它当然也要在兔子面前逞一下英雄。

于是，它毫不犹豫地跳下崖去。

“哎哟，疼死我了!”老虎摔在一堆乱石上，疼得嗷嗷直叫。这时，它才知道上了兔子的当。

老虎气急败坏地大吼起来。它想跳上崖来吃掉这只可恶的兔子，可是悬崖太高了，它再怎么用力也跳不上来。

兔子高兴地对老虎说:“敬爱的老虎先生，你就在这里安息吧!我要回去接受小伙伴们的礼物了!”

兔子回到了小伙伴们当中，小伙伴们都把自己最心爱的礼物送给了它。

讲故事训练材料6-18　明天和今天

一天晚上，外面正下着大雨，猴子和癞蛤蟆坐在一棵大树底下，互相抱怨这天气太寒冷了!

“咳!咳!”猴子咳嗽起来。

“呱—呱—呱—呱!”癞蛤蟆也喊个不停。

它们被淋成了落汤鸡，冻得直发抖，这种日子多难过啊!它们想来想去，决定明天就去砍树，用树皮搭一个暖和的棚子。

第二天一早，红彤彤的太阳露出了笑脸，大地被晒得暖洋洋的。猴子在树顶上尽情地享受着阳光的温暖，癞蛤蟆也躺在树根旁晒太阳。猴子从树上跳下来，对癞蛤蟆说:“喂，我的朋友，你感觉怎么样?”“好极了!”癞蛤蟆回答说。

“我们现在还要不要去搭棚子呢?”猴子问。

“你这是怎么了?”癞蛤蟆被问得不耐烦了。“这件事情明天再干也不迟，你瞧，现在我多暖和，多舒服啊!”

“当然啦，棚子明天再搭也可以嘛！”猴子爽快地同意了。

它们为温暖的阳光整整高兴了一天。

傍晚，又下起雨来，它们一起坐在大树底下，抱怨这天气寒冷，空气潮湿。

“咳！咳！”猴子又咳嗽起来。

“呱—呱—呱！”癞蛤蟆也冻得直打哆嗦，喊个不停。

它们再一次下了决心：明天一早就去砍树，搭一个暖和的棚子。可是第二天一早，火红的太阳又从东方升起，大地洒满了金光。猴子高兴极了，赶紧爬到树上，去享受太阳的温暖。癞蛤蟆也一动不动地躺在地上晒太阳。

猴子又想起昨天晚上说过的话，可是癞蛤蟆却说什么也不同意：“为什么要浪费这么宝贵的时光，棚子留到明天再搭嘛！”

这样的故事每天都重复一遍，直到今天，情况也没有变化。

猴子和癞蛤蟆还是一起坐在大树底下呻吟，抱怨这天气太冷，空气太潮湿。

“咳！咳！”

“呱—呱—呱！”

讲故事训练材料 6-19　一根老虎毛

有一只小蚂蚁，它觉得自己的力气大极了，勇敢极了。因为它能够独自拖动一只死苍蝇，还敢独自和吃得又白又胖的小蛀虫儿搏斗。

可是，小蚂蚁的朋友们——小松鼠、小鹿、小野兔和小猴子，却一点儿也不佩服它。这真叫小蚂蚁伤心透了。

有一天，小蚂蚁在路上捡到了一根黄澄澄的毛。“这是谁的毛呢？”小蚂蚁想，“这么粗，这么长，这么柔软，这么漂亮。对，这一定是老虎的。要知道，老虎是森林之王呀！只有森林之王，身上才会长出这样又粗又长，又柔软、又漂亮的毛来。”

小蚂蚁高兴极了，把那根老虎毛扛在肩头，像一个战士背着长枪一样，雄赳赳、气昂昂地向森林走去，去找它的朋友们——小松鼠、小鹿、小野兔和小猴子。小松鼠、小鹿、小野兔和小猴子正玩得热闹哩！小蚂蚁扛着老虎毛，吃力地爬上一座小土坡。它神秘地“嘘”了一声，然后放开嗓子，庄严地宣布：“朋友们，我向你们宣布了一个惊人的消息！我，小蚂蚁，今天在路上，打死了一只老虎！”

森林里突然一下子静了下来。小蚂蚁的朋友们都惊讶极了！

它们低声地互相探询着：“什么！小蚂蚁打死了一只老虎？”

“谁知道！它个子那么小，能打死一只老虎？”

小蚂蚁看见大家都不相信它的话，就把老虎毛举得高高的，大声说：“朋友们，你们看，这就是我从老虎身上拔下来的老虎毛呀！”

“嘻嘻！”小松鼠忍不住笑了出来：“这是我的毛，是我刚刚脱下来的。”

小蚂蚁不服气，说：“怎么见得是你的毛呢？”

小松鼠说：“春天来了，我要脱去身上的黄毛，长出一身青灰色的毛来，好迎接碧绿的夏天呀！小蚂蚁，你看看我怎样脱毛！”说着，小松鼠跷起后脚，用脚爪轻轻地在身上搔了几下，哟，地上真的落下了一堆黄毛。

小蚂蚁说：“我真不明白，一会儿黄毛，一会儿青毛，这都是干什么呀？我们蚂蚁，从来就是穿着一身棕色的衣服！”

小鹿接上嘴来说：“小蚂蚁，你不明白。你每天在地上爬来爬去，穿上这么一身棕色的衣服，跟泥土一个颜色，真是再合适不过啦！可是小松鼠整天在树林里蹦来蹦去的，它的毛要是不跟着树叶子变换颜色，那就很容易被山猫子发现叼去吃了。不过——”小鹿说到这里，走近前仔细看了看那根老虎毛，换了个口气说：“我看这根毛不是小松鼠的，而是我的。”小蚂蚁更不服气了，说：“它明明是根老虎毛，怎么又变成你的毛了呢？”

小鹿摆了摆脑袋上的角杈儿，舔了舔身上光滑油亮的红棕色的毛，神气地说：“你看，我现在长大啦！我刚刚生下来的时候，黄黄的胎毛中间有一点一点白色的斑点。等到我把胎毛全都脱掉，换上这一身红棕色的毛，我就长成大鹿了。小蚂蚁，你扛的这根毛儿，就是我脱下的胎毛呀！”

小野兔听到这里，打断了小鹿的话，说：“鹿哥哥，这根毛不是你的，是我从自己身上拔下来的。”

小蚂蚁不高兴地说：“这样漂亮的毛，怎么会是你身上的呢？”

小野兔有点害羞地低下头来，轻轻地说：“我快要做妈妈了。我把胸脯上的毛拔了一些下来，给快要出世的孩子铺一个又暖和、又柔软的小床，好让它们睡觉。这根毛呀，大概是我拔毛的时候，不小心给风吹跑了的！”

小蚂蚁还想辩个明白，没想到小猴子也挤上来说：“你们都别争了，这根毛不是小松鼠的，不是小鹿的，也不是小野兔的，而是我——顽皮的小猴子的！我哪天不脱掉几根这样的黄毛呀！”

这么一来，小蚂蚁更加生气了，用劲大喊一声说：“都不对，这是一根真正的老虎毛，是我从老虎身上拔下来的！”

调皮的小猴子眨了眨眼睛，问：“小蚂蚁，老虎身上有几根毛呀？”这一问，倒把小蚂蚁愣住了。天哪，它还没有看见过老虎哩，谁知道老虎有几根毛呀？为了表示自己很英勇，它撒了个谎说：“老虎身上只有这一根毛。我把这根毛从老虎身上拔下来的时候，老虎痛得大叫一声，就倒在地上，死啦！”

小鹿听小蚂蚁说得这般出奇，就问：“小蚂蚁，老虎有多大呀？”

小蚂蚁更加慌张了，鬼知道老虎有多大呢？它尽力回想了一下跟自己搏斗过的对手，如红头苍蝇，百脚蜈蚣，还有大刀螳螂等，就很有把握地回答说：“不小，不小，你们只要看看这根老虎毛，就知道老虎比最大最大的螳螂还要大得多！”朋友们听见了，都“哗”的一声大笑起来，把小蚂蚁笑得莫名其妙。好心的小野兔告诉小蚂蚁说：“小蚂蚁，你大概没有见过老虎吧？老虎是森林中的猛兽。它大极了，大极了，就是把小猴子、小松鼠和我全都加在一起，也没有老虎的一条腿重哩！”

小蚂蚁的脸“唰”地一下红透了。它慌了一阵，然后又很肯定地说：“不，这根毛这样粗，这样长，这样柔软，这样漂亮，它一定是一根真正的老虎毛。既然你们大家都会脱毛，那老虎当然也会脱下一根毛来的。这根毛落在半路上，于是我就把它拾来了。”

说完，小蚂蚁扛着这根老虎毛，神气活现地回去了。它要把这根漂亮的毛当作宝贝一样，献给它的女王。

讲故事训练材料 6-20　小蝌蚪找妈妈

暖和的春天来了，池塘里的冰融化了。青蛙妈妈睡了一个冬天，也醒来了。她从泥洞里爬出来，扑通一声跳进池塘里，在水草上生下了很多黑黑的圆圆的卵。

春风轻轻地吹过，太阳光照着，池塘里的水越来越暖和了。青蛙妈妈下的卵慢慢地都活动起来，变成一群大脑袋长尾巴的蝌蚪。它们在水里游来游去，非常快乐。

有一天，鸭妈妈带着她的孩子到池塘中来游水。小蝌蚪看见小鸭子跟着妈妈在水里划来划去，就想起自己的妈妈来了。小蝌蚪你问我，我问你，可是谁也不知道妈妈在哪儿。

“我们的妈妈在哪里呢？”

它们一起游到鸭妈妈身边，问鸭妈妈：“鸭妈妈，鸭妈妈，您看见过我们的妈妈吗？请您告诉我们，我们的妈妈是什么样的呀？”

鸭妈妈回答说：“看见过。你们的妈妈头顶上有两只大眼睛，嘴巴又阔又大。你们自己去找吧！”

“谢谢您，鸭妈妈！”小蝌蚪高高兴兴地向前游去。

一条大鱼游过来了。小蝌蚪看见大鱼头顶上有两只大眼睛，嘴巴又阔又大，它们想：一定是妈妈来了，追上去喊：“妈妈！妈妈！”

大鱼笑着说：“我不是你们的妈妈，我是小鱼的妈妈。你们的妈妈有四条腿，到前面去找吧！”

“谢谢您啦！鱼妈妈！”小蝌蚪又向前游去。

一只大乌龟游过来了。小蝌蚪看见大乌龟有四条腿，心里想：这回真的是妈妈来了，就追上去喊：“妈妈！妈妈！”

大乌龟笑着说：“我不是你们的妈妈，我是小乌龟的妈妈。你们的妈妈肚皮是白的，到前面去找吧！”

“谢谢您啦！乌龟妈妈！”小蝌蚪再向前游去。

一只大白鹅“吭吭”地叫着，游了过来。小蝌蚪看见大白鹅的白肚皮，高兴地想：这回总算找到妈妈了，就追了上去，连声大喊：“妈妈！妈妈！”

大白鹅笑着说：“小蝌蚪，你们认错了。我不是你们的妈妈，我是小鹅的妈妈。你们的妈妈穿着绿衣服，唱起歌来‘咯咯咯’的，你们到前面去找吧！”

“谢谢您啦！鹅妈妈！”小蝌蚪再向前游去。

小蝌蚪游呀、游呀，游到池塘边，看见一只青蛙坐在圆荷叶上"咯咯咯"地唱歌。它们赶快游过去，小声地问："请问您看见过我们的妈妈吗？她头顶上有两只大眼睛，嘴巴又阔又大，有四条腿，白白的肚皮，穿着绿衣服，唱起来'咯咯咯'的……"

青蛙听了"咯咯"地笑起来，说"傻孩子，我就是你们的妈妈呀！"

小蝌蚪听了，一齐摇摇尾巴说："奇怪！奇怪！我们的样子为什么跟您不一样呢？"

青蛙妈妈笑着说："你们还小呢。过几天你们会长出两条后腿来，再过几天，你们又会长出两条前腿来，四条腿长齐了，就跟妈妈一样了，就可以跟妈妈跳到岸上去捉虫吃了。"

小蝌蚪听了，高兴得在水里翻起跟头来："啊！我们找到妈妈了！我们找到妈妈了！好妈妈，好妈妈，您快到我们这儿来吧！您快到我们这儿来吧！"

青蛙妈妈扑通一声跳进水里，和她的孩子一块儿游玩去了。

讲故事训练材料6-21 大老虎找吃的

夜，静悄悄。一只大老虎从洞里跑出来找吃的。窸窸窣窣，窸窸窣窣，树丛里有声音。咦，有团黑影。大老虎很高兴，哈，这下我有吃的啦！它悄悄跑过去，大吼一声："啊——呜，我要吃了你！"

"你吃吧，大老虎！"那黑影发出声音。

嘿，碰到一个傻瓜！大老虎扑过去，"啊呜"一大口。

"哎哟，哎哟，嘴巴痛死了！哎……哎……你是谁呀？"大老虎痛得叫起来。

"哈，谁让你嘴馋，我是刺猬。"

"哎哟，哎哟，我找错人了。"大老虎歪着嘴走了。它知道刺猬身上有尖尖的硬刺。

大老虎一步一步往前走。窸窸窣窣，窸窸窣窣，草丛里有声音。咦，又有团黑影。它悄悄跑过去，大吼一声："你是刺猬吗？"

"不是。"

"啊——呜，我要吃了你！"

"你吃吧，大老虎！"那黑影发出声音。

嘿，又碰到一个傻瓜！大老虎扑过去，"啊呜"一大口。

"哎哟，哎哟，嘴巴痛死了！哎……哎……你是谁呀？"

"哈，谁让你嘴馋，你只知道刺猬，还不知道有针鼹吧！"

"哎哟，哎哟，我又找错人了。"大老虎咧着嘴巴走了。它知道针鼹身上布满了刺，可不好惹。

大老虎一步一步往前走。窸窸窣窣，窸窸窣窣，山坡下有声音。咦，又出现一团黑影。大老虎悄悄跑过去，大吼一声："你是刺猬吗？"

"不是。"

"你是针鼹吗？"

"不是。"

“好，啊——呜，我要吃了你！”

“你吃吧，大老虎！”那黑影发出声音。

嘿，这又是一个傻瓜！大老虎扑过去，“啊——呜”一大口。

“哎哟，哎哟，你是谁呀？”大老虎痛得大叫起来。

“哈哈，你只知道针鼹、刺猬，怎么不想想豪猪也有刺呀！”那黑影大笑着说。

“唉，唉，搞了半天儿，我自己才是一个大傻瓜，怎么把豪猪也忘了。”这时，天快亮了，大老虎只好饿着肚子，咧着嘴巴回到洞里睡觉去了。

讲故事训练材料 6-22　海马爸爸

鲫鱼离开自己的船——鲨鱼，想去找一点儿吃的，换换口味，半路上就逃了回来。它边逃边叫：“出怪事啦，海马爸爸生孩子啦！”

它这一叫，惊动了旗鱼、剑鱼，它们纷纷游过来问：“在哪里？”

“在前面。”鲫鱼回过身子，向前面一指。

自古只有妈妈会生孩子，爸爸怎么会生孩子呢？

剑鱼不相信，说：“你看错了吧，爸爸怎么会生孩子呢？”

“说不定你是把海马妈妈看成海马爸爸了？”旗鱼也怀疑起来。

鲫鱼见剑鱼和旗鱼都不相信自己，急得在水里跳着，大声说：“我怎么会看错哩！”鲫鱼看一眼不远处的鲨鱼，接着往下说：“我每次乘着自己的‘船’到这儿来游玩，总少不了要同海马夫妇见上几次面。它们哪一位是海马妈妈，哪一位是海马爸爸，就是烧成了灰，我也认得出来，怎么会看错呢？”

“爸爸会生孩子，倒是天下奇事，我们去看看。”旗鱼对剑鱼说。

“我带你们去。”鲫鱼自告奋勇，它游到了剑鱼的嘴巴里。

连这么一点点路，鲫鱼也没忘记“乘便船”。

旗鱼和剑鱼来到那个海马身边，看见一个个小海马，正从海马的尾部下面弹出来。

“我没有骗你们吧！”鲫鱼从剑鱼嘴巴里出来后，指着正在生孩子的海马说。

“请问……你是海马妈妈，还是海马爸爸？”旗鱼还有些不放心地问。

“你没看见我在生孩子吗，当然是海马爸爸啰！”海马爸爸说着，又生出了一个小海马。

“哦，我知道啦，你们海马是爸爸生孩子，妈妈不会生孩子的。”剑鱼恍然大悟地说。

“剑鱼先生，你可别往我们海马妈妈身上泼脏水呀！”有个不生孩子的海马气呼呼地看着剑鱼。剑鱼一看，惊奇地叫起来：“它才是海马妈妈哩！”

“这……这到底是怎么回事呀？”剑鱼和旗鱼更加糊涂了，它们看看不生孩子的海马妈妈，又看看正在生孩子的海马爸爸。

海马妈妈看看剑鱼它们，突然哈哈哈地大笑起来。它边笑边说道：“孩子嘛，确实是我生的。不过，我生它们的时候，还是一颗颗的卵呢。我把它们生在它们爸爸的育儿袋里，孩子们在它们爸爸的育儿袋里成长，变成一个个小海马……”

“哈哈，爸爸生孩子，原来是这么一回事呀！”旗鱼和剑鱼都大笑起来。

“可这孩子终究是从我这里出去的呀！”海马爸爸“生”完了最后一个小海马，指着自己的育儿袋，调皮地看看它们。旗鱼看看海马妈妈，风趣地说：“看样子，你丈夫还不肯放弃这个会‘生’孩子的名誉哩！”

“不过话说回来，我丈夫是个好爸爸，它不但帮助我养儿育女，今后还要负责保护孩子们的安全。一旦它们受惊，或者遇到危险，又会躲进它的育儿袋里去。”海马妈妈深情地看了自己丈夫一眼，补充说，“一直要到孩子们都长大了才离开育儿袋。”

“哦，真是个好爸爸。”旗鱼、剑鱼和鲫鱼告别了海马夫妇，向来的地方游去。当然啦，鲫鱼是不会放弃它“乘便船”的机会的，不过这一回，它钻到了旗鱼的鳃孔里，打算一回到老地方，马上去寻找鲨鱼，因为还要跟着它到各地去旅游呢。

讲故事训练材料 6-23　狼和七只小山羊

从前有只母山羊，它有七只小山羊，它非常爱这些山羊，就像母亲爱自己的孩子。

一天它要到森林去弄吃的，就把小羊都叫到跟前，向它们交代说：

“孩子们，我走以后，你们可要多加小心，特别是要小心恶狼，这恶狼很狡猾，又善于伪装，如果让它进屋，它会把你们都吃掉的。你们千万注意，只要听到它的粗嗓门，看到它的黑脚掌，就可以把它认出来。”

小山羊们说：“知道了，我们会当心的。”

母山羊放心地走了。

一会儿小山羊们就听到敲门声：“开门吧，亲爱的孩子们，妈妈回来了。给你们带来了很多好吃的东西。”

一听那粗嗓门，小山羊们就知道是狼。

“我们不开门。”小山羊说：“你不是我们的妈妈，瞧你那粗嗓门，准是狼。”

狼只好走了。它去买了一块粉团，吃下去后，嗓门就变细了。它回来又敲敲门：“开门吧，亲爱的孩子们，妈妈回来了，给你们每个人都带来了好吃的东西。”

狼在说话时，把一只黑爪子放在窗户上，小山羊看见了。

“我们不开门，瞧你这黑脚掌，你是狼。”

狼只好又走了，它跑到一个面包师那儿，说：“我碰伤了脚，请给点生面团敷在脚上。”面包师照办了。

狼又跑到面粉店，让主人给它脚上撒点面粉。店主心想，这狼一定又去骗人，于是拒绝了它。但是狼恶狠狠地说：“你不给我撒上白粉，我就吃掉你。”店主只好帮它把爪子弄白了。

狼又去敲山羊的门：“开门吧，孩子们，你们的妈妈回来了，给你们带回好吃的东西。”

小山羊们叫道："先给我们看看你的脚。"

狼把爪子放在窗上，它们一见是白的，就相信了，便打开了门。

狼进来了，小山羊害怕极了，它们东躲西藏，结果还是一只一只被狼抓住，一个接一个被吃掉了。只有最小的一只山羊，躲在钟壳里面没有被狼找到。狼满意地走了，躺在外面的一棵树下，睡起大觉来。

不久，母山羊回来了。哦！看到家里乱糟糟的样子，它什么都明白了。它一个个地叫小山羊的名字，叫到最小的孩子的名字时，才听到一个细小的声音："妈妈，我在钟壳里呢。"母山羊把它抱出来，它说狼进来了，把其余的山羊都吃掉了。

母山羊叫小山羊回家拿来一把剪刀和针线，然后在狼的肚子上剪了一个洞，刚刚剪好，一只山羊的头从洞里探了出来。再剪下去，一只接一只，先后跳出了六只。狼太贪婪，把山羊整只囫囵吞下，这真是一件叫人高兴的事。小山羊们搂抱着母山羊，蹦蹦跳跳。狼一直沉睡着，什么也不知道。

母山羊说："孩子们，去拿些大石头来，趁这恶狼在熟睡，我们把它的肚子填满。"

于是七只小山羊很快搬来许多大石头，把石头塞进狼的肚子里，直到塞不进去。母山羊又迅速把狼的肚子缝好。

狼醒了，它站起来，因为肚子里装满了石头，弄得它口很渴，它想喝水。

狼走到井边，想俯下身子饮水，结果沉重的石头把它拽下去，它淹死了。

母山羊和七只小山羊兴奋地围在井边，高兴起跳起来，一边跳一边喊："恶狼死了，恶狼死了！"

巩固训练

1. 讲述民间故事《猪八戒吃西瓜》。

2. 请围绕成语"卧薪尝胆"，讲述一个不同于越王勾践的完整故事。

3. 回忆你印象最深刻的故事，给同学们讲讲故事的主要情节和人物。

4. 古时候，一个秀才、一个农夫、一个道长，他们互不认识，但同时来到一张茶桌上喝茶，这三个人间会发生什么呢？请编讲一个故事。

模块七

辩论训练

学习目标

★明确辩论的特点和类型；掌握辩论的原则和方法；熟悉辩论赛的赛前准备工作；能够灵活运用多种辩论技巧，完成辩论比赛。

素养目标

★通过辩论思维的培养和辩论实战训练，发挥学生的主观能动性，提升学生的思辨能力，培养学生的创新精神，在社会主义核心价值观的引领下，引导学生勤于思考、善于发现问题、勇于求新求变，有坚定的政治立场，传播正能量。

任务一　辩论的特点和类型

辩论是对立的双方围绕同一问题，阐述己见，批驳对方，力求证明自己的观点正确，说服对方或者战胜对方而相互论争的口语表达活动。

一、辩论的特点

（1）辩论是“确立某一思想正确”的思维过程。

马克思说：“真理是由争论确立的。”辩论的过程，也正是人们探求真理、宣传真理、捍卫真理的过程。所以，在外交上、法庭上、学术上……常常要用到辩论这一方式。就教师而言，学会辩论有利于在教学、教研工作中，阐发原理、讲清道理、分析错误、批驳谬误，使所讲的道理更有逻辑性和说服力。

（2）辩论具有对立性、逻辑性、应变性等特点。

观点针锋相对是辩论的突出特点。在辩论中，为了达到说服或驳倒对方的目的，就要运用逻辑这一工具。辩论必须遵守逻辑思维的一般规律，否则就不成其为辩论，也谈不上逻辑性和说服力。

（3）辩论赛是两支辩论队在事先规定的各自立场，通过交替发言论证本方观点、攻击对方的观点，最后通过评委打分来决定胜负的一种训练方法。

（4）辩论赛是一种短兵相接的言语对抗，也是机敏应变能力的较量。

在辩论赛中，双方随时都可以从各个角度向对方发难。同时双方又必须面对意想不到的难题，随机应变，快速应对。因此，你有来言，我有去语，快速答辩，是辩论赛的显著特点。

辩论的目的在于批驳谬误，探求真理，参加辩论的可以是对立的两方，也可以是意见不同的多方。而辩论赛是训练口才的有效方法，其目的不是“探求真理、宣传真理、捍卫真理”，也不存在“明辨是非，借以说服或驳倒对方”的问题。辩论赛必须使用口语进行，而且一场辩论赛只能是两支队伍参赛。

辩论知识是辩论赛的主要武器，辩论赛则是辩论训练的主要形式。

二、辩论的类型

通常情况下，可以将辩论分为日常生活辩论、专题辩论和赛场辩论三种类型。

（一）日常生活辩论

日常生活辩论是指在日常生活中人们的见解观点、认识水平、思想方法等差异在某些问题上产生了矛盾和冲突，为了解决这些矛盾和冲突，双方用争辩的手段来证明自己正确、对方错误的口语活动。

（二）专题辩论

专题辩论是在某一领域或某一部门于特定的场合对某一特定的议题进行的辩论。比如，法庭辩论、外交辩论、会议辩论、竞选辩论和毕业答辩等。

（三）赛场辩论

赛场辩论是有组织的，按照一定规则进行的，围绕某一特定的辩题，参赛双方展开论争，最后决出胜负的一种口语表达活动。

任务二　辩论的原则和方法

辩论其实是没有胜负之分的，因为辩论的话题本身就具有两面性，往往没有一个绝对正确的结果，所谓决定辩论胜负的也不是双方谁掌握了或者坚持了真理，而是看谁能够在理论上自圆其说，能够表现出高超的辩论技巧、风趣幽默的语言、令人尊重的个人魅力、更有人气。大家在参与辩论时，应该时时牢记自己的目的：锻炼口才、增长知识、广交朋友。因而，没有必要进行恶意的攻击和谩骂，这才是辩论的真正意义。一场激烈的辩论言辞犀利、有攻有守，甚至有时还针锋相对。在辩论当中，双方要遵循一定的辩论原则，否则辩论就变成了胡搅蛮缠。

一、辩论的原则

辩论的原则主要有以下几条：

（一）同一原则

同一原则要求辩论者在辩论时思想要有确定性、一贯性和明确性，使辩论双方的思想在整个辩论过程中始终保持同一。同一原则在具体辩论中的要求如下：

1.概念要同一

要领是对事物特有属性的反映。在人的思维过程中，思想过程是一个一个的判断过程，而判断又由要领构成，要保持思想的同一，首先就要保持概念的同一。概念同一的规则要求在同一个辩题之下保持概念内容的不变。辩论双方在某种意义上使用某一概念，就应该一直按照这个意义使用这一概念，不能随便变更某一概念的含义，也不能把不同的概念加以混淆。违反这一要求，就会出现“偷换概念”或“混淆概念”的错误。

2.论题要同一

论题是论争的中心，同一原则要求辩论双方在辩论的全过程中保持论题一致，中途不可以有意或无意地替换原论题。偷换论题往往和偷换概念紧密相连，即偷换论题一般由偷换概念引起，概念一换，论题自然随之更换。偷换论题即人们常说的离题、跑题，这在日常生活中的争辩场合最为常见。

3.前后思想要同一

辩论的过程是交流思想的过程，而交流思想的过程不是一个个概念的杂乱堆积，也不是由众多单个判断的简单横向排队列，而是包括由判断构成的推理、由许多推理构成的思想链。同一原则要求辩论者表述的思想要前后一贯，能自圆其说，不能含糊其辞，更不能自相矛盾。古代楚国那个卖矛又卖盾的人的故事就是前后思想不同一的典型例子。

（二）充足理由原则

常言道：言之有理，持之有据。这实际上就体现了充足理由原则的要求。充足理由原则要求辩论者在辩论中为自己的观点提供充足理由，其具体要求如下：

第一，理由必须真实，即理由是事实或经实践检验为正确的理论。

第二，理由应该充足，即由与论点有逻辑联系的理由能够符合逻辑要求地推出所要证明的观点。虚假的理由、不现实的理由、以偏概全的理由都不能推出正确的判断。

（三）平等论理原则

人们在一起辩论，其人格是平等的，不应有尊卑大小、高低贵贱之分，他们处在同一地点遵循同样的辩论原则，这是构成辩论的基本条件。平等论理的原则还要求辩论双方都拥有辩护和反驳的平等权利。一方面为自己的观点辩论以证明其正确；另一方面竭力反驳对方的观点，以证明其错误，这就需要双方都拥有平等的权利。

平等论理原则还要求辩论者要讲究良好的辩风和辩德。以理服人，以据服人，不以势压人、以声吓人。要做到这一点，就不能故意歪曲他人原意，不在对手申述观点和论据的过程中拦腰截断、抢话反驳；不恶意挖苦讽刺（但可以幽默风趣）；尤其不能粗暴无礼地进行人身攻击。

二、辩论的方法

辩论与逻辑有密切的关系，逻辑是辩论的主要工具。就辩论的途径而言，有直接辩论和间接辩论两种方法。

（一）直接辩论

所谓直接辩论，是指用事实或道理来证明论题真伪的辩论。常用的方法有三段论法、选言法、假言法、二难法、归纳法、类比法以及喻证法等。

1.三段论法

三段论法辩论，是指以三段论推理为主的辩论。三段论推理包含：一个一般性的原则（大前提），一个附属于前面大前提的特殊化陈述（小前提），以及由此引申出的特殊化陈述符合一般性原则的结论。

苏格拉底著名的三段论：所有的人都是要死的（大前提），苏格拉底是人（小前提），所以苏格拉底是要死的（结论）。在辩论中，我们使用三段论时，并不需要完全将大前提、小前提和结论说出来，反而可以视情况省略某一部分，这就是简易三段论。

2.选言法

选言法辩论，是指以选言推理为主的辩论。选言判断是判断的一种，是断定在几种可能情况下，至少有一种情况存在的判断。

例如：面对困难，要么战而胜之，要么被困难吓倒。这是一个不相容的选言判断，有两个选言支，“要么战而胜之”与“要么被困难吓倒”。要想这个判断为真，至少有一个为真并且只能有一个为真时，它才是真的。而在这两个选言支全真或全假时，它就是假的。再如，小李或者去公司上班，或者到外地出差。这一个相容选言判断，要想为真，小李“或者去公司上班”与“或者到外地出差”这两个选言支，至少有一个是真的，它就是真的。只有在这两个选言支都为假时，它才是假的。

应当指出，人们在运用选言判断时，还必须注意选言支要列举穷尽。也就是在一定范围内，按照一定的标准，把对象的各种可能情况完全列举出来，而不得有任何遗漏。如果选言支不穷尽，就有可能将唯一正确的选言支遗漏掉，从而导致选言判断的虚假。

3.假言法

假言法辩论，是指以假言推理为主的辩论。假言推理是前提中有一个是假言判断，并且根据假言判断前后件之间的关系而推出结论的推理。在辩论中，假言判断是经常被使用的，因为它是肯定或否定某个观点的有力形式。

某高校曾有这么一场论辩赛，题为“能力培养是否比知识学习更重要”。正方说：“一个人如果光有知识而没有能力，那么又将如何实现知识的价值呢？”反方用同样的方法反驳：“一个人如果光有能力而没有知识，那么又将怎样发挥其能力的作用呢？”双方你有来言，我有去语，在这个话题上纠缠不休，最后不了了之。其实，在他们双方所使用的判断中其前提都是假的。无论一个人对知识和能力有怎样偏颇的理解，他绝对不可能光有知识或光有能力。这时候，如果有一方能够指出对方假言判断中的前提是一种不可能出现的情况，进而否定对方论证的有效性，就会扭转战局，击败对手。

4.二难法

二难法辩论，就是以二难推理为主的辩论。

例如：范仲淹的《岳阳楼记》中的千古绝唱“先天下之忧而忧，后天下之乐而乐”，之所以具有很强的论辩力量，是基于前者的一句话：“居庙堂之高则忧其民，处江湖之远则忧其君，是进亦忧，退亦忧。”

这个论辩中，省略了一个真实的判断，补出后，其完整的论辩形式是：

（如果）居庙堂之高，则忧其民；

（如果）处江湖之远，则忧其君；

（要么居庙堂之高，要么处江湖之远）

所以，进（居庙堂之高）亦忧，退（处江湖之远）亦忧。

运用这一“二难法”辩论，推导出了不朽的名言：“先天下之忧而忧，后天下之乐而乐。”

5.归纳法

归纳法辩论，是以归纳推理为主的辩论。

例如：以岳飞、拿破仑等为论据，归纳出“有志不在年高，无志空长百岁”的结论。

6.类比法

类比法辩论，是以类比推理为主的辩论。

例如：在古文《邹忌讽齐王纳谏》中，邹忌从“妻私臣”“妾畏臣”“客求臣”，都认为“美于徐公”一事中，悟出“臣受蔽矣”，所以就从齐王的“宫妇左右私王”“朝内大臣畏王”“四境之内求王”的情况下，类推出“王之蔽甚矣”的结论来。论证严密、言之凿凿，因而此文也成了流传千古、脍炙人口的名篇了。

7.喻证法

喻证法辩论与类比法辩论的区别在于前者是建立在比喻的基础上的辩论，而后者是建立在类比机理的基础上。

例如：毛泽东同志说：“凡是反动的东西，你不打，他就不倒。这也和扫地一样，扫帚不到，灰尘照例不会自己跑掉……我们的扫帚就是共产党、八路军和新四军。”这里的比喻不同于常见的比喻，它是用扫地与灰尘之间的关系来喻证消灭反动派、建立新中国的大问题。从而将一个深奥的道理说得形象生动，并且具有很强的说服力。

（二）间接辩论

间接辩论是指通过用事实或道理证明某一中间判断的真假来证明论题真假的辩论，常用反证法、淘汰法、归谬法等。

1.反证法

反证法辩论，就是先不证明论题，而是先证明反题材的虚假性，从而得出原论题是真实的结论。

例如：语言是人类最重要的交际工具，要想充分发挥它的作用，就要求使用者共同遵守一个标准。如果没有一个共同的标准，也就是说，如果不用这样一个标准来约束大家，那么你讲的我听不懂，我讲的你听不懂，这样，交流思想的任务也就不能完成。所以，为了交流思想，这种“约束”是不能不要的。因此，当“没有一个共同的标准”是假的时候，必须“共同遵守一个标准”就是真实的了。

2.淘汰法

淘汰法辩论，是先巧妙地设立一个包含原论题在内的由几个小论题组成的更大的论题，在淘汰了其他小论题后，只剩下了原论题，这样原论题的真假也就得到了证实。

例如：鲁迅先生在杂文《拿来主义》中，为证明“拿来主义”的正确性，先概括了对待外来文化有四种态度，设立一个大论题，并以继承“大宅子”为例进行了“淘汰法”论辩。四种态度分别是“不敢进去”“放一把火烧光”“进去吸鸦片”“拿来”。对前三种，文章用“孱头”“混蛋”“废物”等，进行了坚决的否定，所以只能选择“拿来”，从而证明了“拿来”是唯一正确的选择。这一成功的论辩，不仅是运用淘汰法的杰作，也是运用喻证法的典范。

3.归谬法

归谬法辩论，顾名思义，就是为了证明某一论题的虚假，先假定它是“真实的”，并由它的“真实”推导出荒谬的结论来，从而否定了该论题。

任务三　辩论赛的准备

辩论赛也叫论辩赛，还叫辩论会。它在形式上是参赛双方就某一问题进行辩论的一种竞赛活动，实际上是围绕辩论的问题而展开的一种相关知识的竞赛、思维反应能力的竞赛、语言表达能力的竞赛，也是综合能力的竞赛。因此，辩论赛很受年轻学生的喜爱，特别是在大学生中更是受到广泛欢迎。然而，不少年轻的学生，虽参赛热情很高，却由于缺乏一定的辩论赛知识，或赛前不懂如何正确准备，或赛中不得要领，初次上阵便遭受挫折。那么，初次参加辩论赛的参赛队员在赛前该做好哪些准备呢？

一、辩论赛的准备

（一）认识准备

所谓认识准备，是指参赛队员在赛前对“辩论赛”的性质和特点要有所认识。我们知道属于口头辩论的大致有三类：

（1）专门场合下进行的有特定议题的辩论，如谈判辩论、法庭辩论。

（2）由日常生活中、工作中的矛盾引起的人与人之间的争辩，如邻里争辩、同事间争辩、上下级争辩。

（3）各种形式的辩论赛。前两种辩论，辩论双方各自有明确的立场和主张，辩论的目的是说服对方接受自己的观点或争取第三者支持自己的观点。与此同时，自己也有被对方说服或做出妥协的心理准备。辩论赛则不同，辩论赛是一种作为比赛项目来进行的模拟辩论（即辩论演习）。这种辩论往往不问辩论者本人的立场和主张，而侧重于人们的辩论技巧。比赛双方都不准备说服对方或被对方说服，而以驳倒对方、争取评委的有利裁定和听众的正面反响来击败对方。

因此，这种比赛有以下三个特点：

（1）辩论的题目、辩论的程序、发言的时间等，都是由辩论赛的组织者所决定的，参赛者必须按规定进行辩论，不能随意改变。

（2）比赛胜负标准包括立论、材料、辞令、风度以及应变技巧等综合因素，胜负由评委根据标准及主观印象进行裁定。

（3）辩论时只能针对对方的观点和理由进行攻击，而不能涉及对方的立场和人品。

初赛者了解辩论赛的这些性质和特点，就不会在思想和方法上将其与日常争辩相混淆。

（二）核对准备

某队初次参加辩论赛，到正式临辩时，他们突然发现黑板上写的辩题为“当今青年一代是否缺乏社会责任感”，而他们事先准备的辩题却是“当今青年学生是否缺乏社会责任感”。某队经过初赛、复赛进入了决赛，在决赛开始前，突然听到比赛主持人宣布各方允许发言时间比初赛、复赛时增加一倍，而他们事先却按初赛、复赛规定的时间准备辩词。更有甚者，进入赛场后，参赛者才发现谁为正方谁为反方都未搞清楚。凡此种种，都是由于初赛者缺乏经验，在事先准备过程中缺少仔细核对有关比赛事项这一环节所造成的。

前面已经说过，辩论赛是一项新近发展起来的比赛项目，目前虽有“国际雄辩赛”这样大型的辩论赛，但还没有形成统一的比赛规则。事实上，辩论赛的规模有大有小，层次有高有低，各主办单位的具体要求也会因时因地而不尽相同，所以辩论赛的规则也很难趋于统一。既然目前辩论赛的规则难以统一，这就要求参赛者在接到比赛通知后，不能立即简单地按照通知上的要求去准备，更不能想当然地去准备，而应设法主动地找主办单位仔细核对一下通知上各项比赛规定和要求是否属实无误，包括确切的辩题的题目、正反方所属、辩论程序细则、各位队员的分工和允许发言时间等，这既是为了确保本方准备辩词时无误，又是为了防止主办单位在工作上有可能失误。一些主办单位本身也是初次主办辩论赛，由于缺乏经验，难免出现疏忽，包括通知传递时出现差错，这就要求参赛者每次都要主动认真地核对有关比赛事宜，以使比赛获胜取得起码保证。

（三）立论准备

辩题被明确无误地确认后，参赛队员就可以根据辩题，共同研究确立一个最有利于本方论证的具体的总论点。所谓最有利于本方，就是指该总论点不仅观点正确，旗帜鲜明，而且用之攻能破对方任何的立论，用之守能抵挡对方的任何攻击。能不能确立这样一个总论点是一次辩论赛准备的成败关键。

要确立这样一个总论点，首先要对辩题进行严格的审题，也就是要对辩题字面上的每个词或词组逐个进行概念分析，即通常所说的“破题”。这种分析要同时站在双方的立场审视，不能一厢情愿。尤其是要分析出哪些词或词组对对方立论具有潜在的有利因素，可能成为双方首先争论的焦点，因为一般的辩论赛双方都会抓住辩题中的某个词项解释入手开始辩论，有时会出现整个辩论赛始终围绕这种解释来进行的情况。因此，尽量设法站在一定理论高度，对辩题做出有利于本方观点的界定，以获得听众的“公认”，这是极为重要的一环。

例如：在1990年亚洲大专辩论会上，有一辩题为“儒家思想是不是亚洲四小龙经济快速成长的主要推动因素”。为了说明儒家思想不是主要推动因素，反方南京大学队对“儒家思想”“亚洲四小龙经济快速成长”“主要”“推动因素”四个词组进行了剖析，发现辩论双方争论的焦点肯定会集中在“主要因素有多个，儒家思想是其中之一”这一问题上。于是，南京大学队把“主要因素”界定为必须是具有总揽全局功能这一点上。这样一来，南京大学队总论点的方向便明朗了：儒家思想只是四小龙取得经济快速成长的背景条件，而并非一个主要推动因素，亚洲四小龙经济快速成长的主要推动因素是其制定的能总揽全局的正确而灵活的战略和政策。

能攻能守的总论点的确立是辩论赛准备的关键，但并不能确保在实际辩论中一定获胜。如何使这个总论点在实际的唇枪舌剑中充分发挥好，还要有一定的战略战术与之配合。所谓战略，是指辩论中用以争取胜利的带有全局性的总的论战方法；所谓战术，则是指论战中的一些具体的技术方法。上面列举的南京大学队一例，就是制定了“避实就虚”的战略和设计了一些具体的战术，才保证了整个辩论赛的成功。

由此可见，立论准备包括三个过程：审题、确立总的具体论点、设计相配的战略战术。应该说，这三个过程是整个辩论赛准备的灵魂，初学者在这个准备阶段应尽可能找一些有一定理论水平又有一定实际辩论能力的人请教一下。此外，不应把立论准备看作一个孤立的静止准备阶段，而应在以后的辩词撰写和试辩过程中随时审视先前的审题总论点及战略战术设计有无不妥之处，以便及时修正。在立论准备停当后，各辩手便可分头撰写自己分工的辩词。

（四）试辩准备

如同其他比赛一样，辩论队要想在正式比赛中获胜，一定要在正式比赛前搞一次尝试性的比赛，以检验自己的赛前准备是否经得起实战的考验。为了达到检验的效果，试辩条件和气氛要尽量搞得逼真些，这就需要在正式参赛队员进入准备阶段的同时，应有一支与之实力相当的“假设对方”也进入准备阶段，并且双方都应处于“保密”状态。不过，为了给正式队员增加一些难度，可以故意泄露些立论方面的要点，来吸引“假设对方”开展有针对性的进攻准备，这样可以在试辩中检验参赛一方的立论和战略战术是否能奏效。

试辩的另一个意图，是让参赛队员进入角色。前面已经说过，辩论赛的最大特点就是辩题观点不一定与辩论者本人最初的观点相一致，就像某些演员本身的性格与剧中人物的性格不一致一样，需要深入生活、深入实践才能进入角色。辩论赛在进行过程中不仅有理论上的正面交锋，还有辩论风度、肢体语言等方面的展现，通过试辩往往能促使参赛队员不仅在理论上，而且在情感上也完全站在所持的辩题立场上，以便逼真地表现出理直气壮、慷慨激昂、义正词严而又通情达理地维护真理的样子。对初赛者来说，试辩还可以先锻炼一下上场的胆量，培养一下临场的经验。

试辩一般宜在正式比赛前一两天举行，这类似于正式体育比赛前的热身赛，使参赛队员保持最佳竞技状态。试辩的程序应严格按照正式比赛的程序进行，不过不管正式比赛是否设有赛后听众提问，试辩赛一定要设置听众提问环节。这个道理很简单，不管“假设对方”准备得如何充分，总比不上众多听众的耳明眼亮，参赛队员在试辩中完整地亮出主要观点和战略战术，“假设对方”可能没有一下子找到“破题”的方法，听众赛后提问揭短则可弥补“假设对方”论战能力之不足。

试辩结束后，参赛队员应与“假设对方”迅速共同进行总结，对原先准备的辩词和论辩技巧做出相应的调整、修正和补充，这样赛前的准备工作便充分了。

二、辩论赛的立场确定

孙子曰：上兵伐谋。高水平的论辩赛首先是辩论双方在辩论思路与立场上的较量。对于一个已经确定下来的辩题，如果能找到一个最佳的思路，确立好自己的立场，就能为整个辩论的胜利奠定基础。确立立场就是针对对方可能出现的思路，在我方可以选择的各种思路中找出对本方观点论证最有利、例证材料最丰富的思路。

确立立场的两个基本原则如下：

（一）弱化我方命题，强化对方命题

确立立场不仅应确立我方对辩题的理解，还须限定对方对辩题的理解，也就是必须明确指出对方应该论证的内容，尽可能扩大我方立论范围，从而给我方留下较大的回旋余地。其主要方法有两种：一个方法是对辩题中的主要概念作限制性解释。如在南京大学队对台湾大学队“人类和平共处是一个可能实现的理想”论辩中，正方南京大学队一辩开头就指出“人类和平共处是和战争相对而言，消除了战争也就实现了人类和平共处”。这样就把其他形式的暴力行为排除在外，为本方以后论述打下了较好的基础。另一个方法是对辩题加条件。如在一场北京大学队对香港中文大学队的比赛中，辩题是“发展旅游业利大于弊”，北京大学队是反方，正方香港中文大学队举出许多例子论证许多国家由于具备某些条件，发展旅游业获得了成功。北京大学队马上指出，正方的立场并不是“在一定条件下”发展旅游业利大于弊，所以跑题了。这实际上是要正方证明“在任何情况下”发展旅游业都利大于弊，当然使正方无从论证，陷入被动。

（二）尽量选择逻辑性强、不易受攻击的立场

其主要方法是“高立论”。在任何一个细节上都和对方纠缠不休往往会丧失本方的优势，到最后仍是“一笔糊涂账”。不如干脆对一些显而易见的事实、众所周知的观点予以承认，接着立即指出：这些仅仅是问题中一个方面，但我们应该讨论的是更重要的东西，把争论上升到更高层次，使对方精心准备的材料无从发挥，在我方熟悉的阵地上与其交锋，高屋建瓴，才能势如破竹。如在北京大学队和澳门东亚大学队的比赛中，辩题是“贸易保护主义可以抑制”，北京大学队是正方。具备一点经济学知识的人都知道，当今世界范围内贸易保护主义愈演愈烈，而新加坡更是饱尝贸易保护主义之苦。澳门东亚大学队开始就大谈“贸易保护主义是否严重”，如果北京大学队在这一层次上与

对方纠缠，显然要占下风，而且很可能引起评委和观众的反感，所以北京大学队经过仔细斟酌，论辩伊始就明确说明，当今世界范围内贸易保护主义确实相当严重，在这一点上我们非但不否认，还可以举出比你们多得多的例子。但是，我们应该讨论的是贸易保护主义是否可以抑制，而不是贸易保护主义是否存在或是否严重。这样就避开了对方拥有大量材料的事实，把辩论重心提高到对我方有利的“可以抑制”层次上来，避其锋芒，争取主动。

（三）立意要新奇，要能够“言人所未言，见人所未见”

从新的角度来分析问题，给人以耳目一新之感，往往会起到很好的场上效果。同时，对手对此准备不足，也会措手不及，仓促应战。当然不能故作惊人之语，应当在“意料之外”，又在“情理之中”。这就要求教练和队员们对辩题仔细揣摩和思索，努力使自己的立场既无懈可击、固若金汤，又新意迭出，令对方猝不及防，从而使自己立于不败之地。

任务四　辩论常用技巧

一、主动出击的技巧

（一）缓兵之计

在日常生活中，我们可以见到如下情况：当消防队接到求救电话时，常会用慢条斯理的口气来回答，这种和缓的语气，是为了稳定说话者的情绪，以便对方能准确地说明情况。又如，夫妻俩争吵，一方气急败坏，一方不急不躁，结果后者反而占了上风。再如，政治思想工作者常常采用“冷处理”的方法，缓慢地处理棘手的问题。这些情况都表明，在某些特定的场合，“慢”也是处理问题、解决矛盾的好办法。辩论也是如此，在某些特定的辩论局势下，快攻速战是不利的，缓进慢动反而能制胜。

1.以慢待机，后发制人

俗话说：欲速则不达。在时机不成熟时仓促行事，往往达不到目的。辩论也是如此，“慢”在一定条件下也是必要的。以慢制胜法实际上是辩论中的缓兵之计，缓兵之计是延缓对方进兵的谋略。当辩论局势不宜速战速决，或时机尚不成熟时，应避免针尖对麦芒式的直接交锋，而应拖延时间等待战机的到来。一旦时机成熟，就可后发制人，战胜对方。

2.以慢施谋

以弱克强、以慢制胜法适用于以劣势对优势、以弱小对强大的辩论局势。它是弱小的一方为了战胜貌似强大的一方而采取的一种谋略手段。“慢”中有计谋，缓动要巧妙。这里的“慢”并非反应迟钝、不善言辞的同义语，而是大智若愚、大辩若讷的雄辩家定计施谋的法宝之一。

3.以慢制怒

以冷对热，“慢”在论辩中还是一种很好的“制怒”之术。辩论中唇枪舌剑，自控力较差的人很容易激动。在这种情况下，要说服过分激动的人，宜用慢动作、慢语调来应对。以慢制怒，以冷对热，才能使其“降温减压”。只有对方心平气和了，你讲的道理他才能顺利接受。

（二）利用矛盾

由于辩论双方各由四位队员组成，四位队员在辩论过程中常常会出现矛盾，即便是同一位队员，在自由辩论中，由于语速很快，也有可能出现矛盾。一旦出现这样的情况，就应当马上抓住，竭力扩大对方的矛盾，使之自顾不暇，无力进攻我方。比如，在与剑桥队辩论时，剑桥队的三辩认为法律不是道德，二辩则认为法律是基本的道德。这两种见解显然是相互矛盾的，我方乘机扩大对方两位辩手之间的观点裂痕，迫使对方陷入窘境。又如，对方一辩开始把“温饱”看作是人类生存的基本状态，后来在我方的凌厉攻势下，又大谈“饥寒”状态，这就是与先前的见解发生了矛盾，我方“以子之矛，攻子之盾”，使对方于急切之中理屈词穷，无言以对。

（三）釜底抽薪

刁钻的选择性提问，是许多辩手惯用的进攻招式之一。通常，这种提问是有预谋的，它能置人于“两难”境地，无论对方作哪种选择都于己不利。对付这种提问的一个具体技法是，从对方的选择性提问中，抽出一个预设选项进行强有力的反诘，从根本上挫败对方的锐气，这种技法就是釜底抽薪。

微课 7-1

辩论技巧之“釜底抽薪”

例如，在“思想道德应该适应还是超越市场经济”的辩论中，有如下一轮交锋：

反方：……我问雷锋精神到底是无私奉献精神还是等价交换精神？

正方：……对方辩友在这里错误地理解了等价交换，等价交换就是说，所有的交换都要等价，但并不是说所有的事情都是在交换，雷锋还没有想到交换，当然雷锋精神谈不上等价了。（全场掌声）

反方：那我还要请问对方辩友，我们的思想道德的核心是为人民服务的精神，还是求利的精神？

正方：为人民服务难道不是市场经济的要求吗？（掌声）

第一回合中，反方有“请君入瓮”之意，有备而来。显然，如果以定式思维被动答问，就难以处理反方预设的“两难”：选择前者，则刚好证明了反方“思想道德应该超越市场经济”的观点；选择后者，则有悖事实，更是谬之千里。但是，正方辩手却跳出了反方“非此即彼”的框框设定，反过来单刀直入，从两个预设选项抽出“等价交换”，以倒树寻根之势彻彻底底地推翻了它作为预设选项的正确性，语气从容，语锋犀利，其应变之灵活、技法之高明，令人叹为观止！

微课 7-2

辩论技巧之“攻其要害”

（四）攻其要害

在辩论中常常会出现这样的情况：双方纠缠在一些细枝末节的问题、例子或表达上，争论不休，看上去辩得很热闹，实际上已离题万里。这是辩论的大忌。

一个重要的技巧就是要在对方一辩、二辩发言后，迅速地判明对方立论中的要害问题，从而抓住这一问题，一攻到底，以便从理论上彻底地击败对方。

例如，“温饱是谈道德的必要条件”这一辩题的要害是：在不温饱的状况下，是否能谈道德？在辩论中只有始终抓住这个要害问题，才能给对方以致命的打击。

在辩论中，人们常常有“避实就虚”的说法，偶尔使用这种技巧是必要的。比如，当对方提出一个我们无法回答的问题时，假如强不知以为知，勉强去回答，不但会失分，甚至可能闹笑话。在这种情况下，就要机智地避开对方的问题，另外找对方的弱点攻过去。然而，在更多的情况下，我们需要的是“避虚就实”“避轻就重”，即善于在基本的、关键的问题上打硬仗。如果对方一提问题，我方立即回避，势必会给评委和观众留下不好的印象，以为我方不敢正视对方的问题。此外，如果我方对对方提出的基本立论和概念打击不力，也是很失分的。善于敏锐地抓住对方要害，猛攻下去，务求必胜，乃是辩论的重要技巧。

二、反客为主的技巧

反客为主的原意是客人反过来成为主人，比喻变被动为主动。在辩论赛中，被动是赛场上常见的劣势，也往往是败北的先兆。辩论中的反客为主，通俗地说，就是在辩论中变被动为主动。下面，我们试以技法理论结合对实际辩例的分析，向大家介绍几种反客为主的技巧。

（一）借力打力

武侠小说中有一招数，名叫“借力打力”，是说功力深厚的人，可以借对方攻击之力反击对方。这种方法也可以运用到辩论中来。例如，在关于“知难行易”的辩论中，有这么一个回合：

正方：对啊！那些人正是因为上了刑场死到临头才知道法律的威力、法律的尊严，可谓“知难”哪，对方辩友！（热烈掌声）

当对方以“知法容易守法难”的实例论证“知易行难”时，正方马上转而化之，从“知法不易”的角度强化己方观点，给对方以有力的回击，扭转了被动局面。在这里，正方之所以能借反方的例证反治其身，是因为有一系列并没有表现在口头上的、重新解释字词的理论作为坚强的后盾：辩题中的“知”，不仅仅是“知道”的“知”，更应该是建立在人类理性基础上的“知”；守法并不难，作为一个行为过程，杀人也不难，但是要懂得保持人的理性，克制内心滋生出恶毒的杀人欲望，却很难。这样，正方宽广、高位定义的“知难”和“行易”借反方狭隘、低位定义的“知易”和“行难”的攻击之力，有效地回击了反方，使反方构建在“知”和“行”表浅层面上的立论框架崩溃了。

（二）移花接木

剔除对方论据中存在缺陷的部分，换上对我方有利的观点或材料，往往可以收到“四两拨千斤”的奇效。我们把这一技法命名为“移花接木”。

例如：在“知难行易”的辩论中曾出现过如下一例。

反方：古人说“蜀道难，难于上青天”，是说蜀道难走，“走”就是“行”嘛！要是行不难，孙行者为什么不叫孙知者？

正方：孙大圣的诨名是叫孙行者，可对方辩友知不知道，他的法名叫孙悟空，“悟”是不是“知”？

这是一个非常漂亮的“移花接木”的辩例。反方的例证看似有板有眼，实际上有些牵强附会，以“孙行者为什么不叫孙知者”发难，虽然是一种近乎强词夺理的主动，但毕竟在气势上占了上风。正方敏锐地发现了对方论据的片面性，果断地从“孙悟空”这一角度着手，以“悟”就是“知”反诘对方，使对方提出关于“孙大圣”的引证变为抱薪救火，最终引火烧身。

移花接木的技法在辩论理论中属于强攻，它要求辩手勇于接招，勇于反击，因而它也是一种难度较大、对抗性很强、说服力极强的论辩技巧。诚然，实际临场上雄辩滔滔，风云变幻，不是随时都有“孙行者”“孙悟空”这样现成的材料可供使用的，也就是说，更多的“移花接木”需要辩手对对方当时的观点和我方立场进行精当的归纳或演绎。

比如，在关于“治贫比治愚更重要”的辩论中，正方有这样一段陈词：“……对方辩友以迫切性来衡量重要性，那我倒要告诉您，我现在肚子饿得很，十万火急地需要食物来充饥，但我还是要辩下去，因为我意识到论辩比充饥更重要。”话音一落，掌声四起。这时反方从容辩道：“对方辩友，我认为‘有饭不吃’和‘无饭可吃’是两码事……”反方的答辩得到了更热烈的掌声。正方以“有饭不吃”来论证贫困不足以畏惧和治愚的相对重要性，反方立即从己方观点中归纳出“无饭可吃”的旨要，鲜明地比较出了两者本质上的天差地别，有效地遏制了对方偷换概念的倾向。

（三）顺水推舟

表面上认同对方观点，顺应对方的逻辑进行推导，并在推导中根据我方需要，设置某些符合情理的障碍，使对方观点在所增设的条件下不能成立，或得出与对方观点截然相反的结论。

例如，在“愚公应该移山还是应该搬家”的辩论中：

反方：……我们要请教对方辩友，愚公搬家解决了困难，保护了资源，节省了人力、财力，这究竟有什么不应该？

正方：愚公搬家不失为一种解决问题的好办法，可愚公所处的地方连门都难出去，家又怎么搬？……可见，搬家姑且可以考虑，也得在移完山之后再搬呀！

神话故事都是夸大其事以显其理的，其精要不在本身而在寓意，因而正方绝对不能让反方迂旋于就事论事之上；否则，反方符合现代价值取向的“方法论”必占上手。从上面的辩词来看，反方的就事论事，理据充分，根基扎实，正方先顺势肯定“搬家不失为一种解决问题的好办法”，继而引入“愚公所处的地方连门都难出去”这一条件，自然而然地导出“家又怎么搬”的诘问，最后水到渠成，得出“先移山，后搬家”的结论。如此一系列推理环环相扣、节节贯穿，以势不可挡的攻击力把对方的就事论事打得落花流水，真可谓精彩绝伦！

（四）正本清源

所谓正本清源，取其比喻义，就是指出对方论据与论题的关联不紧或者背道而驰，从根本上矫正对方论据的立足点，把它拉入我方的“势力范围”，使其为我方观点服务。较之正向推理的“顺水推舟”法，这种技法恰是反其思路而行之。例如，在“跳槽是否有利于人才发挥作用”的论辩中，有这样一节辩词：

正方：张勇，全国乒乓球锦标赛的冠军，就是从江苏跳槽到陕西，对方辩友还说他没有为陕西人民做出贡献，真叫人心寒啊！（掌声）

反方：请问到体工队可能是跳槽去的吗？这恰恰是我们这里提倡的合理流动啊！（掌声）对方辩友戴着跳槽眼镜看问题，当然天下乌鸦一般黑，所有的流动都是跳槽了。（掌声）

正方以张勇为例，他从江苏到陕西后，获得了更好的发展空间，这是事实。反方马上指出对方具体例证引用失误：张勇到体工队，不可能是通过“跳槽”这种不规范的人才流动方式去的，而恰恰是在“公平、平等、竞争、择优”的原则下“合理流动”去的，可信度高、说服力强、震撼力大，收到了较为明显的反客为主的效果。

思政之窗 7-1　**有关“温饱是谈道德的必要条件”的辩论**

在“温饱是谈道德的必要条件”的辩论中，辩题的要害是：在不温饱的状况下，是否能谈道德？辩论时，反方列举出人类历史上有衣食之困但仍道德高尚、品德非凡的例子。比如，孔子的学生颜回，在只有一箪食、一瓢饮的物质困境中，仍然是严于律己；杜甫在“茅屋为秋风所破”的时候，想到的依然是“安得广厦千万间，大庇天下寒士俱欢颜”。古人的严以律己精神和家国情怀，是值得我们当代人学习的。

拓展训练 7-1　**辩题参考**

1. 正：当今社会诚信主要是靠自律
   反：当今社会诚信主要是靠他律
2. 正：现代社会更需要通才
   反：现代社会更需要专才
3. 正：知识扶贫比经济扶贫更重要
   反：经济扶贫比知识扶贫更重要
4. 正：当今社会，合作比竞争更重要
   反：当今社会，竞争比合作更重要
5. 正：大学生做兼职利大于弊
   反：大学生做兼职弊大于利
6. 正：网络使人更亲近
   反：网络使人更疏远
7. 正：现代社会中，情商比智商更重要
   反：现代社会中，智商比情商更重要

8. 正：社会秩序主要靠法律来维系
  反：社会秩序主要靠道德来维系
9. 正：见义勇为要奋不顾身
  反：见义勇为要量力而行
10. 正：构建和谐社会是靠个人素质
  反：构建和谐社会是靠社会制度

拓展训练 7-2　辩题：开卷是否有益

正方一辩陈词：

尊敬的各位评委、对方辩友，大家好！我是正方一号辩手。

我方的观点是开卷有益。

开卷就是翻开书，表示读书，开卷有益比喻读书有好处。开卷者古来就有，且受益匪浅。因为开卷既是知识之源，又是古人之鉴，更是修养之法。开卷可使人避免重蹈前人的覆辙，开卷可以陶冶情操，提高人生的精神境界。

高尔基曾说：书籍是人类进步的阶梯。在这个信息化的时代里，开卷依然是我们获取知识的重要途径。也许有人说，要有选择地开卷，我并不认同。当今社会是充满竞争与挑战的，光读所谓有用的好书恐怕是远远不够的。敢于尝试，乐于接受不同方面的书，从书中汲取丰富的营养，才能更全面地完善自己，从而经受得住多方面的挑战，书读得越多，这种辨别能力自然就越强，对于毒素的抵抗力自然也会增强。

所以究其根本，我们还是需要全面、大量的阅读，如果一味地预防毒素而恐于开卷，那我们的辨别能力和抵抗力也会下降。当今社会的种种诱惑无处不在，潜在的危险更是令人难以察觉，如果在读书之前就限定了书的种类、读书的目的等等，读起来虽说有用，恐怕再多，也仍然会营养不良。所以，我方的观点为：开卷有益。

不论是坏书还是好书，它都是根据这本书是“利大于弊”还是“弊大于利”来判断的，也就是说，坏书也是有一定益处的，事物都有它的两面性，既然坏书有害，那么它也一定有益处。

其实“开卷有益”这条成语本身就如同“吃饭有益”一样，我们并不需要去强调“只有吃无毒的饭、未馊的饭才有益”一样，饭好好吃，可以营养身体，但暴饮暴食会伤身体，对于我们来说，这些是常识，无须讲。不过，你偏要吃有毒的饭、馊饭，那你生病、拉稀是活该，不关吃饭有益的事了，对不对？

尽管你可以举出一堆因看书而堕落、疯狂，甚至是行凶犯法的事例，但这又能说明什么呢？只能说明是看书的人自身的心态和思想不端正，那属于自身问题，不能把责任归咎于书。难道有人拿刀去砍人杀人，要怪那刀不好吗？

反方一辩陈词：

尊敬的各位评委、对方辩友，大家好！我是反方一号辩手，今天我们讨论的题目是“开卷是否有益”。我方认为开卷未必有益。

汉代刘向曾说过："书犹药也，善读之可以医愚。"书既然是药，就具备两种功能：一是良药，药到病除；二是毒药，置人于死地。这正是对我方观点"开卷未必有益"一个很好的诠释。

诚然，博览群书可以使人增长知识，拥有高深的学问，陶冶性情，修养身心，能言善辩，受人尊敬。但我方认为"开卷"只是"有益"的必要条件，而不是充分条件。也就是说并不是多读书无益，而是多读那些不健康的书籍，会让人身心受到不良影响。这只是"开卷未必有益"中包含的第一层含义：开卷不一定有益。

第二层含义，读书要有选择性。在这个信息科技如此发达的社会中，读书也已经有了前提，要看你所看的书籍是否健康，你所能接受的程度？我听过这样一句话：凡读无益之书，皆是玩物丧志。

开卷是否有益，主要还是看谁看书、看什么书和年龄这些因素。看书就好比交朋友，看好书，就是交好朋友，会进步；而看不好的书，当然是交不好的人做朋友，那样会让你退步。因为近朱者赤，近墨者黑嘛！所以，只有看好书才会对你有益。所以，我方希望大家切记，开卷是不一定有好处的，因为没有一个人是十全十美的，也没有一本书的内容是全部正确的。

因此，我方坚持的观点是"开卷未必有益"。

正方二辩陈词：

各位评委、对方辩友，大家好！

刚才对方辩友提到坏书好比毒药，大家一定都听说过以毒攻毒的道理，即使是毒药也有它的可取之处。在现在这个信息发达的时代里，读书已经不是我们获取知识的唯一途径，但是书籍仍是我们扩大视野、提高素养、丰富经验、增长知识的最主要的精神食粮。读书是走向成功的必经之路，这是一条没有捷径，唯有脚踏实地才能走完的路。

如今是崇尚知识的时代，知识本身就是一种视之无形、听之无声的财富。人们时刻都在运用知识。而读书就是打开知识这扇门的钥匙，让我们在书中学习知识、吸取知识、提炼知识。我们今天开的辩论会，不就是在检验我们读了多少书吗！书是人类文化的瑰宝，是知识的载体，是智慧的结晶，也是人类精神世界的宝藏！

史鉴使人明智，诗歌使人巧慧，数学使人精细，博物使人深沉，伦理之学使人庄重。诸多意思可一言以蔽之：开卷有益！开卷十分有益！

读书和做任何事情一样，都是有前提的，那就是不违反社会公德、伦理道德和国家法律法规。那些迷信和邪教的书籍不光是在座的朋友，我想连小学生都知道是不能看的。既然连开卷的前提都没有了，又何谈有益无益呢！如果我们不多读书，哪来的这方面知识呢？如果没有知识，又怎样辨别人的是与非、好与坏呢？

我也不赞同对方的观点！荷花出淤泥而不染，因为它本性高洁。嗜粪如命的蜣螂，即使把它泡在香水里，它也要逃之夭夭。人，可以看不好的东西而不受它的污染！蒋介石曾经派人送了不少反动的书籍给关押在监狱里的方志敏看，方志敏同志认真地看了，还在书的空白处写下了不少批判文字。不好的东西，你只有看它，才可以认识它、剖析它呀！

反方二辩陈词：

各位评委、对方辩友，大家好！

《庄子·列御寇》中的朱泙漫学了一门特殊的屠龙术，其实没有什么地方有龙可杀，他才明白世间无龙，其本领也白学了。这则寓言告诉我们读书本上的知识是为了学有所用，如果学的东西毫无用处，学得再精通，也是一文不值的。

我们读书是为了增长知识、开阔眼界，在物质生活条件飞速发展的今天不断丰富自己的精神世界。如果我们读的是一些不适合自己的书，不论读了多少，都有可能歪曲我们的人生观和价值观，甚至会走火入魔，迷乱心志；而当我们用大量的时间看完一本无益于身心健康的书时，宝贵的时间已不知不觉地从我们身边流逝，这能说开卷有益吗？

对方辩友，我们现在讨论的是开卷是否有益的问题，而没有去否定哪本书的作者。读书固然重要，但只有从一本书中提炼出有利于我们进步的知识，才是真的有益，试问一个忙得不可开交的人，哪还有时间去看消遣时间类的书籍呢？

对方辩友提出哲学问题，那么任何事情都是有其两面性的，在现实社会中，正是有很多自制能力差、辨别能力低的人的存在，才使"内因"根本不起作用，在这种情况下，我们才不能见书就读，因此我方坚持认为开卷未必有益。

正方三辩陈词：

各位评委、对方辩友，大家好！

对方辩友认为书是"毒"，那么请问：项羽中的是哪本书的毒而兵败乌江的呢？自古以来只闻美人可以倾国倾城，可谁听过一本书可以倾了国又倾了城呢？

任何事物的存在都是有意义的，也许有些是我们不愿意看到的，像贫穷、饥饿、欺骗、贪婪。因此我们的希望工程给贫困山区的孩子送去书和食物，在他们不被饥饿困扰的同时告诉他们：学习改变命运，千万不可以放下书本。我们的法律援助机构定期发放法律法规小册子进社区，让大家知法懂法，不受骗上当，当别人侵害自己权益的时候要拿起法律武器。

对方辩友，我们这样做的目的是不想看到山区的孩子因为没有书念而祖祖辈辈固守贫困，更不愿意看到因为不懂法而让杀人、抢劫、强奸的悲剧在您的周围上演啊！

所以，开卷有益。朋友们打开书吧，书到用时方恨少，读书学习永远都不会晚，打开书你会发现战胜困难的力量。

对方辩友认为武侠小说是坏书，那么武侠的作者就是好坏不分的恶人喽？我们慈祥可爱有大侠风范的金庸先生可是被请到1993年国际大专辩论会的评委席上的，对方辩友是不是会因为有金庸先生的参加而质疑比赛结果呢？

赵括读遍兵书至少还可以在纸上谈出兵法来呢！再说高考状元，她的书读得好才可以成为高考状元，高分低能也正因为她没有读懂做人的书啊！这不正好证明了我方的观点吗？

如果说路边的书摊都对青少年都有危险的话，那么我们干脆都不要过马路了，汽车不是更危险吗？我们都知道哲学上有一个基本定律，内因起主导作用，对方一再强调坏书导致人误入歧途是不是过分强调了外因的作用呢？

反方三辩陈词：

各位评委、对方辩友，大家好！

首先让我们看看对方辩友今天的逻辑，你方观点是开卷有益，只要是读书，总会有好处。诚然，读书可以使人增长知识，陶冶性情，修养身心。虽然对方辩友论证了你方立场，也不代表就驳倒了我方的论题。我方始终认为开卷未必有益。

试想，书海浩瀚，无所不包，而人生又有几何？花费毕生精力来读书，也只是极小的一部分。不加选择地开卷，不但会浪费时间，滥用精力，收效也会很少。还有些青少年只沉迷于书海，不愿与人接触，变得性格孤僻。甚至一些大学生只是一味地为了读书而读书，最终成为现在社会上所说的高分低能群体。一个优秀的学生，可以成为高考状元，可以连续获得一等奖学金，但是在社会适应能力和人际关系处理上，却是一个“低能儿”。还有一些大学生虽然饱读诗书，却只是个“书呆子”，最终连工作都找不到，即使找到了工作也难以胜任。这样的例子在我们身边很多很多，这些都证明了我方观点——开卷未必有益。

对方辩友刚才提到坏书也有它的益处，那么我请问对方辩友，封建迷信的书籍和邪教的书籍看了又何益之有呢？

我必须提醒对方辩友，我方观点不是提倡少读书甚至不读书，而是提倡有选择地读书。我记得俄国文学评论家别林斯基曾说过：“阅读一本不适合自己阅读的书，比不阅读还要坏。我们必须学会这样一种本领，选择最有价值、最适合自己所需要的读物。”所以，我方认为不加选择的开卷未必有益。

我认为对方辩友完全是在强词夺理，你方观点我很不赞同。记得有位哲人曾说过：能够摄取必要营养的人，比吃得多的人更健康。这再一次证明了我方观点：盲目地开卷未必有益！

正方四辩总结陈词：

主席、评委、对方辩友，大家好！

首先，书是人类进步的阶梯，是书让我们毫不费力地学会了古人积累了几千年的经验和操作技巧。如果没有书的正确指引，我们在操作过程中的危险系数会加大，那何谈安全？如果没有书的正确指引，我们甚至连如何操作都不会，那何谈生产？何谈效益？

第二，反方辩友在辩论过程中可以说是洋洋洒洒，旁征博引，其才华让人佩服不已，那么，我想问了，这种才华来自于什么地方呢？回答很简单，读书！正是因为对方辩友读书了，这才培养了如此卓越的才华来参加辩论。因此，读书可以使对方辩友学习辩论技巧，掌握辩论素材，让我们的辩论更有水平，更有素质！这难道不正好说明了我方的观点——读书有用？

第三，我有必要重申，我们伟大的毛主席都说了：“要提倡正确的东西，反对错误的东西，但是不要怕人们接触错误的东西，某些错误的东西的存在是并不奇怪的，也是用不着害怕的，这可以使人们更好地学会同它作斗争!”

书是人类智慧的结晶，书是历史经验的总结，书是社会生活的反映。读书，可以彻悟人生意义；读书，可以洞晓世事沧桑；读书，可以广济天下民众；读书，可以深入科技殿堂。

所以说，人欲成才，士欲济世，务必开卷读书。

所以我方认为开卷有益，从书中学习知识，把读书培养成习惯，习惯塑造性格，性格决定命运。就让我们从读书开始，开拓精彩人生!

反方四辩总结陈词：

主席、评委、对方辩友，大家好!

对方辩友刚刚提到读书不需要有选择地去读，那么请问对方辩友，如果在您的面前摆放着武侠、凶杀、色情等书籍，您是否不加选择都要看呢?

对方辩友提到要多读书，可是如果不讲求读书的方法只是一味地死读书，那会是什么样的结果?当代大学生的高分低能不就是死读书的很好例证吗?

再如古代将领赵括虽然熟读兵书，可是他只会纸上谈兵，最终落得兵败身亡的下场。这也恰恰证明了死读书是有害而无益的，试问这样的开卷又何益之有呢?

众所周知，读书固然有很多好处，然而，并非信手拈来皆可读，所谓“开卷有益”，我方的确不敢苟同，我方信奉的是“好读书莫如善读书”。因此我方观点就是“开卷未必有益”，理由有三：

其一，开卷是否有益首先要看开的是什么卷。事物都有其两面性，书也不例外，有好坏之分。当今书市，林林总总，卷帙浩繁，其间固然有不少精品力作，但也不乏一些泥沙俱下，鱼龙混杂，良莠不齐的精神垃圾、文化糟粕。当你开不健康书籍的卷越多，你中毒的概率就越大!君不见，在我们的现实生活中，一些青少年由于整天沉迷于武侠、凶杀、色情等不健康的书籍而导致违法犯罪的事例不胜枚举吗?难道你还能理直气壮地说开卷都有益吗?

其二，开卷是否有益还要取决于开卷者的目的。但凡读书者，都抱有不同的目的，真正会读书的人，往往不是见书就读的人，而是有选择地去读适合自己的书。可有的人只是一味抱着猎奇、寻求感官刺激的态度去读书，更有甚者，读书偏偏是去其精华而取其糟粕，专挑那些叫人不走正道的书籍去吸收、去效仿，那后果就可想而知。试问，这样的开卷，又何益之有?

其三，“开卷有益”从哲学的角度来看，具有片面性。唯物辩证法告诉我们，任何一种事物都具有正反两个方面，世界上没有任何一种事物是绝对的，不可随意夸大，也不应该全盘否定。而恰恰相反，“开卷有益”就犯了把事物绝对化的错误，无限夸大了其好的一方面，而忽视或否定了其不好的一方面。从这个意义上讲，“开卷有益”也是站不住脚的。

综上所述，“开卷有益”这个成语，作为强调读书的重要性，自然有它的积极意义，但若作为“开卷”就“有益”的结论，未必妥当。当然，“开卷未必有益”这一说法也并不是让大家不去读书，而是说多读那些不健康的书籍便会对身心造成影响。著名作家冰心有句名言“读书好，好读书，读好书”，我觉得这句话应该成为我们日常阅读的一个标准。一部好书可以使人心灵充实，明辨是非；而一部格调不高或内容不健康的书，就像文化百花园中肆意滋生的稗草和罂粟，这些东西不但无益，而且危害甚大。因此，我方认为，开卷未必有益，关键在于看你开什么卷、如何开卷。

最后，用著名教育家徐特立的一句话同大家共勉：有关家国书常读，无益身心事莫为。愿我们进一步养成“读书好，好读书，读好书”的良好习惯，在学习中思考，在思考中创新，在创新中提高，使我们的大家园始终充盈着一股浓浓的书香气息。

拓展训练 7-3　辩题：抗震救灾中，中学生应该提倡善心还是善行

正二：我想请问对方辩友二辩。在我们抗震救灾的过程当中，对方辩友认为，当大家在做出善行的时候，是“要我做”还是“我要做”所达到的效果更加好呢？

反二：当然是“我要做”达到的效果更加好，但是这个事情总归要分两方面来讲。如果说他要我做是我非常不情愿的话，那我当然是说“我要做”比较好；如果我本来就要做，然后他又“要我做”，我当然是更加乐意了。

正二：对啊，你刚刚说的是“要我做”的效果更加好。那么就对了呀，我们之所以要提倡善行（善心），让外在的要求内化为我们内在的意识去帮助灾区，这样达到的效果难道不是更好吗？

反二：提倡了善行（善心）不一定就会变成“我要做”，对方怎么判定这个人被你“提倡”了呢？已经接受了你的思路呢？

正二：我们提倡（善心），我们一辩刚刚说过了，我们提倡善心的标准是什么？就是能够尽己所能地去帮助他，尽己所能地去帮助灾区。这就是我们的标准。那请问你提倡善行的标准是什么？

反二：对嘛，刚才对方辩友不是说了吗，我们的标准就是尽己所能去帮助灾区人民，这不就是善行的具体体现吗？

正二：这是我们提倡善心之后的具体体现。

反二：当然不是提倡，但是如果我们直接提倡善行的话，我们的善行不是会发扬得更好吗？

正二：但是我们提倡善行的话，是不是说我捐的钱越多我的善行越多呢？

反二：当然不是，对方辩友您自己也讲了，善行的形式是多种多样的，不一定都是捐款喽。

正二：我们不一定说是捐款，那么……

主席：时间到，请各位同学注意把握时间。现在请反方二辩同学进行攻辩，时间同样为1.5分钟，有请。

反二：请问对方三辩，现在我们看到政府的号召，我们学校也组织了募捐，然后进行了“感动校园”这个活动，我想请问对方辩友，您在这次活动当中捐款了没有？

正三：捐了啊。

反二：哦，捐了啊，那我想请问您是何时产生的这个捐款的念头的？是在我们学校募捐之前还是在我们学校募捐之后呢？

正三：当然是在提倡募捐之前了。

反二：是在提倡募捐前……哦，对方辩友，您这个回答真是太好了，很多高中生都和您一样有这个念头，我有这个善心却无从着手。我们学校提倡了以后啊，同学非常踊跃，纷纷加入这一活动，所以我们应该提倡善行来告诉大家怎么做啊。

正三：可是我可不认为每个人都像我一样这么善良啊。有些人甚至拿出了自己的五十块钱，让老师你找我二十五块，这也是有善行了吗？

反二：这个就不是善行了吗，对方辩友。好，对方辩友我再问您一个问题，我想请您用自己的方式向我提倡一下您所说的善心，您向我提倡，提倡一下善心。

正三：嗯，我会通过，通过……如果是我的话，我会通过让你看一下……

反二：对方辩友，您能不能用第二人称向我们提倡一下呢？对方辩友，您那么犹豫啊，您说啊，你方说我们要提倡善行，但是我给您一个机会，您却做不到。

正三：我想请问对方三辩，你们提倡善行，那么你们评价善行提倡的好与不好的标准是什么呢？

反三：我们提倡的善行其实归根到底是一种善行观，也就是说告诉大家应该去做什么事，并且告诉大家怎样去做这些事，把自己的那股力量，积聚在心中已久的那股力量，通过这次抗震救灾的活动，通过自己抹去尘埃的心灵，发挥出最大的作用，来为抗震救灾做出最大的贡献。

正三：那我想请问对方辩友，捐款算不算对抗震救灾做出的贡献呢？

反三：算。

正三：那我给对方辩友举一个例子。小A同学呢，他的家庭比较贫困，他每天的生活费是10块钱，捐款时他拿出了自己生活费的50%，是5元。B同学，家庭比较富裕，每天生活费是50元，捐款时他拿出了他20%的生活费，是10元。那么我想问，以你的标准来看，到底是A同学的行为应该被提倡呢，还是B同学的行为应该被提倡呢？

反三：对方辩友问我的问题，显然就变成了金钱是否能衡量善行的问题，我想在座的同学都知道，金钱是无法衡量善行的。我记得在倡导捐款的那一天，余雪飞老师说过一句话：一元两元不算少，一百两百不算多。只要尽己所能，觉得自己应该捐那么多，觉得自己无愧于良心，觉得自己是力所能及的，那么我们这份善行做到了，我们这个善行观也体现了。

正三：那么尽己所能是不是在想要去做的情况下再去做这件事情，而不是你们提倡的善行，以一种标准化的模式来判断，你……

反三：对方二辩同学啊，前面您在提问我方二辩的时候，说到了我们，对方辩友怎么提倡善心，其实，是为了落到实际，为抗震救灾做出贡献喽。那么，我现在来给对方辩友举一个例子。地震刚开始的时候啊，有人自发地赶往灾区支援，他们不留名不留姓，也不愿上镜头，只是希望默默无闻地为灾区做出贡献，您说他们有善心吗？

正三：他们有善心。我们只是高中生，今天讨论的辩题是“向高中生提倡善心还是善行”，我们今天的目的不是……

反三：对方辩友啊，您就直接回答我的问题，这是不是善心呢？

正三：我刚刚已经回答你，这是善心啦，但是我们今天讨论的……

反三：那好，我们接着往下看，对方辩友承认了这是善心，但是又说只要有善心就能落到实际，那么我们就来看看，因为缺乏专业知识、协调能力，在之后的救援过程中，他们不但没有做出贡献，反而给抗震救灾造成了阻挠，请问他们做出的这是善行吗？

正三：这个，所以我们要从根本上去提倡，从根本上去解决问题……

反三：根本问题难道不是善心吗？对方辩友所提出的根本问题难道不是善心吗？他们已经有了，你们的提倡已经到位了，但是他们做出善行了吗？

正三：我们提倡的主体是高中生，你刚刚说的……我们高中生没有这种时间，也没有这种精力去……

反三：对方辩友啊，我告诉您，其实这就是在灾区附近的高中生所做出的事情啊！

攻辩小结：

正方：我想请问对方辩友，对于抗震救灾有着不灭的信念，这是否是出于一种善心呢？刚才我方二辩首先对提倡善心所达到的效果和影响优势进行了提问，我方认为将外在因素内化为自我意识所表现出来的善行对抗震救灾的影响更为持久，灾后重建工作是一个漫长的过程，只有通过善心的提倡，建立起一种社会责任感和使命感，才能使我们最终完成灾后重建工作。其后，我方三辩举出了一组比较事例，希望了解对方提倡善行的标准，但对方并未给出明确的回答。提倡善行对于高中生的教育具有不平衡的导向机制，提倡的结果是A更尽力，而B却得到了更高的评价。这样的引导和激励的取向显然是不合理的，提倡善心则是以每个人各尽所能为前提，不进行这种功利性的横向比较，从而规避了此类不合理的提倡导向。

反方：首先我想说明的是，刚才在攻辩环节中，对方的二辩给我们提出了这样一个概念，“我要做”当然是好的，没错，我们也承认，如果你真的说是“我想做”，那当然可以说你非常有善心啦，可我们又想说，你真的要想做，但你做的这个事情，能够起到多大的作用呢？好心办坏事的情况在整个抗震救灾的过程中也是非常突出的。所以说，我们应该提倡一个正确的善行观。通过正确的善行观提倡善行，能更好地发挥作用。另外，刚才对方三辩又提到，无法给我们提供一个正确的提倡善心的方法，所以我们认为，想要提倡善心，这是一个比较困难的做法。在整个抗震救灾的大背景之下，我们所做的，更多的是提供一种使市民，使所有的高中生，能够掌握真正的用善行去帮助人们的一种做法，所以说提倡善行更具备可行性，而且我们说……（时间到）

自由辩论：

反二：对方辩友，我想问一下，就是说我们在公交车上，随时可见给老弱病残孕人士让座这样的标语，以及车上的那些宣传，政府为何选择了这样提倡善行而非提倡善心呢？

正四：唉，对方辩友，您不要着急啊，您刚刚告诉我们，是在公交车上的老弱病残孕人士，其所针对的群体是不是只有高中生呢？当然不是。让我们来看这样一个问题啊，您在一辩和三辩中，反复地提出了一个“正确的善行观”，这个“正确的善行观”是什么？不就是一种心？对方辩友，我可不可以说您一半在论证你方观点，一半在论证我方观点？

反四：通过一些语言上的提倡和一些行动上的诱导，希望你们可以引导出大家一些积极向上的行为，因为只有行为才是真正有效的。

正四：对方辩友，您所说的这一步要做到行为的落实，那行为的落实是什么？是要有善心的倡导！你方还是在论证我方的观点。

反三：对方辩友啊，您前面反反复复地讲到了，就是有了善心其实自然而然就会落实到实际行动中去，那么我们现在来看，您有一棵树的树种，然后您将它埋到了土里，您不给它浇水，不给它施肥，那它能长成参天大树吗？没有倡导的这个渠道，我们的善心可能化为实际的善行吗？

正二：嗯，同学，对方辩友，我想提醒一下，我们今天提倡善心，提倡了就是给你一个浇水的机会，让它去成为参天大树，然后这个善行可以自然而然地做出，就可以为抗震救灾做出我们更大的贡献。

反二：对方辩友，刚刚向您提的那个给老弱病残孕人士让座的例子，我就想告诉您啊，我们在抗震救灾过程当中，对高中生这个群体来讲，提倡善行比提倡善心更有可行性，更能起到效果。刚才啊，我让对方三辩来帮我提倡一下善心，她支支吾吾了半天都不知道讲什么好，您说这怎么提倡善心呢？

正四：唉，对方辩友，您说我方三辩支支吾吾，我告诉您我方三辩紧张了一点，不好意思。您刚刚说在公交车上提倡帮助老弱病残孕人士，我说过了，其客体不限于高中生，而我们的主体是什么，我们的主体是学校，学校应当做出什么行为，是应当提倡善心还是提倡善行，对方辩友，您连辩题都没有搞清楚，又何来这里辩论呢？

反二：我怎么没有搞清楚辩题呢？学校让我们募捐，请问这是善心还是善行呢？

正三：对方辩友刚刚提到政府向广大民众提倡善行，那我想告诉对方辩友的是，如今的主流媒体关注的是抗震救灾。学校告诉我们，我们要捐钱，我们要抗震救灾，我是可以理解的，但主流媒体关注的热点是会转换的，当热点转换到奥运会，转换到别的事情上的时候，我想请问对方辩友，您怎么让中学生愿意去捐钱，去抗震救灾呢？

反二：对方辩友，您讲得好，现在我们的主流媒体都在关注抗震救灾，像CCTV啊，几乎二十四小时不间断地实时播报灾情，虽然内容不同，但对方辩友啊，您也看到了，在屏幕的下方，总会有一条滚动栏，滚动着同样的一条信息，那是什么呢？我来告诉您，民政局工商银行的账户是多少，红十字会工商银行的账户是多少，最后一句是欢迎广大市民踊跃捐款，献出您的一份爱心，这明显是政府在向我们提倡善行嘛！

正二：对方辩友啊，您刚刚告诉我们说，政府要提倡善行，那我想问，在我们身边，在希望工程的募捐箱里，为什么仅有那么屈指可数的一点点钱？为什么上海的血库频频缺血？那是因为我们中的很多人，在社会的热点没有凸显在这个上面的时候，他们是不会这样做的。那请问，他们这种不是善行吗？

反四：就是因为你方一味提倡善心，所以我们看到这样的情况才要提倡善行吗？才要提倡把钱放到红十字会的账户里，才要提倡大家撸起袖子去献血吗？请问对方辩友啊，您口口声声要提倡善心，那您提倡善心究竟是为了什么呢？

正四：对方辩友，我们提倡善心最终是为了什么，您和我方的观点一样，都是为了落实善行，但落实善行是最后的步骤，您刚刚说，我方提到了血库告急是因为媒体的关注，当然，现在媒体关注的焦点马上要转移到奥运会了，焦点不在了，我们高中生靠什么来推动自己去做出善行呢？不就是靠那颗永恒不变的善心吗？

反二：对方辩友，您刚才已经搞错了，我们高中生啊，在抗震救灾中应该提倡什么？我方一辩刚才已经讲过了，他提倡的这个东西啊，是要对抗震救灾有益的，最终的结果是能救灾区人民于水深火热当中的，当然不只是为了提倡善心。

正三：可是对方辩友，如果按照您的说法，我们今天列个榜，告诉大家，今天这个同学捐了500块，那个同学捐了1 000块，那是中学生应该有的价值取向吗？

反三：对方辩友，您反反复复地将我方的善行框定在捐款这一方面，我方在立论中已经说得很清楚了，节约每一滴水，节约每一度电，这都是我们中学生应该做出的善行。那么请问对方辩友，您认为这样的倡导是不必要的吗？

正一：我们认为这样的倡导是必要的，但是两种提倡方法对抗震救灾都是一种保障力，提倡善行是外在的引导督促、鞭策甚至是压力，提倡善心则是一种内化的需求。请问哪一种效果更好呢？

反二：对方辩友，我想请问对于这么一句话“有压力才会有动力”，你方是怎么理解的呢？

正二：刚刚对方辩友跟我们说啊，如果提倡善行就会导致大家从结果上去评定这件事情，不仅仅是指捐款，如果提倡了善行从结果上去评定这些事情，就会有人产生不理解或者产生排名或者攀比心理，比如我捐了五块钱要回两块五的现象。这种事情您怎样解释呢？

反一：对方辩友啊，您刚刚提到的这个现象叫攀比，请问攀比是一种善行吗？我们说高中生应该提倡正确的善行观，是通过合理的引导来采取正确的行为帮助灾区人民。

正四：哎，对方辩友，您反复地跟我们说善行观，我方已经指出了你们这个观点其实就是一种心理，你方反复提出的这个观点是不是又在论证我方观点呢？

反三：对方辩友啊，我们已经在前面的论述中表明有了善心不一定会有善行啊。我们再看一个事例，对方辩友一直谈倡导，我现在就来说说倡导，在灾区人民遭受灾害的时候，大家心中都有一颗善心，都想去灾区救灾，可是请问，我们应该怎么做才能切合实际呢？难道不是政府告诉大家，应该捐帐篷，应该捐食物，应该捐钱，应该节约水，不要蜂拥打电话到灾区，这一系列倡导难道不是倡导善行吗？缺了这个环节我们的善心如何才能被激发啊？

正二：我想告诉对方辩友，我们提倡善心的目标就是达到尽己所能，力所能及地去帮助灾区，如果说你们去用结果评价，那么我们必定会产生对这种事情的不理解。这种事情是怎样造成的呢？很有可能就是结果评价导致的，对方辩友您希望看到这种事情发生吗？

反四：对方辩友您刚才已经说了我们为什么要提倡善心，有了善心以后，要做出对灾区真正有益的善行。这不正是在提倡善行吗？

正二：我想提醒对方辩友，您提倡的善行是建立在善心的基础上的。那您刚刚说的那些……那个说得不好听一点，那个叫伪善，懂吗？

反三：对方辩友啊，我们前面已经说了，我们的善行是要建立在善心的基础上的，这样我们做出来才是真善行。我方一辩在立论中已经说清楚了，其实大家都有一颗善心的，但是为什么它没有表现出来呢？就是因为它表面上蒙上了一层尘埃，我们怎样才能扫除这层灰尘呢？难道仅仅用那些纲领性的语言，那些华丽的辞藻，就可以将它扫净吗？会不会造成内心的反感呢？对于身边做出来的善行，您比较容易接受呢，还是对于那些夸夸其谈地在电视上讲大家要有善心，您更容易接受呢？

正三：对方辩友刚刚提到了我们的善心蒙上了一层尘埃，那我们提倡善心，就是为了把上面的灰尘给抖掉，让同学们树立一颗善心，从而做出善行啊。

反二：对方辩友啊，我们来看这样一个例子啊。我想请问一下，您还记得我们学校那八个大字的校训吗？

正二：不好意思，请您重复一下。

反二：我不跟您浪费时间了。我们的校训是“同舟共济，自强不息”。所谓同舟共济啊，原本是说，大家坐一条船，一起渡河，而现在是指众志成城，渡过难关。连我们学校都在提倡善行，你方硬要固执地提倡善心，这又是为什么呢？

正二：抗震救灾是一个持久的过程。我们要帮助灾区，是不是我今天去帮助，明天就不去帮助了呢？提倡善行注重了一个结果……（正方还有三十秒）我们只有提倡了善心不是才能更长久地去帮助他们吗？

反三：对方辩友啊，我们提倡的是善行不是善果啊，你方却把我们的善行仅仅理解为善果。还有，你方前面讲到了，我们现在提倡善心，就是为了扫去心灵上的那层尘埃，那请问地上有土了，您是让地自己去扫自己，还是让我们去扫它呢？

正一：我们所说的主体是学校，也就是说，让学校来提倡这样的善心。然后，让学生去接受，难道对方辩友还没有搞清抗震救灾的含义吗？请你回答我，抗震救灾的含义。

反三：对方辩友啊，我们是一直……（时间到）

正一：看来对方辩友对于抗震救灾整个定义并不是十分清晰。

拓展训练 7-4　辩题：发展高科技是否有利于人类和平

主席致辞：（略）

主席：现在请正方一辩发言，时间是两分钟。

正方一辩：谢谢主席。大家好。我方认为：发展高科技武器有利于人类和平。

大家都知道，现在世界上已有中、美、英、法、俄、印、巴等多个国家拥有了核武器。但也许大家不知道，连瑞典这样看上去似乎与世无争的国家也拥有了高科技的隐形武器。现在高科技武器的发展，已经覆盖了从纳米技术到空间探测等现代尖端技术的每一个领域。我方强调这些事实，无非是想指出：发展高科技武器在整个世界范围内已是一个不可改变的趋势。我们今天要探讨的，不是对这种趋势认同与否，而是这种趋势所导致的客观结果，即发展高科技武器这一事实是否客观上有利于人类和平。

发展武器的目的或许不光彩，但它所起的作用并不一定就与其目的相同，判断发展高科技武器是否有利于人类和平，不应该看它的主观目的，而应该看它所起到的客观作用。我方认为发展高科技武器有利于人类和平，理由有三：

第一，当今世界的和平，构筑在各大国势力均衡的基础上。发展高科技武器的一个客观结果，就是加强了各大国间彼此的军事威慑力，使其牵制更加有力而牢固，降低了战争发生的可能性。第二，和平虽然是当今世界的主流，但局部战争从来就没有停止过。发展高科技武器的另一个客观结果，就是缩小了战争范围和缩短了战争时间。第三，高科技武器的威力使人们的忧患意识增强。原子弹的爆炸，也引发了第一次世界范围的和平思潮，这一思潮又抑制了战争的发生。高科技武器的发展在客观上对人类和平有巨大的警示作用。

当今世界和平与动荡并存，各国都面临着“既要努力制止战争，又要警惕战争的发生，做好防御准备”的局面。在这样的大环境下，发展高科技武器才成为一种潮流，从客观上说，这一潮流是有利于人类和平的。谢谢。(掌声)

主席：下面请反方一辩发言，时间两分钟。

反方一辩：谢谢主席，各位评委，各位同学，大家好！刚才对方辩友一再说核竞赛，为什么对方辩友没有看到核裁军呢？刚刚辩友谈到我们不论目的，那我们是不是要考虑核军备竞赛带来的结果呢？

我方的观点是：发展高科技武器不利于人类和平。对方辩友讲了很多，却始终没有告诉我们一个最根本的问题——和平到底是什么？在我方的概念中，和平有两层含义，包括事实层面和价值层面。事实层面是指没有战争的状态；价值层面是指对人价值的尊重，对协调对话的认同，对心灵安宁的追求。而与之相对的战争则是政治的继续，是两个和平之间的一种现象，它是对人心灵的挑战，是对人价值的践踏。

那么，我们如何减少战争，促进人类和平呢？答案只有一个：加强对话与联系。当今世界局势日趋缓和，和平成为时代的主题，其根本原因不是高科技武器的发展，而是全球一体化趋势的发展，经济利益的相互渗透，使世界各国的利益成为一张交织的大网，牵一发而动全身，一损必定俱损。所以，只有这样，才是实现人类和平的最终途径。正因为这张网，使双方得到了更多的共同利益，最终坐到谈判桌前，寻求对话与和解。

对方辩友一再告诉我们，发展高科技有利于人类和平，那么，我想请问对方辩友，武器的定义是什么……高科技武器只能造成更大规模的杀伤，造成更大规模的伤亡，那么对方辩友还要说：发展高科技是有利于人类的和平吗？

对方辩友一再强调制衡，那么我们来告诉大家：制衡并不等于和平，同样不利于和平。泥沙淤积，河道上升，最根本的途径是疏导，并不是无休止加固堤坝，那只能是防一时水灾，防不了一世水患。

综上所述，我方认为：发展高科技不利于人类和平。谢谢！

主席：谢谢反方一辩的发言，现在进入攻辩阶段。首先由正方二辩选择反方二辩或者三辩进行攻辩，时间一分三十秒。

正方二辩：谢谢主席，请问对方三辩，假如你是一位国王，你的国家发展了核弹技术，于是计划侵占一处与邻国早有争议的敏感地区，但在这个时候，确切的情报证明对方邻国也掌握了核技术，那你是否还会进攻？请回答是还是不是。

反方三辩：不是。

正方二辩：对方辩友，在第二次中东战争中，埃及得到了一张卫星侦察照片，上面显示了埃及处于劣势。于是，埃及立刻趁着手中筹码还没有完全失去之时，与法国进行停战谈判，结束了战争，也结束了对他们人民价值的践踏。我想请问对方辩友，是否同意就是现代卫星侦察技术的高度洞察力促使这场战争提早结束？

反方三辩：不同意。

正方二辩：为什么呢？

反方三辩：首先，我们认为战争的根源是利益冲突，您所说的高科技武器，看上去提早结束了战争，但它没有解决战争的根本问题，也就是说它没有解决利益冲突的根本问题，所以我方一辩已经说过它们能“防一时水祸，防不了一世水患”。

正方二辩：那么对方辩友是否承认了没有武器的话，照样有战争……

主席：对不起，时间到。下面由反方二辩选择正方二辩或者三辩进行攻辩，时间也是一分三十秒。

反方二辩：请问正方三辩，冷战是不是和平？

正方三辩：冷战是和平。

反方二辩：那请问两军对峙是不是和平呢？

正方三辩：两军对峙，如果他们在战场上交锋了，那就不是和平了；如果他们没有交锋，当然是和平了。

反方二辩：刚刚对方说到冷战是和平，那么我们现在是否还要继续冷战呢？

正方三辩：冷战虽然给我们带来恐怖的阴影，但至少没有使我们卷入战争，我们在冷战中的生活依然是安定和谐的。在二战炮火纷飞的环境中，人们是无法安心生活的，这才是战争带来的威胁。

反方二辩：试问对方辩友，人人在这个世界都有狼子野心，有这个贼心而没有这个贼胆，这个世界还是和平的吗？

正方三辩：有贼心不一定有贼胆。有这个目的，并不一定就会进行这个行动……好心可以办坏事，恶心同样可以结善果。

反方二辩：高科技武器就是这个贼胆啊！

正方三辩：高科技武器怎么是贼胆呢？……使用它，也是用它杀人了吗？

反方二辩：生产武器的目的是用于什么呢？对方辩友！

正方三辩：我一再强调目的不等于结果。美国居民那么多，身上都带着防身的手枪，他们都用手枪杀人了吗？

反方二辩：高科技武器是武器吗？

正方三辩：高科技武器当然是武器，但是他们不容易使用。

反方二辩：那不使用就不是武器了吗？

正方三辩：我们就是说高科技武器减少了使用的可能……

反方二辩：谢谢对方辩友。

主席：对不起，时间到。现在由正方三辩选择正方二辩或者三辩进行攻辩，时间一分三十秒。

正方三辩：请问对方三辩，如果你是一国总统，对一个同样拥有核武器的国家，实行外科手术式打击，国内的民众会支持你这种行为吗？

反方三辩：不会。

正方三辩：海湾战争后，布什总统的支持率骤然下降了20%，直接导致了他不能连任总统。你是否认为，民众的这种反战情绪，在一定程度上抑制了这种战争行为呢？

反方三辩：是。

正方三辩：好……那人类的第一次和平浪潮的兴起，是不是伴随着第一颗核弹的爆发而引发的呢？

反方三辩：请对方论证。

正方三辩：正是因为美国在广岛和长崎投下了两颗威力无比的原子弹，才使人们对和平的渴望这么强烈。人们都不希望遭受这种武器的大规模破坏。

反方三辩：按照对方逻辑，民众不支持生产发展高科技武器，可是我们仍然在发展。

因为这种发展是一种趋势，你不可能回避，因为大家都知道“人在江湖，身不由己”啊！为了各国的利益，对方辩友和我们，也不可能阻止他们去发展核武器。

反方三辩：那我们就不懂了，对方告诉我们，民众不支持发展高科技武器，又“人在江湖，身不由己”，不得不发展高科技武器。对方辩友，您到底是要论证什么啊？

正方三辩：（时间到）人们不是不支持发展，而是民众不支持使用。

主席：谢谢，时间到。现在请反方三辩选择正方二辩或者三辩进行攻辩，时间一分三十秒。

反方三辩：谢谢。我有些问题，想请教对方三辩。请您用选择来回答，迫式炮、坦克和核弹，哪个杀伤力更大？

正方三辩：当然是核弹。

反方三辩：谢谢你。请问能不能具体描述一下核弹的杀伤力？

正方三辩：核弹的杀伤力可以夷平一座城市……

反方三辩：对方辩友显然回避了这个问题，不过没有关系，我方将在自由辩论阶段给大家一个明确的答案。现在请对方辩友论证一下，核战永远不爆发的必然性。请注意：是“永远”和“必然性”。

正方三辩：核弹的产生促使人们越来越限制核弹的使用，对方承不承认这一点？

反方三辩：承认。

正方三辩：各种核弹以及各种核条约的签订，把核按钮限制在极其危险的情况下才能使用，导致出现很多国家把一种核威胁转移到打局部战争的趋势，那么各国是不是都有一种弃核的倾向而使用一种常规武器作战呢？

反方三辩：请您注意现在是我在问您问题。您论证的是偶然性中的必然性，不使用核弹的可能性大于使用核弹的可能性，但您没有论证必然性啊！这里我想问您一个常识性的问题，您知道人类现在拥有的核武器能毁灭人类多少次吗？请用数字来回答。

正方三辩：当然可以毁灭很多次，我可以回答对方辩友……

主席：对不起，时间到。（掌声）

主席：在攻辩之后，我们有请正方一辩做攻辩小结，时间是一分钟。

正方一辩：谢谢主席。通过刚才我方提出的几个问题和对方的回答，我认为再次论证了我方的观点。高科技武器的制衡作用、高科技武器的威慑力，对于提早加速战争结束的作用以及高科技武器引起的和平思潮，抑制了战争的发展。这就是我方的观点。同时我也想指出对方在刚才的攻辩中所犯的几个错误：第一，他们一直在把核弹等同于高科技武器，这两者是有很多区别的；第二，对方一直在把发展高科技武器等同于使用高科技武器，这两者之间也有很大的区别；第三，对方一直在强调发展高科技（武器）的主观目的，也说了判断的着眼点应该是其客观作用；第四，刚才对方辩友反复强调“如果……如果……”，我对对方辩友的想象力表示惊叹，但还是要请对方回到现实中来。谢谢！

主席：现在请反方一辩做攻辩小结，时间也是一分钟。

反方一辩：谢谢。对方辩友刚才说高科技武器能够提早结束战争，那么我想问，这种和平就是真正的和平吗？对方辩友提到了在广岛和长崎爆炸的原子弹，那么对方辩友有没有听到数十年来日本半岛千百万孤儿的呼喊，有没有看到千百万家庭的流离失所，以及无数的白血病患者？难道这就是停战带给我们所谓的和平吗？对方辩友又说，冷战是和平，那么为什么冷战没有延续？莫非对方辩友认为我们今天所处的是相对于冷战的另一种状态吗？为什么我们今天追求和平而不追求冷战呢？谢谢！

主席：谢谢反方精彩的发言。下面就到了我们期待已久的自由辩论阶段，首先从正方开始。双方各用时五分钟。

正方四辩：谢谢对方辩友刚才给了我们一个清晰明确的和平的定义，那么我现在就想请对方辩友清清楚楚、明明白白、真真切切地告诉我，当今的人类世界是不是和平的呢？

反方四辩：我们非常支持对方辩友的观点，现在主流是和平，但是小战争不断。那我想请问对方辩友在立论方面的一个问题，究竟你们的高科技是如何发展的？

正方三辩：高科技武器如何发展不是我们要讨论的问题，而是各国要讨论的问题。我倒想请问对方辩友，当今世界纷繁复杂，矛盾深刻，为什么我们没有发生第三次世界大战呢？

反方二辩：那我就奇怪了，发展高科技武器就不会引发第三次世界大战了吗？

正方二辩：请问对方辩友，现在的高科技武器，包括核弹在内，威力越大，使用的概率就越小，对方辩友不要把发展高科技武器等同于使用高科技武器。

反方三辩：对方辩友说使用概率小，那么存不存在使用的概率呢？只要存在这种使用概率，它一旦投入使用，就能使全人类灭绝，请问这个赌你敢不敢打，你能不能用全人类的生命和尊严来赌一次？

正方三辩：不是我们想要去赌，而是世界上就处在这样一个赌的阶段。我们要讨论的是这种赌发生的可能性到底是大还是小。如果它发生的可能性不大的话，又何谈你们的假设呢？

反方二辩：当把我们的生命和尊严当作砝码放在天平上，我们已经输了。

正方一辩：我们还是要强调对方所强调的赌并没有发生，我们应该着眼于这样的客观事实。二战时，正是因为别国没有威力巨大的核武器来制约德国，才使其肆无忌惮。而冷战时期，美苏两国矛盾尖锐，为何没有爆发战争，正是因为有其军事威慑力存在。因为一旦开战，两败俱伤，现在的世界也是处于这样的状态之下。

反方四辩：如果对方辩友认为冷战时期就是和平的话，那么我们今天为什么还在向和平竟渡呢？而不是出现天长地久有时尽、冷战绵绵无绝期呢？

正方三辩：对方辩友是否一周有那么几天心情烦躁、坐立不安，整天担心战争的爆发呢？

反方三辩：是。

正方四辩：那我想请问对方辩友，你是生活在血雨腥风、枪林弹雨的战争中更不安呢？还是生活在冷战的阴霾下更不安呢？

反方三辩：让我来告诉大家吧，对方始终对我方提出的一个问题进行回避。他们认为高科技武器可以解决战争，它可以加速战争的进程，但是我方已经说过高科技武器的投入不能解决战争的根本问题，仍旧不能解决利益冲突。就像洪水来临的时候，我们不是想如何去疏导它，而是不断地加高堤坝，在不断加高堤坝的情况下，堤坝将不断承受更大的压力。难道你能保证这个堤坝永远不决堤吗？

正方二辩：对方辩友，我就想请问一下，如果世界上没有武器的话，有没有战争？

反方二辩：那我就要请问对方辩友了，有高科技武器，战争是更容易发生，还是更不容易发生呢？

正方三辩：武器并不是战争的主要原因，美国的霸权同样不是仰仗高科技，而是仰仗它强大的实力。整个世界不可能发展成一个没有武器的世界，对方承不承认这一点呢？

反方二辩：我方早就说了，高科技武器就是这个贼胆啊！

正方三辩：也就是说，别的国家仰仗高科技武器去发动战争了。我们已经说过了武器并不是发动战争的根本原因，冲突才是发生战争的根本原因。如果回到过去的那种作战方式，失去了核弹头的威慑，那么世界上肯定会出现“一强”。也就是说，美国很有可能现在就统治世界了。

反方一辩：我想请问对方辩友，造成当今世界和平的根本因素是什么？

正方一辩：我不觉得有“造成和平”这一说法存在。我方不否认寻求和平的根本的途径是对话，但是对方也不应该否定高科技武器在促进和平这一问题上所起到的客观作用。

反方一辩：我方否认。

正方二辩：请问对方辩友，在历史上，秦灭六国，“收天下之兵，聚之咸阳”。那个时候世界上已经没有武器了，秦国为何只有十五年短短的寿命呢？

反方四辩：因为哪里有压迫，哪里就有反抗。我想请问对方辩友，是否一直在论证不要管它的目的是什么，只要我们的结果对了就行，对不对？

正方三辩：我们说奴隶制是一种万恶的制度，但它客观上确实促进了生产力的发展，这跟我们的辩题是一样的。

反方二辩：客观上，高科技武器也并没有促进生产力的发展啊！对方辩友！

正方一辩：我们今天探讨的不是高科技武器是否促进生产力的发展，而是高科技武器是否有利于人类和平。刚才对方辩友也说哪里有压迫，哪里就有反抗。那么我想请问对方辩友，难道当今世界没有政治、经济差异，难道当今世界没有民族、宗教矛盾，难道当今世界没有恐怖主义吗？而这一切，对方辩友又一再强调，高科技武器是一个贼胆。我想提醒对方辩友，高科技武器并不是哪一个国家拥有，而是现在很多国家都拥有。正是一种很多国家都拥有的情况，才达到了相互之间一种制衡作用，构成了一种动态的平衡。

反方三辩：那我请问对方辩友一个很简单的问题，如果今天我们八个同学坐在这里，我们每个人都拿着一把刀，我们把刀都架在对方的脖子上，您认为这种制衡是和平吗？

正方一辩：我也想告诉对方辩友，我们今天站在这里唇枪舌剑，因为我们用的是嘴，而如果我们手上每个人都端着一把冲锋枪，我们就不会打起来了。

反方二辩：对方辩友，我们应该回到辩题。和平是人类的和平，难道索马里、南联盟的人民会说现在是和平的吗？

正方三辩：对方总在幻想一种极乐世界的和平。“恃武者灭，恃文者亡”，意思是说过分地忽视自己的武力，和过分地夸大自己的武力一样，都会遭到灭亡。各国发展高科技武器也是一样的，是出于对自身安全的考虑，请问现在世界上哪个国家不需要这种安全呢？

反方四辩：对方辩友说来说去，都没有看到高科技武器带来的危害，其实我方一辩就已经说过了广岛和长崎的噩梦。对方辩友，六十年前的蘑菇云已经消散，但留下来的是什么？几十万人的伤亡，两个城市的毁灭！更多的是我们心灵无法承受的累累伤痕啊！

正方四辩：对方辩友一直在强调原子弹对广岛人民造成的心理阴影，那么请问对方辩友，你有没有看到二战之前，日本人是高呼着占领全世界的口号，对中国发起进攻的？现在在广岛，那些小女孩手捧着祈求世界和平的和平鸽，我们要和平不要战争啊！

反方三辩：既然对方辩友对核弹熟视无睹，那么让我们来看看白色粉末的恐惧吧。高科技武器并不仅仅是一个炮弹，不仅仅战场上才能和你亲密接触。哪一天我们收到一个信封，打开了，那可能不是白砂糖啊！

正方三辩：正是这种威胁，正是这种核弹笼罩的威胁，才使人们使用核弹的概率大大减少了。二战中，德国人民又是何等崇拜战争狂人，而在送走一支部队后却是喊着愤怒的示威口号！请问对方辩友，人类是否还像以前那么喜欢战争而且不惧怕战争呢？是否出现了高科技武器之后，它的巨大破坏力才使人们意识到和平的重要呢？

反方二辩：对方错了，我方一直在强调，和平是人类的根本追求，所以我们放弃发展高科技武器，因为这只能使和平更加走向没落……我们为南京大屠杀而悲愤，我们也知道基因炸弹可以在一瞬间把一个民族从地球村中抹去。

正方一辩：对方辩友刚才一直在强调广岛和长崎原子弹的威力，我也想指出，当时只有美国一个国家拥有原子弹……

主席：对不起，正方时间到。请反方继续发言。

反方一辩：对方辩友，看完炭疽弹，如果大家觉得还不够的话，我想您一定不敢踏入基辅某军事基地，因为即使你穿再多的衣服，也无法阻挡核泄漏带给你的摧残啊！

反方四辩：刚才对方一辩跟我们说，有多少多少的国家都在发展高科技武器，都拥有了核武，以这样的方式来达到制衡，认为这样就是对的。但事实上，就是南非这样的小国家，它即使拥有不少的铀资源，最后还是在制造第七枚核弹时，把它销毁，同时也把之前的六枚销毁，这是何等的伟大！只有像南非这样，我们所有的国家都倡导，把高科技武器都尽量削减，才能达到人类真正的和平啊！对方辩友！

反方一辩：因为害怕魔鬼，被魔鬼毁灭，而制造魔鬼，与魔鬼为伍，这实际上是给自己壮胆，保护自己啊！

反方二辩：冷战留给世人深刻的教训之一就是单靠军事力量不能实现强国富民、提高国际地位，对方一再说，发展高科技武器，国力就提高了，真的是这样吗？

反方三辩：刚才在攻辩当中，对方三辩没有回答我的问题，那我来告诉你一个数字，现在人类拥有的核弹，能够将人类从地球上抹掉七次，这是一个骇人听闻的数字！谢谢！

反方二辩：五千颗五吨弹量的核弹头，同时或连续爆炸，即足以毁灭地球。而人类现有的核弹头足够毁灭地球二十次以上。

反方四辩：我觉得，现在我们再怎么论证都是高科技武器的危害，高科技武器的危害也不是我们今天能说得完的，所以自由辩论，我们决定放弃。谢谢！

主席：谢谢正反双方的精彩表现，正反双方已经用四个阶段来论证自己的观点。观众是否也想发言，或是对正反双方也有问题要提问呢？下面是我们的观众提问阶段，首先由观众向反方提问。

观众1：我想问反方同学，你们一再谈人性，我也看到你们谈的人性是向善的，那么武器又是中性的，你们难道不能希望通过人的心灵的净化，从而不使用武器，把武器看成一种很好、很理想的东西吗？

反方三辩：我来回答这个问题，首先我们认为，武器不是中性的，因为从它产生的那一天开始，就不可避免地走上了罪恶的不归之路。还有，您刚才说，人是向善的，所以使用这样一种东西，主要是看它掌握在谁的手里，如果它掌握在本·拉登手中，那么任凭我们有千个、万个德兰修女都是于事无补的啊！谢谢。

主席：下面请观众向正方提问。

观众2：我想问正方这样一个问题，正方说核弹引导和平，那么我想问，核弹究竟是用一群人的不和平来换回另一群人的和平呢，还是真正地带来和平呢？还有，正方告诉我们，恶心是可以结出善果的，那么我想问正方，恶心如何结出善果？谢谢！

正方三辩：回答这个问题的时候，我想请这位同学不要假设美国不会投原子弹，因为原子弹确确实实是投下去了。原子弹的发展也是不可逆转的趋势，我们要以这种客观事实为依据来推断它的影响。它在战后很长一段时间内，维持了一种相对和平的局面，使人们认识到了这种毁灭性武器的可怕，而不单单是加速了战争结束。

主席：下面请观众向反方提问。

观众3：请问反方同学一个问题。刚才我们已经提到，很多事情已经发生，是不可避免的，比如投向广岛和长崎的原子弹，确实给广岛和长崎带来了毁灭性的打击，你们也举出了它造成的种种恶果。我想问的问题是，这种恶果对于论证人类和平是否具有必要性，它作为前一次战争留下的创伤，我们是承认的，但是它的存在是不是就不利于人类现在的和平呢？这一点是如何论证的？

反方二辩：我想回答这位同学，有句名言是“对过去视而不见的人，对未来将是盲目的”。正是我们正视历史，才知道了一条新的路子。当发展高科技武器给人们带来种种的弊端，甚至带来毁灭时，我们是不是应该止步了呢？谢谢！

主席：下面请观众向正方提问。

观众4：我想请问一下正方，众所周知，美国是全世界少数几个允许拥有枪支的国家，也就是说美国的民众都有能力去杀人，是否是因为美国的民众每个人都有能力去杀人，而美国不杀人了呢？请正面回答。

正方二辩：首先，他们的出发点是为了防御，我想明确这一点，他们有能力杀人，但是因为枪支的存在，使他们杀人的机会减少了。当然这个比喻也许不确切，同样枪支也不能等同于高科技武器，高科技武器或许增强了某些国家的军事实力，但不代表就增强了他们发动战争的可能性。他们实力是增强了，但机会减少了，所以我们说这种制衡作用有利于人类和平。谢谢！

正方三辩：我再补充一下，美国的枪支是可以用法律来禁止的，但是整个人类的军备，发展高科技武器是可以用一部法律来禁止的吗？

主席：谢谢正反双方的精彩回答。下面进入我们辩论赛的最后一个阶段，由正反双方四辩做总结陈词，首先由反方开始。

反方四辩：谢谢主席，大家好。今天的辩论无疑是严肃而沉重的，对方一直无法自圆其说，因为无论对方辩友如何界定高科技武器还是和平，都难以回答这样一个简单的问题：高科技武器为何而用？人类的丧钟为谁而鸣？以下我想解释一下对方之所以出现这样的错误的一种模糊性立论。

第一，对方错误地认为以战止战就有利于人类和平。我们知道，美国使用高科技武器发动阿富汗战争，解决冲突根源了吗？没有！这样反而加剧了文明的冲突和种族的仇恨，埋下了进一步战争的种子，冤冤相报何时了啊！

第二，对方认为高科技武器的发展达到相互制衡就是和平，有利于和平。我们知道，在发展高科技武器过程中，可是“道高一尺，魔高一丈”。再说，什么是和平？人们因为核、生化等高科技武器这些高悬在头顶上的达摩克利斯之剑而惶惶不可终日、无法安身立命，这样是不是和平？对概念的简单理解和只看现象不看本质的局限性令对方辩友无法清楚地面对这个辩题。

相反，我方是站在人类自身和世界发展的角度来面对历史、现实和未来。第一，诚如古人所说“夫兵者，不祥之器”。武器从它一出生开始就打上了非和平的烙印。第二，战争和冲突的根本原因是利益和文化的冲突。在当今全球化的进程中，用武器和暴力作为话语权力只会令双方隔阂和戒备加重，无法进行利益的交流和文化的沟通，这样的话我们只能离和平越来越远。历史上，高科技武器给我们带来的灾害还少吗？今天，对方辩友认为我方所说的所有危害已经不够广泛、不够深入，难道要等到人类毁于一旦，整个地球顷刻爆炸，我们才懊悔不已吗？另外再让我们看看，当所有人被蒙上核阴影，当所有人被蒙上了生化阴影，我们的心理遭受了什么样的摧残？倡导高科技武器有利于人类和平，我们的子孙会唾弃我们。由于先辈的短浅和无知，令他们处于核威胁和生化威胁之中，不能自由地享受阳光和空气，在无尽的高压恐惧中人类伤痕累累，脆弱的心灵无法再承受任何的打击。相反，只有充分认识到发展高科技武器不利于人类和平，人类才能从枷锁中解脱出来，减少隔阂，由对抗走向对话，由冲突走向和平。在这里，我们有理由相信，由不同国家、不同种族，用大家的双手承托起来的，将是人类共同和平的天空……谢谢！

主席：感谢反方四辩的精彩发言，现在由正方四辩做总结陈词，时间三分钟。

正方四辩：大家好！从对方辩友慷慨激昂的陈词中，我听到了一个令人振奋的声音，那就是我们要维护和平。但是我也很想听到另一个声音，我们该怎样维护和平呢？是靠道德的维系还是信仰的约束呢？对方辩友一直在回避这个问题，在这一点上，对方辩友很喜欢引用霸权主义和恐怖主义为例子，说明当今世界的不和平是由发展高科技武器造成的。那好，我们就来谈一谈霸权主义。当霸权主义国家倚仗手中的高科技武器恣意妄为的时候，我想请问对方辩友，如果不是中国等主张和平的国家同时也发展高科技武器来制约它的话，我们哪里还有和平的环境和对方辩友坐而论道呢？其次，我方所要强调的并不是提倡单纯地为杀人而发展高科技武器，我方强调的是，在这个现实的世界中一切只能凭实力说话。在我们一只手高举橄榄枝走向未来的时候，我们的另一只手必须紧握着利剑啊！通观全局，对方辩友无非是想证明一部人类武器的发展史就是一部人类的血泪史。诚然，武器的发明是用来战争，它对和平造成了不利的影响。在今天，武器的制造也是越来越多。但是我们也要看到这样一个事实：武器仅仅是一个工具，用它杀人无数的是那些掌握武器的人，这些人对武器的使用态度才是真正影响和平的主要因素。在过去，为赢得战争人们努力地发展自己的武器，让自己的武器最具杀伤力，可是当武器发展到今天这种高科技的程度，当一颗原子弹可以轻易地毁灭一座城市，当基因武器可以轻而易举地灭绝一个种族的时候，人类也开始在他们看似天才的发明面前颤栗了，怯懦了。连那些发明和掌握高科技武器的人也不敢轻易来尝试啊！因为他们明白这些武器一旦使用，打败的是敌人，伤害的也是自己，而且可能造成全人类的毁灭啊！在高科技武器的巨大威力面前，没有人敢轻易越雷池半步。我们可以看到在上个世纪仅有的一次使用原子弹，不但炸醒了被军国主义思想蒙蔽的日本人民，也带来了全世界最大规模的一次和平思潮。一部高科技武器的发展史，其实也是一部人类对战争的恐惧越来越加深的历史。人类从来没有像今天这么珍惜自己的生命，这么珍惜世界的和平。所以今天我们要说，高科技给了我们锐利的武器，可是我们要用它来捍卫和平。谢谢大家！

资料来源：作者根据百度文库相关资料整理。

巩固训练

一、活动背景

宗旨：本次辩论赛主要是为丰富同学们的课余生活，活跃校园气氛，促进班级之间的友好关系，开拓同学思路，体现我分院学生风华正茂的精神状态，提高同学的辩论水平，发掘培养辩论人才。以“关注热点，追求真理，锻炼口才、发展自我”为宗旨开展活动，传播科学精神，关注社会问题，展现学子风范。巩固学生的专业素养，提高语言组织表达能力和逻辑思维能力。

二、活动时间

10月20日—11月21日。

三、活动地点

社会发展分院。

四、主办与承办

社会发展分院学生会学习部主办；22级各班承办。

五、参赛办法

（1）报名方式：以班级为单位组队，每队4人（男女不限），每班出一队。各班班长将报名表于10月23日前交至分院学习部。

（2）参赛分组：第一轮比赛前一周抽签决定分组。

六、活动流程

（一）第一轮比赛

10月30日，班级A vs 班级B，班级C vs 班级D。

总得分最低的班级将被淘汰，E班将代替被淘汰班级参加比赛。

（二）第二轮比赛

11月6日，共2组。

在第二轮比赛中获胜的辩论队于当天抽取辩题。

（三）决赛

11月13日。

注：每场比赛有一位点评嘉宾作现场点评，点评嘉宾由评委中产生。

七、比赛规则及流程

（一）时间

全场总计用时60分钟。

（二）流程

1.赛前

（1）主席致辞。宣布辩题及辩题相关背景资料；介绍选手包括学院、专业、年级及正反方所持观点等；介绍评委及比赛规则。

（2）主持人宣布比赛开始后，各参赛队按一辩到四辩的顺序进行自我介绍。由正方先开始，时间每人不得超过10秒，全队不得超过1分钟。

2.比赛阶段

（1）开篇陈词。

（2）正方一辩发言（立论）（3分钟）。

（3）反方一辩发言（立论）（3分钟）。

（注：每方队员在用时剩余30秒时，计时员以一次短促铃声提醒，时间用完时，以钟声终止发言。）

3.攻辩

（1）正方二辩向反方二辩或三辩提问；反方二辩向正方二辩或三辩提问。

（每一轮攻辩阶段为2分钟，攻方每次提问不得超过10秒，每轮必须提出3个以上的问题。辩方每次回答不得超过20秒。时间用完时，以钟声终止发言，若攻辩双方尚未完成提问或回答，不作扣分处理。）

（2）正方三辩向反方二辩、三辩提问；反方三辩向正方二辩、三辩提问。

（每一轮攻辩阶段为2分钟，攻方每次提问不得超过10秒，每轮必须提出3个以上的问题。辩方每次回答不得超过20秒。时间用完时，以钟声终止发言，若攻辩双方尚未完成提问或回答，不作扣分处理。）

（注：提问、回答均须简洁明确，回答方须正面回答提问方提出的问题。重复提问、回避问题均要被适当扣分。）

4.攻辩小结

正方一辩进行攻辩小结（2分钟）；

反方一辩进行攻辩小结（2分钟）。

（注：要针对此前所有阶段的态势及涉及内容，严禁脱离比赛实际情况，否则将被适当扣分。攻辩小结阶段，在每方用时剩余10秒时，计时员以一次短促的铃声提醒，时间用完时，以钟声终止发言。）

5.自由辩论

正反方辩手自动轮流发言。每方限时10分钟，双方总计20分钟。发言辩手落座为发言结束，另一方辩手必须紧接着发言；若有间隔，累计计时。同一方辩手的发言次序不限。若某一方的辩手已连续发言四次以上，其中一人未参与发言，将做扣分处理。如果一方时间已经用完，另一方可以继续发言，也可向主席示意放弃发言。自由辩论提倡积极交锋，对重要问题回避交锋两次以上的一方扣分，对于对方已经明确回答的问题仍然纠缠不放的，适当扣分。

（注：自由辩论阶段，每方使用时间剩余30秒时，计时员以一次短促的铃声提醒；时间用完时，以钟声终止发言。）

6.总结陈词

反方四辩总结陈词；（4分钟）

正方四辩总结陈词。（4分钟）

（注：应有针对性地对辩论会整体态势进行总结，否则将被适当扣分。每方队员在用时剩余30秒时，计时员以一次短促铃声提醒，时间用完时，以钟声终止发言。）

7.观众提问

观众可向正反方各提一个问题，由双方选派一名辩手作答。该环节在正式比赛结束后进行，增加比赛观赏性，不影响比赛结果。每方各4分钟。

八、参赛要求

（1）各参赛队领队、队员仔细阅读本次辩论赛方案，熟悉有关赛程安排。

（2）各参赛队于每场比赛开始前20分钟到达比赛现场，以利于组委会对赛事的统筹安排及各场比赛准备工作。

（3）请在每场比赛之前做好细致的准备工作，以利于辩手在比赛中发挥出自己的最高水平。

（4）遵守比赛纪律及比赛规则，服从大会工作人员的安排，尊重评委评判，如有不同意见，请赛后与组委会联系。

九、评判标准

1.团体部分

（1）准确把握辩题内涵和外延，对所持立场能多层次、多角度阐述，论点鲜明，对本方难点能有效处理和化解。

（2）对辩题的理解和论述能在广度上展开、在深度上推进，整个辩论过程条理清晰，能给人以层层递推的美感。

（3）辩驳提问抓住对方要害，问题简单明了；回答直面问题，有理有据。注重针对辩题正面交锋。

（4）配合具有团体精神，队员间相互支持配合，论辩衔接流畅、方向统一，攻守兼备，自由辩论时发言配合默契，体现“流动的整体意识”。

（5）普通话使用标准，语速抑扬顿挫，语言流畅，富有感染力。

（6）比赛中尊重对手，尊重主席、评委和观众。举止得体，显示出良好的道德修养。敢于创新，勇于表现，具有本队特有的风格，并贯穿全场。

（7）着装整齐，仪表大方，体现出良好的风度和气质。

2.个人部分

由评委根据每位辩手在整场比赛中的表现，给出印象分，可参考以下指标：

（1）陈辞流畅，说理透彻，用语得体。

（2）提问合适，回答中肯，反驳有力，反应机敏，幽默风趣中寓见解。

（3）台风与辩风。

3.胜负判定

（1）评委的打分中去掉一个最高分和一个最低分，将其余分数相加取平均值，为该队得分。

（2）参赛两队中总计得分居高的一队取胜。

（3）如果两队得分相同，则由评判团另行投票，决定胜负。

（4）评委的打分中去掉一个最高分，一个最低分，将其余分数相加取平均值，为该参赛队员的得分。如果两队员得分相同，则由评判团另行投票，确定优秀辩手和最佳辩手。

4.点评

每场比赛有一位点评嘉宾作现场点评。

十、评委组成

（1）辅导员老师或本分院教师。

（2）学生会主席团成员。

（3）有参加学院辩论赛经验的21级同学。

十一、经费预算项目

（1）比赛用品，如笔、计时器、评分表等。

（2）奖品。

（3）其他，如矿泉水等。

十二、奖项设定

（1）团体冠军1队（团体荣誉证书）、亚军1队（团体荣誉证书）、季军2队（团体荣誉证书）。

（2）每场最佳辩手，共5人，颁发个人荣誉证书。

（3）大赛最佳辩手，1人（参加比赛的辩手中，累计得分最高者）。

备注：本次辩论赛将给冠军队、亚军队及季军队颁发相应的奖状，将会给本次大赛的最佳辩手颁发相应的证书及物质奖励。

模块八

主持训练

学习目标

★明确主持人口语的特点；把握主持人口才技巧；明确不同场合主持人应对策略。

素养目标

★体会主持人普通话语音的美感，感受主持人临场发挥的机敏，激发学生传播中国声音，更加喜爱中国文化，增强职业使命感。

任务一　主持人口语特点

一、主持及主持人概述

主持，就是“负责掌握或处理”（《辞海》）。

各种社会活动，一般都需要主持人，如主持会议、主持节目、主持演讲比赛等。

主持人，是指出场为听众、观众或参与者主持某项社会活动或节目的人。他不是表演者，而是以他自己的身份、自己的个性，直接面对参与者或听众、观众的人。他在社会活动或节目中居主导地位，起着指挥和导向作用，例如，电视节目主持人、晚会主持人等。

二、主持人口语的特点

主持人驾驭活动场面，指挥活动进行，串联活动的各个部分，直接向参与者或听众、观众传播信息、交流思想感情。主持人根据不同的活动（节目）内容、情调、风格等，总是采用灵活、亲切、自然、热情、质朴、生活化或程式化的优美语言来操作，这种言语，便是主持人口语，例如，文艺节目主持人口语、学术讨论会主持人口语等。

现代信息社会，社会活动丰富多彩，人们的交际也日益频繁，所以社会生活的多个领域出现了各种各类主持人角色。

现按主持人的类型，分述主持人口语技巧。

（一）节目主持人口语特点

节目主持人口语技巧可归纳为以下64个字：

机智幽默，谈笑风生；

持重稳健，侃侃而谈；

语言纯净，质朴无华；

出口成章，文雅聪敏；

语惊四座，出口不凡；

轻声细语，娓娓动听；

语重心长，情真意切；

言辞优美，掷地有声。

电视节目主持人的口语技巧在于掌握声调轻重、缓急、高低、大小的分寸，既要控制全场导向，又要做到将声画融合一体。

广播节目主持人应靠口语在听众心目中建立一个鲜明而优美的形象，使听众能够“闻其声如见其人”。

一般文艺演出的节目主持人或专题节目（活动）的主持人，直接在广大观众面前指挥调度舞台上的活动并把握活动的全过程，其口语要避免面面俱到或啰啰嗦嗦，话不能说得太多，只能画龙点睛式地穿插、连接、报幕，语言要有吸引力。

节目不同，风格便会有所不同。

我们不妨以《朗读者》为例来欣赏节目主持人的口语特色。董卿的主持风格大气端庄、优雅清新，主持节目时始终保持的微笑和动情时的泪光，十分符合《朗读者》这档节目的内在气质和节目风格。《朗读者》每一期节目都有一个主题词，这个主题词也就奠定了节目的主题内容，董卿在采访和主持时思维清晰，逻辑缜密，言语化过程准确，表达规范，端庄大气的风格、娓娓道来的讲述感和恰如其分的感性言语吸引着每一位观众，让我们在观看节目时得到了很大程度上的享受与感动。

（二）会议主持人口语特点

各级政治性、业务性、群众性会议以及学校的校会、年级会、班会、团队集会等活动，例如党政机关、群众社团的代表会、行业集会、学校课外活动等，都应有主持人。主持人对会议的成败有着举足轻重的作用。

从表面上看以上各类主持人，好像他们只要依据既定程序、记熟台词、按部就班或照本宣科即可，而实际上，若非训练有素、技巧娴熟是不可能做好主持人的。

在主持的全过程中，主持人要时时处处注视着进展动态，以便及时作决断，迅速作处理，还要随机应变，牢牢掌握主动权。

会议主持一般采用直入式或简介式的开场白，做出简明快捷的表达。接着睿智的引导，一步步地推进，使会议活动连贯地发展，最后归纳总结，圆满结束。

会议主持人要口齿清楚，思维敏捷，积极地活跃气氛。主持人要明确开会目的，比如主持记者招待会，主持人要对记者提出的问题反应敏锐，回答流利不能支支吾吾；开座谈会、讨论会，主持人要阐明会议宗旨和要解决的问题，切实把握会议进程和会议主题。不要使讨论和发言离题太远，而应引导大家就问题的焦点畅所欲言。同时要控制好会议时间，不能使会议拖得太长。

会议主持人要沉着冷静，保持中立的态度，没有偏见的立场。在会议进程中，主持人对不同观点应允许做出充分解释。会议出现僵局时，要善于引导，出现空场、冷场时应及时补白。要处处尊重别人的发言和提问，不能以任何动作、表情或者语言来阻止别人，表示不满。应该用平静、和缓的语气来阐述正确主张，使人心服口服。

会议主持人要善于表达，有耐心，善于察言观色。遇到冷场，要能够启发和选择思维敏捷、外向型的参会者先发言。有时可以提出有趣的话题或者趣事，活跃会场气氛，引起与会者的注意，使之乐于发言。

会议主持人还要富有幽默感，有协调能力，有解决问题的能力。遇到离题情况，主持人应根据具体结果，选择讨论中的某一句话或插上一句做转接，巧妙柔和地进行议论，顺势回到议题上来。遇到分歧，主持人应适当运用幽默技巧，设法缓和冲突，不能激化矛盾，更不能直接参与无休止的争吵。

任务二　主持人口语技巧

一、主持人口语技巧的类型

（一）推销员式技巧

主持人凭借语言上的基本功，在主持节目或活动时像推销商品给顾客那样，极力称赞所推销的商品的优点，语言也像推销员那样具有诱惑力。

微课8-1

主持技巧——开场

我们可以在日常生活中锻炼主持人推销员式口语的技巧。

1.聚精会神，察言观色。

以访谈类节目为例，主持人可以通过观察对方的眼神、手势、表情，听对方说话的语气、语调信息，判断谈话的状态，揣摩对方的心理，再将自己的观点、看法得体地说出来。

主持人要善于倾听，访谈中倾听比讲话更为重要。倾听就是聚精会神地听取对方发出的声音，听清楚别人说话的内容。这是对他人的尊重，更是获取信息的重要途径。

口才绝不能只是嘴上的功夫，而是一种综合能力的考验。优秀的主持人必须具有敏锐的观察力，能深刻地认识事物。只有这样，说出话来才能一针见血，准确地反映事物的重点。在主持中必须有严密的思维能力，懂得如何去分析、判断、推理，说出话来有条理；有流畅的表达能力，词汇丰富，知识渊博，说出的话才能生动顺畅。

2.周密考虑好后再发表言论，三思而后言。

与书面语言不同，口语的表达存在于瞬时的交际语言环境中，不讲究说话环境是达不到预想的交际效果的。

3.讲究说话的原则与策略。

主持过程中不能只说对方爱听的话。说话要有理有据，要讲究原则，讲真话。如果有意见分歧，要敢于表达自己的真正立场，不要一味地阿谀奉承。言语要有根据，要反映真实情况，而不能歪曲事实。说话之前做好充分的准备，用好开头语，进行巧妙提问，适当时候插入奇言妙语。

提示："推销员式技巧训练"表明，主持人应该像推销员那样，具备从熟悉商品到推销商品的说辞基本功，而且应该像推销员那样热情、风趣、有吸引力。这说明主持人不仅仅是个"报幕员"。

（二）指挥员式技巧

微课8-2

指挥员式技巧

主持人在节目或会议进行过程中处于主导地位，他直接面对观众，指挥若定，沉着自信，从容不迫，很像一位临战指挥员。

以会议主持为例，我们来看看主持人是如何临场指挥的。

会议开场阶段，开场白要限制在一分钟左右，语言简洁明了。首先，主持人要宣布会议的目的，明确会议的任务，并介绍出席会议的领导、来宾，目的在于集中与会者的注意力。其次，主持人要指出议题的重要性，引起与会者的高度重视。最后，主持人要宣布会议进入下一个环节。

会议推进阶段，要通过简短的语言推进会议进程。会议上常有一些人对紧迫而细小的事一定要纠缠个水落石出；对虽不紧迫但影响重大深远的事却没有给予关心和注意。这时主持人头脑一定要十分清醒，抓住全局性的和影响长远的议题，不要被琐事干扰，以免浪费不必要的时间。主持人应该利用通报信息、杜绝"小会"、让人人开口、经常进行简短概括、公正引导讨论、防止冷场、承认分歧、用幽默解决难题等方法及时推进。

会议结束阶段，要制定和引出决议。这时应充分发挥主持人的作用，向与会者报告已得出的结论、会后将采取的行动和尚存的分歧。

提示："指挥员式技巧训练"表明，主持人的口才犹如指挥员的命令，具有权威性和准确性。

（三）导游式技巧

主持一场节目（或活动）就像引导一次旅游。

一台文艺晚会的节目主持人，其作用就是把观众"领进去"，再引导观众尽情"游览"。由于观众的欣赏水平和欣赏角度不一，这就需要主持人当好"导游"，使节目能够雅俗共赏、老少皆宜。

主持人可以运用以下技巧：

1.连接巧妙。

主持人在主持一场节目的时候，一般都要在节目中间进行搭桥连接，起到承上启下的作用。主持人要事先做好充分的准备，熟悉主持的内容，有序掌控节目的进行。

2.自然亲切。

主持人是活动的指挥者和组织者，是联系讲话者、表演者与听众、观众的纽带。主持人要以民主、平等的态度来主持节目，不但要口语化，大众化，而且要生活化，像聊家常一样与受众亲切交谈。

3.工于开场。

“好的开头是成功的一半”，好的开场白是主持人一场节目的关键。

好的开场白可以确定基调，营造气氛，表明主旨，沟通感情，使全场的人情绪沸腾起来，注意力集中起来，造成一种全场和鸣共振的态势，从而保证节目的顺利开展。

例如，一次篝火晚会，主持人一上场，便说“踏遍青山人未老，风景这边独好！朋友们，今晚繁星满天，篝火通红，这画一般的景色，激起我们诗一般的情怀……”主持人绝妙的开场白情景交融，美妙有趣，把观众带进了诗情画意的情境里。

4.随机应变。

一个成功的主持人，最大的特点就是随机应变，能左右逢源，灵巧变通，能快捷思考，准确判断，巧妙地调整表达方式。

5.富有个性。

不同的活动必须采用不同的主持语言形式和风格，这是活动内容本身特点所决定的。

比如，主持体育节目时语言要铿锵有力，速度要快一些，尤其是现场解说要更快；主持少儿活动时要亲切，声音可以带几分稚嫩；主持日常生活方面的内容要轻松自然，像聊家常一样亲切热情。

除了节目本身的内容决定了主持人的语言风格外，每一个主持人也有自己的风格，由于个人的气质、性格、文化素养、兴趣爱好等不同，主持的语言风格也有很大的区别。正是有了这些个性化的表现，才能塑造出与众不同、个性鲜明的主持人形象。

提示：“导游式技巧训练”表明，主持人的口语如同导游口语一样有着关键的向导作用。导游的技巧类型有描绘式导游、介绍式导游、逗趣式导游、畅想式导游等，主持人在训练口语技巧时都可以借鉴。

（四）司仪式技巧

举行婚丧仪式、迎送宾客仪式、各种庆典，无不需要主持人。这些仪式属于程式化的，其项目及顺序都有一定之规。礼仪主持人应根据仪式的性质、目的、意义，用口语创造出特定的氛围，以协调仪式项目间的串联，使仪式的进程充满高雅情趣。

以婚礼仪式为例。婚礼司仪（主持人）先用妙趣横生的开场白拉开婚礼的序幕，使一对新人和来宾置身于欢声笑语中，再用喜庆的话语渲染气氛，用幽默的语调引吭唱礼，让新郎新娘拜谢来宾，接着表演节目，同时请来宾出题，一对新人做“文章”，直到礼成。

婚礼司仪的语言都是喜庆吉祥的用语，而且要时时注意调动和调节婚礼现场的气氛。

提示：“司仪式技巧训练”表明，司仪式主持人，应该体现出民族传统习俗、时代风情和地方特色。在司仪式主持人口语训练中，应做到文明高雅，切不可低级粗俗，玩笑与逗趣不可过火。

二、主持人口语技巧训练

1.下面摘录的是中央电视台几位著名主持人的谈话，你读后对主持人形象在主持中的意义有何思索？

（1）鞠萍：1984年10月走入主持人队伍后，一度想将自己打扮得漂亮些，于是把头发给烫了。这一下招得小观众来信了：鞠萍姐姐怎么啦？烫头发要结婚了吧？从此以后，我保持平直的头发有12年。

（2）倪萍：记得第一次主持“综艺大观”，我穿的是所有衣服中最贵的皮裙子，蓝绸上衣是借的，观众说上下身季节错位。后来我每次做节目都精心挑选衣服并且注意搭配。

（3）敬一丹：主持“东方时空”节目时，有一天心血来潮，穿了件色彩鲜艳的中式上衣，观众来电话：“你今天真漂亮。但是，没听清你在说什么。”

2.阅读下面摘引的这段话，你有什么想法？

“随着电视业的迅猛发展，一个新的焦点角色——电视节目主持人如旭日搬冉冉升起。电视机的普及及其在人们生活中的重要性，使得电视节目主持人成为人们除家人之外最常照面的朋友，每天或每隔几天就会不由分说出现在你面前。从这个意义上来说，一个好的节目主持人的知名度绝不会低于一个同样好的电影演员。”

3.我们在学习与训练主持人口语过程中，要刻苦练习，也要不停地思考。你说这样做对吗？下面提供一段可参考的话。

倪萍深有感触地说：“一个人只有停下匆匆的脚步，拿出时间对自己明确认识，才可能在节目中取得进步。”

4.举办文艺性晚会，选派几名同学联合主持。

要求综合运用所学过的主持人的表达技巧，之后总结评议。

5.人们通过观形、察神、闻声来衡量主持人。

主持人以相貌、形态、言谈举止、内在素质赢得人们的认可。为此，应反复练习，做到端庄、大方、亲切、得体。

6.收看影视剧或者其他视频资料，从多种类型及特色的主持人画面中，进行借鉴和模仿。

7.主题班会方案设计。

班会目的：通过引导大家对仪表美、心灵美、语言美等问题的探讨，帮助同学们树立起正确的人生观、价值观和道德观，为培养同学们美好的情操和良好的品德素质奠定基础。

会议基调：轻松活泼、健康向上。

班会形式：将朗诵、演讲、歌舞及小品等艺术表演融于讨论之中。

要求：写出具体的会议程序及主持的语言提纲，做到主题突出、观点鲜明、语言规范、热情、串联自然得体。

思政之窗8-1

"圆场"指的是主持过程中为打破僵局而从中解说或者提出折中的办法。巧妙的圆场技巧，不仅是主持人必备技巧，也是日常口语交际中说话者掌握话语权的有效方式。

微课8-3
主持人的圆场技巧

周恩来总理在外交事务中对圆场技巧运用得十分娴熟。一次会谈中有位外国记者不怀好意地问总理："在你们中国，明明是人走的路为什么却要叫'马路'呢?"周总理不假思索地答道："我们走的是马克思主义道路，简称马路。"

这位记者的用意很明显，他想把中国人比作牛马，和牲口走一样的路。如果真的从"马路"这个词的来源去回答他，虽然正确但却正中外国记者的下怀。总理把"马路"的"马"解释成马克思主义，恐怕是这位记者始料不及的。

有关周总理在外交和谈判场所发生的妙语故事还有很多，相信同学们也知道不少，他敏捷机智而又不失大国总理风度的做法既让人感到意外，又让人感觉是在情理之中。

从周总理身上，我们发现，好的口才不单是口齿伶俐，更必然是出自一个有"心"的人。周总理的"心"就是亿万人民，就是我们的国家。他的每一句话都是为了国家的荣誉和利益。只有拥有这样一颗热情的"心"，才能够以不变应万变。

拓展训练8-1

演讲比赛主持词

请在场的各位将手机关机或调为振动，保持会场安静。

A：尊敬的老师，

B：亲爱的同学们，

合：大家晚上好！

A：我是主持人×××。

B：我是主持人×××。

学习，是一份世界上最苦的工作，也是一份世界上最不好做的工作。那么，在现实生活中，如何使我们学习好呢？有人会说：可以找到自己的学习方法，可以找到适合自己的环境，只有这样，你才能发挥出最大的潜力，使自己达到最高的境界。此次演讲主要就是围绕学习环境的话题进行交流。

首先请允许我来介绍本次比赛的评委（不要把评委顺序搞错了，记得要按职位高低和资历深浅来介绍）：学生会指导老师×××老师，社团联合会机电分会指导老师×××老师，院学生会主席×××，口才与辩论协会会长×××，让我们以热烈的掌声欢迎他们的到来！今天到场的还有学生会各部门的部长。

接下来，我们向大家宣布本次演讲比赛的评分细则和相关说明：

本次比赛分两个环节，第一个环节是主题演讲，总分100分，其中演讲内容40分，语言表达30分，精神风貌、服饰着装、精神气质20分，现场效果10分。评委现场举牌给分。获得最高分的15名参赛选手将进入第二轮比赛。

A：第二个环节——即兴演讲和才艺表演，这个环节不现场给分。比赛结束后我们会评出一等奖1名，二等奖3名，三等奖4名，最佳台风奖1名。

合：现在我们宣布，比赛正式开始！

A：首先有请我们社联的指导老师×××老师上台为我们讲话，大家欢迎！

B：谢谢×××老师！

B：下面请出一号参赛选手，来自××部的×××。有请。

B：经过一番激烈的竞争，到底哪几位选手能够成功晋级呢？我们的工作人员还在进行统分。下面我们有请×××老师上台做点评。

A：感谢×××老师为我们进行点评！现在能够晋级的名单已经在我手上了，他们分别是：×××、×××……

B：恭喜这10位选手进入我们的第二个环节。大家都等得很着急吧？现在我们有请能够成功晋级的第一位选手上台为我们带来精彩的演出。

A：10位选手都各施所长为我们带来精彩的表演。下面我们有请×××老师为本次比赛做总结点评。

感谢×××老师为本次比赛做总结点评！

B：经过最终角逐，获奖名单已经出来了，我们请×××老师为我们宣读获奖名单，并进行颁奖。

A：请获奖选手上台领奖。恭喜获得×××奖的选手！

B：恭喜他们！同时感谢×××老师为获奖选手颁奖！

合：在这个醉人的春天的夜晚，选手们通过热情洋溢的演讲，向大家展示了他们活力四射的青春风采，也让我们从中学到了许多。本次演讲比赛虽然结束了，但我们每个人在学习和生活中的比赛还将继续。愿同学们都能成为学习和生活的胜者！谢谢大家！

拓展训练8-2　　××中学初三百日誓师大会主持词

尊敬的各位领导、老师，亲爱的同学们：

大家晚上好！

（主持人开场白）又是一年春来到。然而今年的春天来得似乎晚了一些。正是如此，才给了我们更多的期待，更多的盼望。我们盼望着“今年花胜去年红”，我们期待着今年的六月“风光不与四时同”。今天我们召开“2021届初三决战中考百日冲刺誓师大会”，就是给我们的奔跑助一把力，就是给我们的冲刺呐一声喊，就是要喊出我们打好中考这一仗的战前誓言。

今天我们非常荣幸地邀请到尊敬的×××校长出席本次大会。出席今天大会的还有与同学们朝夕相处的所有老师们。让我们以热烈的掌声欢迎他们的光临！

亲爱的同学们，我们经过了九年的风雨拼搏，距离期盼已久的中考仅有最后的100天了。100天，在历史的长河中犹如沧海之一粟，然而对于我们，它可以使时光倒流，可以让我们完成九年积淀的知识的回顾，可以让我们的老师尽情施展点石成金、化腐朽为神奇的教学艺术，可以让我们的教与学水平达到一个崭新的高度。

时光飞逝，历经三年的学习，如今同学们已进入了中考冲刺阶段。在出征迎战之前，同学们，请你们相信，我们所有老师，会更加兢兢业业地工作，孜孜不倦，不厌其烦地启发、开导你们。当你们将要展翅腾飞时，老师就是你们最坚强的后盾。

接下来，以热烈的掌声欢迎教师代表×××老师发言。

（教师代表发言）

（发言后串词）感谢×××老师的发言，他的发言，字里行间真切地流露出了老师们的爱心和决心。同学们，请你们放心，在中考攻坚阶段，我们老师一定会以更加顽强的斗志、更加饱满的热情投入到工作中去。我们愿做涓涓细流，去滋润每一位同学的心灵，你们的生活琐事、学习难点、思想包袱，尽情地向我们倾吐吧，我们就站在你们的身边。我们会与你们一起努力，共铸新的辉煌。

“学高为师，身正为范。”老师永远会做好你们的表率。下面就请各位同学看一看老师的表率作用，有请×××老师带领在座的全体老师宣誓，请各位老师起立，各位同学掌声鼓励。

（教师宣誓）

（宣誓后串词）中考的倒计时已吹响前进的号角。同学们，在这决定成败的关键时刻，做到头悬梁、锥刺骨又有何不可？失去的时间无法挽回，但失去的知识却可凭坚强的意志、实际的行动来换回。只要你们去不懈地攀登进取，就一定能为自己赢得鲜花和掌声。同学们，为放飞远大理想，实现人生抱负，我们一定要做到初三无悔，中考无悔，青春无悔！今年的中考还得看你们的。下面有请学生代表，初三（13）班×××同学发言。

（学生代表发言）

（发言后串词）感谢×××同学的发言。回首往昔，我们闻鸡起舞，书声琅琅，唤起日出东方；我们披星戴月，奋笔疾书，换来如水年华；我们披荆斩棘，翻越重重书山；我们劈波斩浪，泅渡无垠题海。千锤百炼中，我们已锻炼成经得起风霜抗得住雨雪的勇士；千磨万击中，我们已成长为大考当前面不改色心不跳的儒将！

物竞天择，适者才能生存；沧海横流，方显英雄本色。让我们向长天发出我们的呐喊。没有对手的强大就没有自己的进步，借用一句歌词：“一路上有你，苦一点也愿意。”下面进行“中考冲刺班级挑战仪式”，由于时间关系，我们在8～10班和11～14班各选一组进行挑战。

（班级挑战仪式）

下面我们请出第一组：挑战班级为初三（8）班，应战班级为初三（10）班。有请班级代表初三（8）班：×××，初三（10）班：×××。

（挑战、应战后适当运用语言调动同学们的情绪）

下面请出第二组：挑战班级为初三（12）班，应战班级为初三（13）班。有请班级代表：初三（12）班：×××　初三（13）班×××。

（挑战、应战后适当运用语言调动同学们的情绪）

看到同学们士气高昂，我们感到很欣慰，同时也对百日后的中考更加充满信心。下面，就有请各班级代表带领本班同学用我们的豪言壮语来回应我们的家长、我们的老师，来抒发我们的斗志吧！

（各班宣誓）

8班：×××

9班：×××

10班：×××

11班：×××

12班：×××

13班：×××

14班：×××

（宣誓后串词）我们的每一点进步，都离不开老师的辛勤付出，更离不开学校领导的悉心关注支持。为了更好地把握这关键的100天，最大限度地发挥这100天的效能，让我们掌声有请×××校长为我们进行战前总动员并送上他的祝福。

（校长寄语）

（发言后串词）校长的动员令，让我们更加明确了努力的方向。同学们，我们一定要好好把握初中时代最后的100天，最后的2 400小时，最后的144 000分钟，最后的8 640 000秒，以最好的成绩来报答校长对我们的殷切期望。

感谢×××校长的关怀，他的一席话卸下了压在我们部分同学身上数日的思想包袱。同学们，尽管有时我们无法回避失败的命运，但努力还是堕落，上进还是自弃，却可由我们自己来掌握与选择，纵使前景无法测定，也一定要傲视风雨，披荆斩棘！人生因有拼搏才显得更加壮丽，只要生命依旧鲜活，前行的脚步就不会停止！所以我们有什么理由自暴自弃呢？同学，一切的荣辱得失都已成为过去，请鼓起你的勇气，拼好这最后100天，搏一生无怨无悔！

（结束语）同学们，没有经过拼搏诠释的青春，只会是苍白的；没有经过奋斗考验的青春，只能是遗憾的。一百天，是冲刺的一百天，是造就人生辉煌的一百天。“春风得意马蹄疾，最是金榜题名时”，努力吧，同学们！一百天的汗水挥洒将饱满六月收获的果实；一百天的拼搏苦战将嘹亮六月归航的凯歌。让我们一起扬起理想的风帆，尽情放飞青春的翅膀，迎接明天的朝阳吧！

誓师大会到此结束。

谢谢！

请领导和老师先行离场，各位班主任和同学们坐在原处等待，我们下面还有一个简短小会。

拓展训练8-3　“爱我国寿，振兴中华”演讲比赛主持词

A：（肃场）请各位关掉手机或调成静音。

B：伴着9月凉爽的秋风，我们又一次迎来了全新的早晨。

A：和着金秋旭日的骄阳，我们又一次相聚在市公司的礼堂。

B：首先，让我们伸出热情的双手，有请市公司的各位领导以及大会评委入场。

（开场白）

B：尊敬的各位领导，

A：亲爱的国寿精英们，大家——

合：上午好！

B：绚丽的金秋送来收获的季节。

A：高昂的激情装点着盛大的会场。

B：在这与时俱进的新时代，

A：在全国人民为中华振兴而努力奋斗的时候，

B：在举国同庆祖国55华诞之际，

A：在全民不忘“九一八”国耻的日子，

B：一颗颗激动的心，跳动着如歌的音律。

A：一张张兴奋的面孔，洋溢着似火的激情。

B：没有祖国母亲的沃土，就结不出五谷丰登的果实。

A：没有中国人寿的大树，就开不出五彩斑斓的花朵。

B：饮水思源，我们要将这累累的硕果奉献给祖国母亲。

A：知恩图报，我们要以卓越的成绩回馈中国人寿。

B：让我们用火一般的激情来讴歌我们的祖国。

A：让我们用动人的词句赞美我们的国寿。

B：我宣布，中国人寿保险股份有限公司××市分公司“爱我国寿，振兴中华”演讲比赛，现在开始！

A：首先请允许我介绍，今天到会的领导有……

B：负责本次大会监审组工作的是……

B：让我们再一次以热烈的掌声对各位领导的光临表示热烈的欢迎和衷心的感谢！

A：同样我们也要把这热烈的掌声送给来自各营销部的参赛选手们，欢迎你们！

B：此次演讲比赛得到了市总公司领导的大力支持，下面有请×××讲话。

（领导上台，主持人下）

A：非常感谢×××的讲话，接下来请允许我代表评委会小组成员宣读本次演讲比赛的评分标准。

比赛采用现场打分制（满分10分），并在第二名选手表演完毕后公布比赛成绩，评分标准分为：作品内容5分，语言表达3分，台风仪表1分，时间控制1分，宣读完毕。

同时也请大家放心，我们的评委会本着公平、公正的态度进行打分，分数将精确到小数点的后两位。

B：在今天的演讲中，共有19位来自不同营销部的参赛选手，我们将按照评委的打分进行排名，本次大赛设一等奖1名，二等奖2名，三等奖3名。其余选手为优秀奖，本次演讲比赛的出场顺序将按照选手会前抽签的顺序进行。

（颁奖）

A：伴随着今天上午最后一位参赛选手评分结果的揭晓，本次演讲比赛的最终排名结果也已经产生了，首先，我公布获得本次比赛纪念奖的选手是……，

请以上获奖选手上台领奖。

B：我们掌声有请×××为以上获奖的选手进行颁奖！

A：恭喜你们，最激动人心的时刻就要到了，接下来要宣布的是获得三等奖的选手是……

获得二等奖的选手是……

获得一等奖的选手是……

A：我们掌声有请×××为以上获奖的代表队进行颁奖！

B：恭喜以上获奖选手，同时也由衷地感谢其他十几位选手，正是因为有了你们的积极参与，才让本次比赛过程中精彩纷呈、高潮迭起。

（结束语）

B：不同的经历，相同的目的让我们今天走到了一起。

A：得而不喜，失而不忧，这才是我们国寿精英的本色。

B：让今天的相聚成为永久的记忆！

A：将明天的挑战作为辉煌的开始！

B：用我们的智慧、我们的勤奋开创更加灿烂的明天！

A：“爱我国寿，振兴中华”演讲比赛到此结束，恭送各位领导。

拓展训练8-4 幽默风趣的新婚庆典仪式主持稿

各位来宾、各位领导、各位先生、各位女士：大家好！

阳光明媚，歌声飞扬，欢声笑语，天降吉祥，在这美好的日子里，我们迎来了一对情侣×××先生和×××小姐幸福的新婚庆典。

在这里首先请允许我代表二位新人以及他们的家人对各位来宾的光临表示衷心的感谢和热烈的欢迎！

接下来我宣布新婚庆典仪式正式开始！

请我们的音响师奏响庄严的婚礼进行曲，让我们大家以最热烈的掌声有请二位新人登场！

红杏枝头春意闹，玉栏桥上伊人来，身披着洁白的婚纱，头上戴着美丽的鲜花，沐浴在幸福甜蜜之中的佳人在庄严的婚礼进行曲中与爱人心贴着心、手牵着手，面带着微笑向我们款步走来。

朋友们，让我们衷心地为他们祝福，为他们祈祷，为他们欢呼，为他们喝彩，为了他们完美的结合，让我们再一次热情鼓掌，祝福他们拥有美好的未来！

各位来宾，各位领导，今天是公元××××年××月××日，现在是北京时间8点18分。

我们的×××先生和×××小姐怀着彼此相爱的心，终于走上了这庄严神圣的婚礼圣堂！

请问×先生，您愿意娶您身边这位小姐为您的妻子吗？

（愿意）

请给点掌声再来一次！

无论是贫穷与富贵直到永远吗？

（是的）

那么好，请问×小姐，您愿意嫁给在您身边这位先生为您的丈夫吗？

（愿意）

无论贫穷与富贵直到永远吗？

（是的）

那么，好，两厢情愿，一生平安，前程灿烂！

接下来我要代表中华人民共和国民政部向新郎新娘宣读并颁发结婚证书！

（宣读结婚证书）

接下来请允许我向各位来宾介绍一下今天的二位新人，站在右边的这位亭亭玉立、婀娜多姿的小姐就是今天的新娘×××小姐，请向前一步走让大家来认识一下。

翘首望，看新娘，美妙佳人人向往，身形苗条似仙女，风姿翩翩似鹤翔，有如出水芙蓉娇艳美，赛过五彩金凤凰，大眼睛高鼻梁，唇红齿白体透香，真是要说多美有多美，要说漂亮赛秋香，风流才子唐伯虎，为点秋香愁断肠，三点秋香真情在，春心拥抱入洞房，且看小伙儿有绝招，梧桐引来金凤凰。

介绍完新娘我们看新郎，新郎就在新娘旁，站在新娘旁边的这位美滋滋乐颠颠的小伙子就是咱们今天的新郎×××先生，请向前一步，让大家来认识一下。

好！看新郎，也漂亮：

英俊潇洒，相貌堂堂，浓眉大眼，落落大方，比阿兰德龙有魅力，比施瓦辛格体格棒。这正是：

才子配佳人！

织女配牛郎！

花好月圆！

地久天长！

那么接下来就有请我们的二位新人以夫妻的身份向在座的所有来宾行新婚大礼。

（新人行礼）

大家知道年轻人结婚啊无论是装修房子，还是买衣服买被呀办酒席，大部分的费用都出自父母，父母啊可以说为了儿女的婚事费尽了心血，支出了大笔的费用。

但是咱们阿姨说了，能够娶这么一个温柔漂亮的儿媳妇别说花上几万（元），就是花上十万（元）、五十万（元）都值得。

所以新郎新娘请听真：

水有源，树有根，儿女不忘养育恩！

今朝结婚成家业，尊老敬贤白发双亲！

接下来是二拜高堂，父母双亲，一鞠躬，感谢养育之恩，再鞠躬，感谢抚养成人，三鞠躬，永远孝敬老人！

好！

接下来拜咱们今天远道而来的亲爱的娘家客人，她们把这样一位温柔漂亮的小姐从小养到大，今天呢高高兴兴送到了你们家，在这里咱们首先要向他们道一声谢谢！

好！

二位新人向咱们今天亲爱的娘家客人深深地三鞠躬，一鞠躬，再鞠躬，三鞠躬！

好！

接下来是夫妻对拜，二位新人向左向右转。

在咱们本地有这么一个风俗，夫妻对拜的时候啊谁鞠躬鞠得越深说明谁爱对方爱得越深，一鞠躬，谢谢您选择了我，再鞠躬，白头偕老，三鞠躬，永结同心！

还有这么一句话，打鱼要靠网，划船要靠桨，新郎新娘入洞房，怎能离开大红娘。

现在请二位新人的介绍人站起来让大家认识一下。

您好，我代表二位新人非常感谢您这位介绍人！

刚才二位新人说了，如果没有您牵线搭桥，她们今天也不能在这里喜结连理，那么在给您三鞠躬的同时，要由我代表二位新人献上您三句话……

好，下面向亲爱的介绍人三鞠躬，一鞠躬，感谢您；二鞠躬，再谢您；三鞠躬，不理您，结完婚了用不着您了，开句玩笑，不要新人进洞房，媒婆抛出墙，过年过节拿个两块三块钱的东西看看，咱们也不嫌少是吧？开句玩笑，请坐，谢谢。

接下来请新郎新娘向来自祖国各地四面八方大街小巷的各位来宾、各位朋友、各位领导、各位同事、各位亲朋、各位挚友、各位大爷大娘、大叔大婶、大哥大嫂、大姐大姐夫们深深地三鞠躬！

首先是我们这边的朋友，一鞠躬，中间的朋友，再鞠躬，这边的朋友，三鞠躬！

朋友们，掌声代表回敬啊！

好，谢谢！

好，亲爱的来宾朋友们，接下来让我们大家用最热烈的掌声有请今天咱们的老东家，也是咱们新郎的父亲×先生代表他们全家向我们在座的所有来宾致答谢词，让我们掌声欢迎！

（新郎父亲致答谢词）

好，亲爱的朋友们，接下来让我们大家用同样热烈的掌声有请咱们今天娘家客人的代表也是咱们新娘的叔叔代表所有的娘家客人向二位新人向所有的来宾致贺词，让我们大家掌声欢迎！

（新娘的叔叔父亲致贺词）

让我们为幸福的恋人起舞，为快乐的爱侣歌唱，为火热的爱情举杯，愿他们的人生之路永远洒满爱的阳光！

好，各位来宾，亲爱的朋友们，今天的新婚庆典仪式就暂时告一个段落。

最后祝愿我们在场的所有来宾所有的朋友们家庭幸福，生活美满，身体健康，万事如意！

拓展训练8-5 ××××年元旦联欢会主持词

（开场白）

A：新年的钟声即将敲响，时光的车轮又留下了一道深深的印痕。伴随着冬日温暖的阳光，××××年元旦如约而至；

B：在这一刻，我们已经感受到了春的气息，这是我们×××学校的春天，这是我们职教处这个大家庭的春天，这更是我们每个人的春天！

A：今天，我们相约在这里，享受缘分带给我们的欢乐，享受这段美好时光！

B：今天，我们相聚在这里，一起用心来感受真情，用爱来融化冰雪！

A：今天，我们相聚在这里，敞开你的心扉，释放你的激情！

B：今天，我们相聚在这里，这里将成为欢乐的海洋，让快乐响彻云霄！

A：职教处××××年元旦联欢会现在开始！首先，由处长致新年祝词！

（处长致新年祝词）

感谢处长的祝福！让我们用掌声把祝福也送给她和她的家人，祝他们新年快乐，身体健康！

B：同时，也把祝福送给在座的每一位，祝大家新的一年万事如意！心想事成！

（节目串词）

A：新年新气象，在新的一年里，你都有哪些想法呢？我们同学的想法就是希望明天会更好，这也是我们大家的想法，我们每个人都希望明天会更好！下面，就让我们在《明天会更好》的歌声中进入今天联欢会的第一板块《相约新年》！

B：每个人都有过纯真的童年时代，它像一股清泉流淌在我们心底。长大了，每每想起童年，我们都会回味无穷。下面，××班×××等给大家带来配乐诗朗诵《长大以后想想童年》，有请！

A：赵本山、宋丹丹以其诙谐、幽默的表演打动了亿万观众的心，再加上小崔的机智，更显得珠联璧合。接下来就由×××、×××、×××为我们演绎校园版本的《昨天，今天，明天》！

B：一段充满青春活力的劲舞过后，我们来共同欣赏一首歌曲——《亲密爱人》。

A：优美的歌声讲述了一段感人的故事，在人生的道路上，我们会经历挫折，经历失败，但是，只要我们不断努力，终会有成功的一天，因为《阳光总在风雨后》！

B：各位班长的话让我们特别感动，×××学校三年生活，我们体会最深的就是感动。我们被同学感动着，被老师感动着，被一件件事情感动着。今天的联欢会就有许多事情让我们感动，许多老师和同学都为此付出了辛勤的劳动，他们为了能把最精彩的节目奉献给大家，经常忙碌到深夜一、两点，这些都让我们感动不已。现在，就让我们用热烈的掌声感谢这台联欢会的总策划兼音响师×××、总导演我们的处长×××女士，感谢在座的每一个人感谢你们的辛勤付出！下面，我们2023级同学就为大家献上这篇散文——《感动》。

A：在×××学校，不论老师还是同学，真诚是彼此的依靠。这里不仅教书，而且育人，我们在座的每一个人都感受到了这一点，但是感受最深的，我想还要数历届留校的老师了，让我们一起来听一听他们的《真情告白》。

歌曲演唱

（结束语）

A：多么动人的夜晚！多么难忘的时光！虽然我们无法阻拦时间的流逝，但是我们可以主宰自己的心情。

B：今天的联欢会更加体现出职教处是一个充满活力，面向未来的集体。

A：在这里，校训“读好书，做好人”为我们指明了努力的方向，催人上进，振奋人心。

B：在这里，有默默耕耘的辛勤园丁，有孜孜以求的莘莘学子。

A：在这里，散发着油墨的清香，跳动着青春的脉搏。

B：在这里，有我们对生活的激情，更有我们对未来的渴望。

合：因为，我们始终相信：明天会更好！

A：今天的联欢会到此结束，再次祝大家新年快乐，万事如意，心想事成！

拓展训练 8-6　×××学校毕业典礼主持词

A：各位来宾、各位老师：

B：各位家长、各位同学：

大家早上好！

A：首先请允许我向大家介绍出席本次典礼的来宾，他们是×校长、党支部×书记，以及各位老师和2023届部分学生家长，让我们用热烈的掌声向他们的莅临表示欢迎！

（开场白）

A：七月的花朵，因阳光普照而绽放。

B：七月的我们，为学业有成而激昂。

A：你们在岁月的蹉跎里告别青涩，走向成熟；

B：我们在生活的历练中告别过去，走向未来。

A：三年间师生的交往，同窗的友情，无不为我们所怀念。

B：未来的日子里久违的成功，前程的光明，无不为我们所向往。

A：我们即将跨入新的人生阶段，面临新的人生挑战。

B：×××学校2023届毕业典礼现在开始！

A：请全体起立，高唱国歌！

（齐唱国歌）

请坐！

B：三年的光阴飞驰而过。还记得吗？我们曾为了一起回家等到日薄西山，我们曾为了对方的成功激动地拥抱，我们也曾为了一点小事红脸拌嘴，我们曾为了班级的荣誉齐声欢呼……我们沐着阳光，润着细雨，伴着黎明，迎着朝阳，共同度过了这段青春岁月。

A：学校不仅为大家创设了严谨、团结、求实、进取的学习环境，更为大家营造了积极向上的氛围，设立了展现才华的舞台，预留了个性发展的空间。

B：下面就有请尊敬的×校长为毕业典礼致辞。

（校长致辞）

A：感谢×校长的致辞。

B：的确，三年来，学校为我们的成长付出了许多努力，点点滴滴，历历在目。三年来，老师，您用您辛勤的汗水，无私的奉献、无数日夜的伏案耕耘，给了我们一个清醒的头脑，一双洞察的眼睛和一颗美好的心灵。

A：母校的老师时刻关注着大家的成长，为我们分担愁苦，和我们共享喜悦，力争成为我们成长道路上的良师益友。

B：下面就有请陪伴我们走过三个春秋的张老师代表全体教师为毕业典礼致辞。

（教师致辞）

A：感谢张老师的致辞。

B：三年来，是老师让我们茅塞顿开，是老师让我们欢欣鼓舞，是老师为我们呕心沥血，是老师为我们指点迷津。敬爱的老师，请相信我们，明天我们定会成为你们的骄傲！

A：在我们的学习生活中，不仅有我们的老师陪伴我们，更有父母长久的关心、支持和勉励。

B：在这个特殊的日子里，让我们听听家长的话。下面有请学生家长代表×××班×××同学家长为我们讲话……

（家长致辞）

A：由衷地感谢家长的讲话。

B：从懵懂无知的少年走向意气风发、踌躇满志的青年，回首走过的历程，令人感慨万分。听了师长们对我们的谆谆教导，也该轮到我们自己来抒发作为当代青年学生的心声。下面就有请×××班的×××同学发言。

（学生发言）

A：感谢×××同学的发言。

B：在三年里，同学们不单单在学业方面各有建树，同时我们的课余生活也尤其丰富。许多同学在才艺方面都有突出的表现，下面就请听×××班的×××和×××同学带来的歌唱表演《×××》。

（歌唱表演）

A：正如歌中所唱的那样，我们要快乐地走过有风有雨的岁月，失望和伤心在所难免，而人生都会经历漫长的严寒，只有让这一切在我们心中沉淀，才能到达成功的彼岸。

B：艺术节是我们学校为艺术之星提供的展示才华的舞台。就在艺术节上，×××班的四位同学脱颖而出，他们是：×××、×××、×××和×××同学。他们四人不但拥有动听的歌喉，更有着一股青春向上的团结力量。下面就请欣赏小组唱《×××》。

（歌唱表演）

A：欣赏完精彩的小组唱，下面就请×××班的十位同学为我们带来诗朗诵《×××》。

（诗朗诵）

A：感谢同学们深情的诗朗诵。

B：正如诗中所说的那样，学生时光是我们一生中最美丽的时光、最珍贵的回忆。我们向母校承诺，我们定会在金秋的岁月再次回到您的怀抱，来看望这里苦心栽培我们的老师。

A：在这离别的日子里，同学们可曾想过再看看你们的老师，一睹他们的风采，听听他们的话语呢？

B：接下来就让我们回顾一下陪伴着我们走过这三年的各位老师。

（播放PPT，由×××老师或×××老师报出各位教师的姓名）

B：现在请各位老师上台，相信你们对在座的同学们还有许多话要说，现在就请老师们一一为我们赠言。

（教师赠言）

B：老师们的谆谆教诲与殷切祝福仍回荡在耳边，这让我们意识到，我们即将和老师道别。经过三年的勤奋努力，今天我们终于完成了×××的学业。

A：下面有请×校长为大家颁发毕业证书，同时由×××班的×××同学为我们带来古筝演奏《××××》。

（古筝演奏）

现在请同学们按班级学号顺序上台领取证书。

（颁发毕业证书）

（结束语）

B：当我们端详着手中的毕业证书，我们不难发现：证书虽小，却意义重大。因为它凝聚了三年来同学们的刻苦勤奋，是我们努力拼搏、积极进取的见证。

A：×××的经历已成为美好的回忆，未来的道路等待我们去求索，去发现。

B：年轻的朋友们，请铭记：青春的舞曲没有休止符，理想的道路没有终点站。让我们收拾起童年的幼稚，重拾青年的梦想，怀着热忱的心准备搏击风浪。

A：昨天稚嫩的羽翼今已丰满，即将在天空中自由地翱翔；

B：昔日含苞的花朵现已绽放，即将装点祖国壮丽的山河。

A：回顾绚烂的学生生活，记忆中珍藏的是一篇篇动人的乐章！

B：展望未来，脑海中展现的是充满激情与奋斗的竞技场！

A：今天，我们手中捧着毕业证书，回想着和好友在紫藤架下的促膝长谈，和同伴在乒乓房里的激情对决。

B：告别曾经的师长，我们心存感激；离开曾经的校园，我们踌躇满志。我们有理由相信：当我们今后再一次踏上这片热土，仰望复兴路校门口的浮雕《×××》，端详拥有着××年悠久历史的红楼，来到红楼东侧蕴含民族特色的画廊时，我们能够昂首挺胸，届时不辜负母校对我们的殷切期望，以自己的实际行动来表达对母校的感恩。

A：希望同学们能担当起繁荣国家的重任，做搏击风雨的雄鹰，成为开拓未来的精英！

B：明天，我们将背起行囊，带着母校对我们的期望，牢记父母对我们的叮嘱，踏上新的人生道路，开创美好的未来。所以现在，让我们回首，最后望一眼对方，望一眼老师，望一眼母校吧！这1 000多个个日日夜夜，将会是我们生命中最鲜亮的珍藏！

A：×××学校2023届学生毕业典礼到此结束！祝同学们在今后的日子里心想事成，学业有成！

最后，让我们齐声高唱校歌！

巩固训练

1.围绕下面的话题进行2分钟的即兴发言，要求话题内容能够前后衔接顺畅，言之有理，尽量使话题有所拓展：

（1）口才是现代社会的必备之才。

（2）在生活中发现“美”。

2.请有感情地朗读下列句子或语段。

（1）小草偷偷地从土里钻出来，嫩嫩的、绿绿的，园子里，田野里，瞧去，一大片一大片满是的。坐着、躺着，打两个滚，踢几脚球，赛几趟跑，捉几回迷藏，风轻悄悄的，草软绵绵的。

（2）人们在倾听、倾听、倾听着震撼世界的声音：中华人民共和国成立了！中国人民从此站起来了！

3.请模拟主持一次校园爱心公益活动（模拟开场白）。

4.在一次校园歌曲大赛中，第一位选手由于紧张，唱到一半忘记了歌词。作为主持人的你应该怎样帮他继续完成比赛，而不是中途退场？

5.在某次晚会上，一个节目准备的是悠扬的抒情乐曲，却被错放成劲爆的音乐，作为主持人的你该如何处理？

模块九

求职应聘口才训练

学习目标

★掌握求职面试的流程、基本规律与技巧。

★根据求职面试中的问题和注意事项，指导学生用最优的方式来回答问题。

★通过不同职位语言风格的学习，引导学生根据实际情况选择不同的语言风格，增强语言的独特性。

素养目标

★感受求职应聘的真实体验，克服怯场心理，提升学生自信，增强职业使命感与认同感。

语言是人们进行交流和沟通的基本工具，人们靠语言交流思想、传递信息、表达感情。在求职面试过程中，语言是展示一个人的知识、智慧、能力和气质的主要渠道。恰当得体的语言无疑会增强你的竞争力，帮助你获得心仪的职位。

任务一　求职应聘的重要性及准备工作

求职时的交谈既是求职者对某一职位的争取，又是用人单位对求职者形象仪表、品质素养、业务能力诸方面的直观性检测。对求职者来说，这是一种被动的交谈，但我们可以对这样的交谈作一些预测。

说话谁都会，但是会说话并不一定能够求职成功，专业、标准、适宜的话语是求职成功的基础。

一、求职口才的概念

求职口才是指在求职过程中，求职者运用准确得体、恰当有力、生动巧妙、有效的口语表达策略，取得圆满的求职效果的口语表达的艺术和技巧。

简而言之，求职口才就是求职过程中所使用的口头语言、口语表达的艺术和技巧。

二、求职口才的重要性

（一）求职口才能够让求职者获得工作岗位

求职口才的首要作用就是让求职者获得工作岗位。面试考官通过求职者的语言表达，对求职者的能力与水平进行综合的了解，通过与求职者的问答、沟通，获得自己需要的信息并对求职者所求岗位的适配性有了初步的判断，进而选择出合适的求职者。

（二）求职口才能够让求职者获得企业的相关信息

求职的过程并不是单方面的沟通，而是双向互动的。

一方面，求职者通过有条理、有顺序、有重点的语言表达，使考官充分了解求职者自身的能力、水平和资格。

另一方面，口才卓越的求职者能够从考官那里获得企业的相应信息，并且进一步完善自己对工作岗位的判断与选择。

（三）求职口才能够为求职者提供口才的锻炼机会

在有限的时间以及空间中，面对面试考官，带有目的性地完成一组或多组具有综合性表现能力的陈述、问答，对于求职者个人口才的锻炼与提升是非常重要的。

（四）求职口才是求职者进入职场的基础

求职者在求职过程中表现得好与坏，是面试考官衡量求职者能力水平的重要指标，也是企业人力资源部门安排求职者岗位的一个重要参考。

求职者在求职过程中获得了岗位的同时也对职场有了初步的了解，对未来的生存与发展极为重要。

三、求职的准备工作

俗话说：知己知彼，百战不殆。

面试犹如一场没有硝烟的战争，求职者需要更好地了解自己，清醒地认识到自己的优势和劣势，为面试做好准备。

只有做到知己知彼，才能潇洒地亮出宝剑，过五关斩六将，突出重围，成为面试官眼中最“顺眼”的那个求职者，从而获得面试的成功。

（一）备简历

编写简历是一门艺术，需要考虑自己应聘岗位的条件和要求及自己的优势等情况。

要注意有的放矢，一定要站在对方的角度考虑问题，重点突出与所应聘岗位相关的经验与技能，同时要简洁扼要，让应聘者可以在较短的时间内就能看到有用的信息。

简历可以是传统的表格式的，也可以是简约式的或者时尚式的（如图9-1、图9-2所示）。

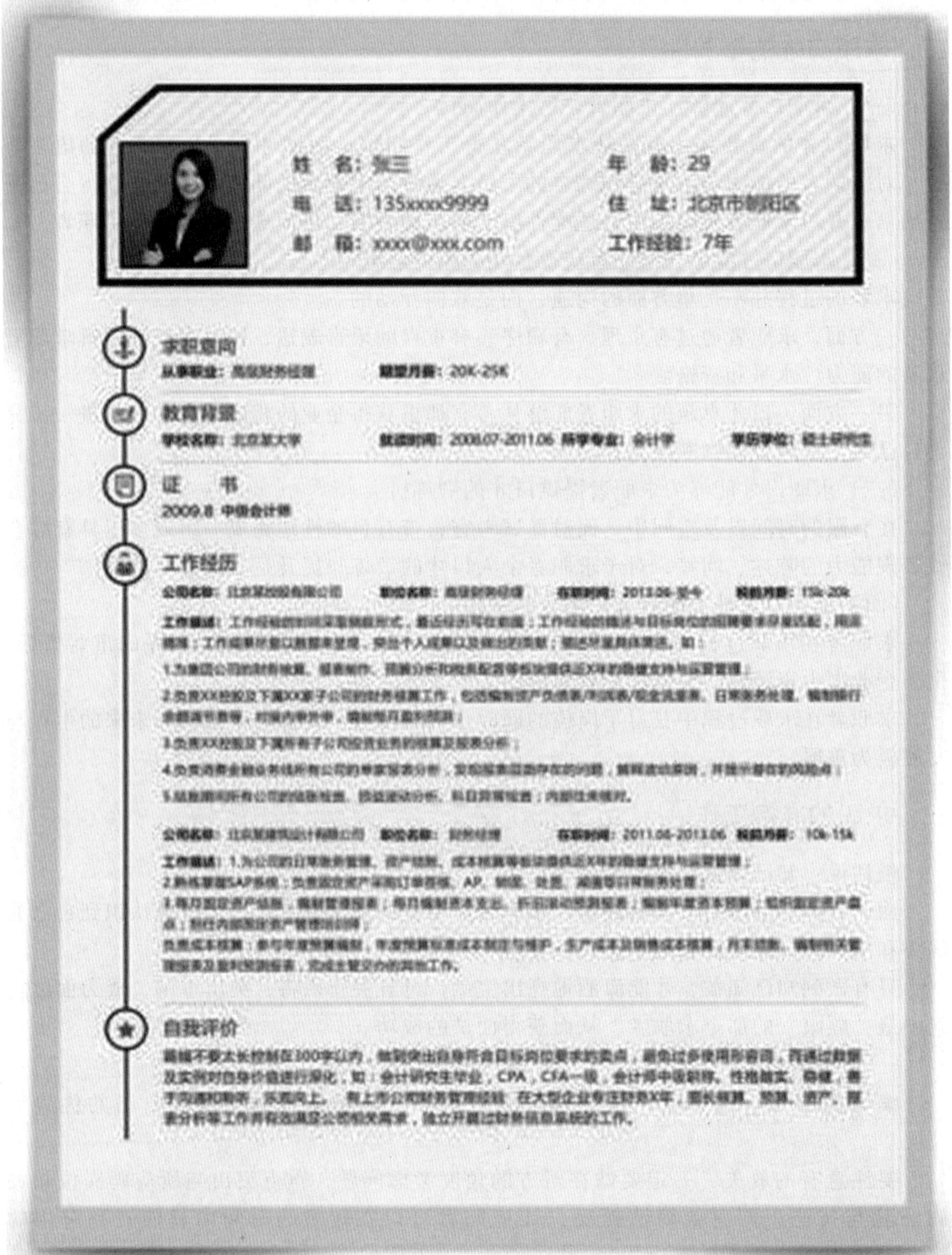

姓　名：张三　　年　龄：29

电　话：135xxxx9999　　住　址：北京市朝阳区

邮　箱：xxxx@xxx.com　　工作经验：7年

求职意向

从事职业：高级财务经理　　期望月薪：20K-25K

教育背景

学校名称：北京某大学　　就读时间：2008.07-2011.06　所学专业：会计学　　学历学位：硕士研究生

证　书

2009.8 中级会计师

工作经历

公司名称：北京某控股有限公司　　职位名称：高级财务经理　　在职时间：2013.06-至今　　税前月薪：15k-20k

公司名称：北京某建筑设计有限公司　　职位名称：财务经理　　在职时间：2011.06-2013.06　　税前月薪：10k-15k

自我评价

图9-1　简约风格的简历

姓　名：张三
年　龄：29
电　话：135xxxx9999
邮　箱：xxxx@xxx.com
住　址：北京市朝阳区
工作经验：7年
工作经历
公司名称：北京某信息科技有限公司
职位名称：大客户销售经理
在职时间：2011.06-至今
税前月薪：15k-20k
工作描述：
工作职责：
完成业绩：
项目经验
项目名称：某汽车品牌4S店保养管理系统
项目职位：项目经理
项目时间：2010.09-2010.12
项目描述：
项目职责：
项目业绩：
求职意向
从事职业：车联网销售经理
期望月薪：20K-25K
教育背景
学校名称：北京某大学
就读时间：2007.07-2011.06
所学专业：市场营销
学历学位：本科
自我评价

图9-2　时尚风格的简历

简历的形式、风格与所应聘的职位有关，一般情况下岗位要求越高，简历越精细。

（二）备单位

应聘之前，要充分了解所应聘单位的相关信息，包括单位的性质、地址、业务范围、经营业绩、发展前景等。

对应聘岗位职责及所需的专业知识和技能等也要有一个全面的了解。

还可以通过熟人、朋友或有关部门，了解面试的方式、过程和时间安排，以及面试考官的相关情况。

可以根据已知的信息预测考官会问到的问题，做到有方向地准备，设置符合情境的答案，充分展示自己的能力。

（三）备仪表

衣着仪表是一个人内在素养的外在表现，得体的衣着仪表不仅体现求职者朝气蓬勃的精神面貌，也可以表现求职者的诚意以及一个人的修养。仪表往往左右着招聘者的第一印象。因此，面试前应注意自己的着装打扮。

大学毕业生在求职面试过程中应给人以整洁、大方、朝气蓬勃的感觉，大多数用人单位还是喜欢朴素端庄的毕业生。但是，一些特殊的职业对衣着还是有些要求的，比如金融保险类职业需要体现的是一丝不苟、严谨，多穿西装等正装，而与时尚相关的一些单位或岗位，则需要适当地体现出时尚、个性和美。

此外，面试礼仪也很重要。

1.要有时间观念

提前到达面试地点，既表达诚意又有时间调整心态。

2.出入面试场所要礼貌

先敲门，得到允许后进入面试场所，面试时向用人单位问好致谢，离开时说再见。

3.交谈中要认真聆听

不要左顾右盼，未经允许不可随便翻阅用人单位的资料。

4.手机要关机或者调至静音模式

5.举止要文雅大方，谈吐谦虚谨慎，态度积极热情

这样既能体现出个人修养，也会为面试加分。

任务二　求职面试技巧及注意事项

微课 9-1

求职面试语言技巧的实际应用

一、求职交谈的原则与技巧

求职交谈是本着自知、自信、双向交流的原则，在过程中穿插一定的技巧而进行的口语交际活动。

技巧在面试过程中起着重要的作用。

（一）有备而战，准备充足

面试前必须做好充分的准备，可以根据自己的经验或得到的信息对可

能遇到的问题进行预测，组织好自己的语言，以便到时能用简练的语言，把自己的意图有条理地传达给对方。

主试者一般重点要了解三个方面的情况：

1.你对这个工作的热爱、向往的程度

2.你是否适合此工作

3.你是否有能力做好此工作

因此，求职者面对任何情况，在应答时都要把这三个方面作为重点说清楚。

（二）语言简洁，表述明确

听清主试者的提问，根据当时的情况叙述确定表述的侧重点，从容不迫地作答。

1.避免含糊

2.避免啰嗦重复

3.避免使用口头禅

常见的口头禅有“这个、这个”“那个、那个”“那么”“那”“这”“反正”“恐怕”“嗯”“啊”“对不对”“是不是”“我想”等。

（三）语言通俗朴实

1.言谈中不可过多使用专业术语

2.不要在中文表达中夹杂英语

例如：其实我这个人不是十分sophisticated（老于世故），相反我待人倒是十分的sincere（诚恳），与同事们相处也是extremely harmonious（极其融洽）……

3.表达尽量质朴无华，切忌夸夸其谈

（四）态度坦率诚实

交谈中不要为了遮掩自己的不足而说谎，也不要拐弯抹角，牵强附会地回答，这样一眼就能被人看出来，一旦真相大白，暴露出自己知识的浅薄和态度的不诚实，反而更不好。

面试时如果你感到紧张而无法摆脱时，干脆坦诚相告：“我感到很紧张。”有时会起到意想不到的效果。也许主试人会宽慰你，这样你和主试人的关系也更密切了。

如果回答不出问题，赶紧老老实实地说：“对这个问题我了解得不太多。”千万不能为了遮掩自己的不足而说谎，其实，对方更重视的是你回答问题的态度和一贯性，而不仅是回答的正确程度。

（五）格局略卑不亢

为了找到一份好工作，只要不涉及人格与尊严，可以略卑不亢，说话体面些，当然，这不等同于我们处在“卑”的位置，在该表现自己个性和独特见解时，也需大胆沉稳。

总之，要很好地把握自己，掌握分寸。

（六）主动热情

要善于打破沉默、善于营造轻松和谐的气氛，让对方更加了解你的优势。

（七）不该说的不说

不要过多咨询工作时间的长短，或工资奖金的多少；不要诉苦；不要提毫无意义的问题；不要与面试官套近乎；不要说老东家的坏话；也不宜随意批评某位同事或其他竞争对手。

（八）要控制好时间，适时告辞

总之，面试应答有法而无定法，重要的是要能相时而动，随机应变。

思政之窗 9-1

案例：李明原是某经济报专刊部记者，报社不仅要求记者每个月完成一定字数的文稿，而且要求记者负责拉广告。中文系毕业的李明对家电、电脑市场行情一窍不通，要写这方面的文章，感到力不从心，压力太大。于是他到商报应聘新闻记者。负责招聘的面试考官问他，你是否觉得在经济报的工作压力太大？李明说：“作为年轻人，工作压力大点没关系，重要的是希望找到能发挥自己专长的工作岗位。”结果李明如愿以偿进了商报社，如鱼得水。文章频频得奖，很快当上了新闻部主任。

分析：他的优势就在于分析了现状，还注重运用语言的技巧。马克思主义哲学观要求我们具体问题具体分析，面对这个情况，李明结合自己特点和现状，分析事情的利弊，发挥自身优势，善于将劣势变为优势。我们也要向李明学习，在任何时候都要有全局观念，随机应变地分析问题、解决问题。

李明的优势还体现在他的态度坦率诚实上。交谈中没有遮掩自己的不足，坦率真诚地回答了考官提出的问题，并客观地分析问题，以真诚的态度和巧妙的语言技巧来拉近关系，这是面试中一种有效的方式。

同时，李明以积极的心态面对逆境，找到了能发挥自己专长的工作岗位。

无论是在企业内部还是在同行业之间，竞争都很激烈，竞争不仅来自社会压力，同时也要求员工处于高强度的工作状态。如果动不动就说，在原单位工作压力太大，很难适应，很可能让现在的招聘单位对你失去信心，所以要让面试官看到你积极的态度。

在未来社会我们要将自己乐观、积极的心态传递给周围的人，运用到自己的工作中去，做一个对自己、对单位、对国家有用的人，实现自我价值。

二、体态语等非语言交流技巧的运用

微课 9-2

求职面试中体态语的运用

非语言沟通是相对语言沟通而言的，是指通过身体动作、体态、语气语调、空间距离等方式交流信息、进行沟通的过程。

在沟通中，信息的内容部分往往通过语言来表达，而非语言则作为提供解释内容的框架，来表达信息的相关部分。

体态语包括身体动作、体态，人的体态是人类的无声语言，负载着大量的信息，是人们书面语言和口头语言的重要补充。在非语言沟通中，人们会用体态语传达信息或强调所说的话。

（一）手势的运用

手势的合理运用会提高表达的效果，但是频繁地使用手势，就会给人手舞足蹈、轻浮的感觉，在面试过程中不要使用多余的手势，比如一紧张就甩头、摸头发等，要减少手的辅助动作。

（二）眼神的交流

面试过程中要保持神态自然，不要东张西望、表现出漫不经心的样子。

人们常说“眼睛是心灵的窗户”，在面试中，需要时刻用眼睛来观察一些细节性的东西，比如面试官的状态，如果面试官表现出明显的不耐烦，那就证明你说的内容太没特点了或者表示“你可以停止了，我们不感兴趣”，这个时候就需要我们适当调整策略了。

（三）恰到好处的微笑

每个人都会笑，也都笑过，但爱笑不爱笑，人与人就不同了。

爱笑的人一般会给人以愉快、亲切或甜蜜的感觉，不爱笑的人难免给人严肃或冷漠的感觉。

在面试过程中遇到一些棘手的问题，回答出来双方都很尴尬时，就可以用微笑来代替，既给对方留了面子，又表达了自己的意思。

（四）用语气语调来选择风格

应聘的单位、职位的不同，自我介绍时候选择的风格也会有所不同，应聘销售类职位可以表现得激情一点、应聘设计类职位可以表现得沉稳一点、应聘技术类职位可以表现得稳妥一点、应聘文员类职位可以表现得清新一点，应聘主持人等文娱类职位可以表现得幽默风趣一点。

表现的风格与应聘者的性格也有很大的关系，应聘者应用自己擅长的方式来凸显不一样的自己，给面试人员留下深刻的印象，这样有助于应聘的成功。

思政之窗 9-2

体态语是从辩证唯物主义的角度出发，起到补充说明求职语言、增强语言表达的形象性的作用。

同时，体态语还能弥补因“面子”等原因导致的无法用语言表述的问题，起到与语言表述互补的作用。

在面试过程中，合理体态语的使用，能增强语言表达的效果，实现“1+1＞2”的目的。

三、克服面试怯场的办法

有一句话说得很好，“万事俱备只欠东风”，我们只有做好充足的准备，当机会来临时我们才能抓住机会。

这里的准备当然包括心理准备，正确地认识你应聘的单位、职位，在心里有一个主观的认知，对面试的过程、考试题目都有准确的预测，才能够做到“胸有成竹，十拿九稳”。

（一）准备充足，提前做好准备

1.对应聘单位和职位有所了解

2.推测面试过程中可能问到的问题

3.合理组织语言，选择回答策略

4.多次模拟练习，应对自如

面试前要充分了解应聘单位及职位的信息，罗列出职位要求里对应的自己的优势。叙述优势的时候最好描述做过的类似的项目，体现自己的经验。需要注意的是，应届毕业生或没有类似经验的应聘者，切不可杜撰，因为难以自圆其说；在述说的程中不要吹嘘、夸大其词，稍微包装一下自己是可以的，但不要太夸张，否则会引起反感。

预测面试可能会问到的问题，考官的问题大多数会涉及以下几方面：

（1）你在应聘职位上的优势是什么；

（2）针对某些固定情况你会如何处理；

（3）工资待遇和对单位运营的认识等。

我们可以提前组织好语言，选择正确的方式表达出来，也可以提前进行模拟演示。

在面试中遇到突发的问题时，也不用紧张，因为在那么短的时间内，把问题想得既周到又全面是不现实的。只要能够真实地把自己的想法说出来，把自己最好的一面呈现给考官就是胜利。盲目地追求完美乃至面试时不尽如人意就表现紧张焦躁的状态是不明智的。

（二）生理放松策略

1.深呼吸法

进入面试前做一次深呼吸，让自己的身体恢复正常状态，稳步走进考场；面试过程中趁着面试官说话时，也可深呼吸并慢慢调整呼吸频率，帮助放松情绪。

2.无视放松法

在面试过程中既要正视考官的专业能力，也要肯定自己的能力，我们面试的过程不是和考官进行较量，而是向考官介绍我们自己，那个完美的自己，没有别人比你更了解你自己，所以你的方法、内容肯定是最好的，只需要你适当包装一下，然后展现出来，所以不要把考官看得过分重要，他只是一个倾听者，你是这个过程中的主角。

3.慢语速控制法

很多人面试时一紧张就不注意语速，想快点把话说完，这样不但会被面试官扣分还会让自己更加紧张。

应该把语速放慢，这样可以一边说一边想，会降低卡壳和忘词的概率，作为听众的考官也能更好地接收你的信息。

（三）平常心面对面试

面试的结果虽然决定着你是否能够被录用，但是它并不代表着一切。

面试总会有成功和失败，参加面试的时候一定要用平常心来对待，不要自己给自己太大压力，这样你就不会那么紧张了。

应该时刻保持着“尽我最大的努力，成功最好，不成功拉倒”的心态，以一种放松的姿态也许会得到意想不到的效果。

（四）内心自信法

树立坚定的目标方向，克服自卑情绪，保持冷静的头脑，学会使用自我暗示。

善于用意志去纠正感觉，并保持一定的成功欲望，时刻相信“我能行”，在面试前时刻给自己打气。

拥有淡定的心态、完善的语言、完美的形象，何愁不成功！

任务三 面试问题应答技巧

面试是一个自我能力展示的过程，同时也是自我素养展示的过程。

通过问题的回答，面试官能够准确地推断出你是一个什么样的人，所以我们要尽可能地展现自己独特的素养。

一、礼貌原则

（1）面试时，谈话一定要做到“礼貌、和气、文雅、谦逊”，这是语言美的主要标准。

微课 9-3

面试回答问题遵守的原则

面试时，无论主考官提出什么样的问题，自始至终都要十分有礼貌地回答，切不可认为主考官提问不当，“冒犯”了自己而大动肝火，随意发怒。

（2）适时告辞。

（3）再次道谢。

这体现了自我素质和教养。

二、客观原则

事实胜于雄辩，要用事实来说话，要从客观的角度来回答问题。

首先，不要概述，要展示——用事实来说明你所具有的能力、素质、技能，你的优缺点、好恶，以及你如何处理人际关系，如何解决问题，如何胜任新工作等。

其次，还要实事求是，怎么想（做）就怎么说（当然，除一些敏感性问题需有适度的分寸之外）。

例如，对于“你喜欢出差吗？”这一问题，一位成功的应聘者回答：“坦率地说，我不喜欢。因为从一个地方到另一个地方去推销商品并不是一件很舒服的事。但我知道，出差是商业活动中的一个重要部分，也是推销员的主要工作之一，所以说，我不会在意出差的艰辛，反而会以此为荣。因为我非常喜欢推销工作。我想这一点更重要。”

三、灵活原则

马克思主义告诉我们要用发展的眼光看待问题，针对不同问题有不同的解决办法。

要掌握好回答问题的时间，做到心中有数，有的放矢。

在察言的同时，更要观色，借助于对主考官一些“非言辞表达”，包括对动作、表情、姿态的观察，及时了解主考官的真实心理和意图，迅速做出正确的判断并做出相应反应。

四、扬长避短原则

回答时应极力突出个人的长处，并把自己的长处同应聘的工作有机地结合起来，意在变不利为有利。

面试过程中要主动与面试官进行目光的交流，一定不能表现得太过于拘谨，这样可以在心里建立起自己与面试官的平等关系，而不会被对方的气势压倒；同时还要观察考官的动作和表情等细节，针对情况及时调整回答策略。

比如面试官的状态，如果表现出明显的不耐烦，就需要我们适当调整策略了。

如果遇到回答出来双方都很尴尬的棘手问题时，可以用表情语言“微笑”来回答，既给对方留了面子，避免了尴尬，又表达了自己的意思，虽然什么也没说，却达到了更好的表达效果。

五、虚实结合原则

案例：现有10套三居室、20套两居室的住房，有100人要求参加分房。作为负责人，你怎样把房子分得公平合理？

回答这样的题目，如果拘泥于数字的计算，就会弄巧成拙、出力不讨好。比较好的分法是从分房原则等大处着手。比如先成立分房领导小组，制订分房方案，然后通过群众讨论通过。这样的答案从客观上提出了解决问题的方案，同时又能说明应考者的全局意识和公正意识。

这类问题实际上无标准答案，对于这类问题，我们只要找到它的解决办法、把握住原则即可。这个技巧在面试中很管用。

六、感恩原则

面试过程中，无论有无工作经验，都要怀着一颗感恩的心，感谢过去的磨难让我们成长，感谢用人单位给我们机会让我们锻炼进步，以积极的心态面对新的机遇和挑战。当问及到相关问题时，我们要让用人单位看到我们是一个积极的人，是值得期望的。

拓展训练9-1

求职应聘实战演习

——面试中如何自我介绍

1.礼貌地做一个极简短的开场白，简单地介绍自己的姓名、爱好等基本信息

例如：各位考官好，今天能够站在这里参加面试，有机会向各位考官请教和学习，我感到非常的荣幸。

希望通过这次面试能够把自己展示给大家，希望大家记住我。

我叫×××，今年××岁，×××专业，毕业于×××学校。

我平时喜欢看书和上网浏览信息。我的性格比较开朗、随和，和亲人朋友能够和睦相处，并且对生活充满了信心。(表述既礼貌又得体)

2.说明自己的求职意向、对应聘职位的理解、自己的优势，重点介绍与应聘职位相关的特长及技能

例如：在这次企业招聘中，我应聘的是办公室文员职位（表明求职意向）

办公室作为企业的综合职能部门，不仅需要较强的服务意识，而且需要一定的社交能力。

(对应聘职位的理解，之后是自身的优势介绍)

(性格上的优势介绍)

本人性格开朗、有一定的语言表达能力，善于沟通交际，具有良好的人际关系。

(专业技术上的优势介绍)

本人具备了扎实的专业基础知识，学习了秘书写作、秘书语言与交际、公共关系、办公自动化、秘书学等专业课程，同时也拥有一定的分析和设计能力。

除了学好本专业知识以外，我对计算机基础操作进行了比较系统的学习，能适应现代化办公的工作需要。

3.介绍自己的经历以及取得的业绩

例如：我的特长主要是在文字工作方面。我曾接受过公文处理、新闻写作等多种培训，具有一定的文字功底。

(重点突出自己的特长，之后述说几年的成绩)

2019年，我刚从基层税务所调到××县局办公室从事文秘、通讯员工作，当年××县局的稿件上报率就有很大的改观。

2020年，我获得《××日报》社优秀通讯员奖。

2020年、2023年我被县委宣传部评为先进通讯员。

2022年、2023年我连续两年被区局评为全区国税系统政务信息上报先进个人。

2023年，到市局以后，短短的4个月，我就在各种媒体上稿90多篇，全年的上稿数量达到198篇。

(无工作经验的应聘人员可以介绍一下大学时的社会实践活动，比如应聘秘书职务，秘书需要组织协调能力，举例说明自己是如何处理这类工作的，也可简单介绍一些秘书其他能力的锻炼和培养过程)

4.表达自己的决心及以后工作努力的方向

表达决心：如果我有机会被录用的话，我一定会努力工作，希望大家能够认可我，给我这个机会！

（可以包括一些具体的改革措施、员工的待遇福利、员工能力的锻炼和提高等与应聘职位相关的内容）

最后，再次用“希望大家能够认可我，给我这个机会！谢谢”等类似的话来结尾。

（这就是一个简短的、完整的自我介绍，把你知道的、面试官想知道的，都用语言表达出来，让他们来判断——你是不是他们需要的人）

拓展训练9-2　求职常见问题

1.请介绍一下你自己。

2.请谈谈你为什么选择我们单位。

3.请谈谈你对我们单位有什么了解。

4.请谈谈你对所应聘岗位的了解。

5.除本单位外，你曾应聘过其他单位吗？

6.你对琐碎的工作是喜欢还是讨厌，为什么？

7.这份工作要做好不容易，你有信心做好吗？

8.你愿意到最基层去吗？

9.对于应聘的职位，你与其他的竞聘者相比，优势何在？

10.你期望的工资是多少？

11.你认为自己的最大长处和缺点是什么？

12.你找工作最在乎的是什么？

13.请谈谈你对自己的表现不太满意的一次工作经历。

14.你如何克服工作的低潮期？

巩固训练

1.四人一组，就某一热门话题进行交谈，一人提出话题，并在展开话题、深入话题方面发挥作用，然后个人谈谈体会。

2.就下面的每一个话题说一段话。

（1）劝说人们不要在公共场所吸烟。

（2）劝说高考落榜的青年振作起来。

（3）劝说家长不要溺爱“独苗苗”。

3.下面是两则求职交谈的片段，比较其优劣并说明理由。

（1）应聘现场

主考人：你成绩不错，平时一定很用功。

应试者：没什么，在学校考试有时是瞎蒙，而且分数不能说明问题，主考人：啊，你有什么特长吗？

应试者；（拿出书法作品）一点小爱好。

主考人：你的书法不错呀！

应试者：没什么，没什么。

主考人：看得出，你是下功夫练习过的。

应试者：差远了，信笔涂鸦而已。

主考人：……

（2）一个人到报社求职：

主考人：你从事新闻写作多少年了？

应试者：时间不长，三个多月。

主考人：只三个多月？

应试者：是的。您看看我的文章吧。

主考人：（一目十行）写得不怎么样。

应试者：请相信我没有借鉴别人的写法，这些都是我经过多次采访写出来的。

主考人：（又拿起来看）嗯，写法是与别人不同。

应试者：谢谢您的鼓励。

主考人：你独立采访，有闯劲儿，也有点创造力。很好，试用3个月。

4.设想你到一所重点中学求职，你做了充分准备前去应试，而主考人在全面了解你的情况之后，提出了几个意想不到的问题。试作模拟练习，请其他同学评议。

附录

普通话水平测试试卷样卷一

附 1

2024新版普通话水平测试朗读作品

一、读单音节字词（100个音节，共10分，限时3.5分钟）

哑	铸	染	亭	后	挽	敬	疮	游	乖
仲	君	凑	稳	掐	酱	椰	铂	峰	账
焦	碰	暖	扑	龙	碍	离	鸟	瘸	密
承	滨	盒	专	此	艘	雪	肥	薰	硫
宣	表	嫡	迁	套	滇	砌	藻	刷	坏
虽	滚	杂	倦	垦	屈	所	惯	实	扯
栽	额	屡	弓	拿	物	粉	葵	躺	肉
铁	日	帆	萌	寡	猫	窘	内	雄	伞
蛙	葬	夸	戴	罗	并	摧	狂	饱	魄
而	沈	贤	润	麻	养	盘	自	您	虎

二、读多音节词语（100个音节，共20分，限时2.5分钟）

勾画	刚才	松软	半截儿	穷人	吵嘴	乒乓球
少女	篡夺	牛顿	沉默	富翁	傻子	持续
佛像	被窝儿	全部	乳汁	对照	家伙	灭亡
连绵	小腿	原则	外国	戏法儿	侵略	咏叹调
愉快	撒谎	下来	昆虫	意思	声明	患者
未曾	感慨	老头儿	群体	红娘	觉得	排演
赞美	运输	抓紧	儿童	症状	机灵	昂首

三、朗读短文（400个音节，共30分，限时4分钟）

照北京的老规矩，春节差不多在腊月的初旬就开始了。“腊七腊八，冻死寒鸦”，这是一年里最冷的时候。在腊八这天，家家都熬腊八粥。粥是用各种米、各种豆与各种干果熬成的。这不是粥，而是小型的农业展览会。

除此之外，这一天还要泡腊八蒜。把蒜瓣放进醋里，封起来，为过年吃饺子用。到年底，蒜泡得色如翡翠，醋也有了些辣味，色味双美，使人忍不住要多吃几个饺子。在北京，过年时，家家吃饺子。

孩子们准备过年，第一件大事就是买杂拌儿，这是用花生、胶枣、榛子、栗子等干果与蜜饯掺和成的，孩子们喜欢吃这些零七八碎儿；第二件大事是买爆竹，特别是男孩子们。恐怕第三件事才是买各种玩意儿——风筝、空竹、口琴等。

孩子们欢喜，大人们也忙乱。他们必须预备过年吃的、喝的、穿的、用的，好在新年时显出万象更新的气象。

腊月二十三过小年，差不多就是过春节的“彩排”。天一擦黑儿，鞭炮响起来，便有了过年的味道。这一天，是要吃糖的，街上早有好多卖麦芽糖与江米糖的，糖或为长方块或为瓜形，又甜又黏，小孩子们最喜欢。

过了二十三，大家更忙。必须大扫除一次，还要把肉、鸡、鱼、青菜、年糕什么的都预备充足——店铺多数正月初一到初五关门，到正月初六才开张。

四、命题说话（请在下列话题中任选一个，共40分，限时3分钟）

1. 我喜欢的节日
2. 我喜爱的动物

普通话水平测试试卷样卷二

一、读单音节字词（100个音节，共10分，限时3.5分钟）

饼	而	桩	另	瞥	喂	波	舜	巢	滤
仿	辛	桶	瓣	驶	峡	构	活	踹	聊
瑟	盯	此	用	谨	昂	柳	袜	肥	悦
腔	循	驾	泥	蒸	跪	歪	胁	抓	仍
擦	袋	披	存	砍	盆	洒	该	怎	材
嘘	愁	允	旁	啃	兽	北	僧	偶	捐
舔	债	孔	亭	主	翁	乌	穷	党	泽
取	书	算	拖	凤	膜	屋	恨	蕊	刀
犬	缩	码	官	闹	满	隔	自	烘	酿
蕨	日	鸡	水	床	东	遗	谬	炉	雁

二、读多音节词语（100个音节，共20分，限时2.5分钟）

佛寺	照相	亲切	返青	耻辱	幼儿园	爽快
局面	钢铁	传说	人群	逗乐儿	摧毁	爱国

挫折	篱笆	报答	随后	盼望	提成儿	螺旋桨
修养	明白	英雄	军阀	的确	公民	拉链儿
从中	暖瓶	深化	难怪	灯泡儿	温柔	内在
调和	总得	恰好	完善	眉头	夸张	学习
窘迫	毽子	典雅	妇女	标准	不速之客	

三、朗读短文（400个音节，共30分，限时4分钟）

生命在海洋里诞生绝不是偶然的，海洋的物理和化学性质，使它成为孕育原始生命的摇篮。

我们知道，水是生物的重要组成部分，许多动物组织的含水量在80%以上，而一些海洋生物的含水量高达95%。水是新陈代谢的重要媒介，没有它，体内的一系列生理和生物化学反应就无法进行，生命也就停止。因此，在短时期内，动物缺水要比缺少食物更加危险。水对今天的生命是如此重要，它对脆弱的原始生命更是举足轻重。生命在海洋里诞生，就不会有缺水之忧。

水是一种良好的溶剂。海洋中含有许多生命所必需的无机盐，如氯化钠、氯化钾、碳酸盐、磷酸盐，还有溶解氧，原始生命可以毫不费力地从中吸取它所需要的元素。

水具有很高的热容量，加之海洋浩大，任凭夏季烈日曝晒，冬季寒风扫荡，它的温度变化却比较小，因此，巨大的海洋就像是天然的“温箱”，是孕育原始生命的温床。

阳光虽然为生命所必需，但是阳光中的紫外线却有扼杀原始生命的危险。水能有效地吸收紫外线，因而又为原始生命提供了天然的“屏障”。

这一切都是原始生命得以产生和发展的必要条件。

四、命题说话（请在下列话题中任选一个，共40分，限时3分钟）

1.假日生活

2.谈社会公德（或职业道德）

主要参考文献

[1] 魏秀萍，刘玉洁. 口语训练实用教程［M］. 长春：吉林大学出版社，2010.

[2] 杜静. 普通话口语交际［M］. 武汉：武汉大学出版社，2014.

[3] 刘金同，刘学斌，刘晓晨. 大学生实用口才与演讲［M］. 北京：清华大学出版社，2017.

[4] 吕行. 言语沟通学概论［M］. 北京：清华大学出版社，2009.

[5] 张宇平. 演讲与口才［M］. 北京：中央广播电视大学出版社，2015.

[6] 王琳. 演讲与口才教程［M］. 4版. 大连：东北财经大学出版社，2021.

[7] 王家莲. 演讲与口才实训教程［M］. 2版. 北京：清华大学出版社，2022.

[8] 张子泉. 演讲与口才实用教程［M］. 2版. 北京：清华大学出版社，2019.

[9] 蒋红梅，张晶，罗纯. 演讲与口才实训教程［M］. 4版. 北京：清华大学出版社，2023.

[10] 赵兵，王群. 朗诵艺术教程［M］. 上海：文汇出版社，2022.

[11] 智慧职教：https：//www.icve.com.cn.

主要参考文献

[1] [illegible]，2016.

[2] [illegible]，2014.

[3] [illegible][M]. 北京：[illegible]，2012.

[4] [illegible]，2009.

[5] [illegible]

[6] [illegible]

[7] [illegible]

[8] [illegible]

[9] [illegible]

[10] [illegible]，2022.

[11] [illegible]